横須賀学院高等学校

〈収録内容〉

便利な DL コンテンツは右の QR コードから ⇒

解答用紙

※データのダウンロードは 2025 年 3 月末日まで。

※データへのアクセスには、右記のパスワードの入力が必要となります。 ⇒ 674848

〈合格最低点〉

※学校からの合格最低点の発表はありません。

本書の特長

実戦力がつく入試過去問題集

- ▶ 問題 …………… 実際の入試問題を見やすく再編集。
- ▶ 解答用紙 …… 実戦対応仕様で収録。
- ▶ 解答解説 …… 詳しくわかりやすい解説には、難易度の目安がわかる「基本・重要・やや難」の分類マークつき（下記参照）。各科末尾には合格へと導く「ワンポイントアドバイス」を配置。採点に便利な配点つき。

入試に役立つ分類マーク

基本 確実な得点源！
受験生の 90%以上が正解できるような基礎的、かつ平易な問題。
何度もくり返して学習し、ケアレスミスも防げるようにしておこう。

重要 受験生なら何としても正解したい！
入試では典型的な問題で、長年にわたり、多くの学校でよく出題される問題。
各単元の内容理解を深めるのにも役立てよう。

やや難 これが解ければ合格に近づく！
受験生にとっては、かなり手ごたえのある問題。
合格者の正解率が低い場合もあるので、あきらめずにじっくりと取り組んでみよう。

合格への対策、実力錬成のための内容が充実

- ▶ 各科目の出題傾向の分析、合否を分けた問題の確認で、入試対策を強化！
- ▶ その他、学校紹介、過去問の効果的な使い方など、学習意欲を高める要素が満載！

解答用紙ダウンロード 解答用紙はプリントアウトしてご利用いただけます。弊社ＨＰの商品詳細ページよりダウンロードしてください。トビラのＱＲコードからアクセス可。

UD FONT 見やすく読みまちがえにくいユニバーサルデザインフォントを採用しています。

横須賀学院 高等学校

普通科
生徒数　1512名
〒238-8511
神奈川県横須賀市稲岡町82
☎046-822-3218
京浜急行線横須賀中央駅　徒歩10分
JR横須賀線横須賀駅 バス5分下車 徒歩5分
または徒歩18分

「敬神・愛人」
キリスト教精神に基づく人間教育

URL	http://www.yokosukagakuin.ac.jp

プロフィール　キリスト教に出会い自分を知る

戦後の混乱の中、青山学院第2高等部の閉鎖を受け、米海軍横須賀基地司令官の呼びかけに応じた日本のキリスト教関係者の尽力により、1950年に創立されたキリスト教学校である。『敬神愛人の』の建学の精神の下、中高一貫では「共に生きる」、高校では「Talent & Mission ～賜物を用いて使命を担う～」を教育目標に掲げ、「誠実・努力・奉仕」を生活目標とし、社会に、世界に貢献できる、豊かな人間性と実力の育成を目指している。

環境　広大な敷地に充実の設備

4万㎡の広大な敷地に、冷暖房・Wi-Fi・ICT環境を完備した校舎、4階建ての体育館、多目的に活用できるカフェテリア、そして新たにパイプオルガンを設置した1100名収容のチャペル棟などがあり、ミッションスクールらしい、明るく開放的な雰囲気に包まれている。

パイプオルガンが設置されたチャペル棟

カリキュラム　独自のカリキュラムで可能性を引き出す

A進学コースとＳ選抜コースの２コース制を採用。A進学コースではクラブをはじめとする諸活動と学習の両立をさせ、進路目標の実現を目指す。Ｓ選抜コースでは国公立大・難関私大を目指し、さらに３年次より国公立・最難関大学を目指すＳＳ選抜コースが設置され、盤石のサポート体制で学習に臨む。通常の授業に加えて土曜日、長期休暇中の講習、夏期学習合宿、直前講習などの学習機会も充実。また本校を卒業した大学生によるチューター制度も導入しており、学習支援に加えて、大学生活の実際等についても相談できる。

学校生活　礼拝で心を落ち着けてから1日がスタート

中高ともに毎朝礼拝があるのが大きな特徴。聖書の教えや、先生が語る夢や感動、体験談などを通して、自らを振り返って考える貴重な時間である。

クラブ活動は、全国大会常連の女子柔道をはじめ、陸上競技、空手道、硬式テニス、男子ソフトボール、バドミントン部などが成果をあげる。吹奏楽部は2年連続で東関東大会に出場。チアダンス部は2022年度に続き2023年度も全国大会に出場した。

国際交流プログラムも充実。オーストラリア国際交流だけでなく、NZターム留学、セブ島語学研修など選択肢が増えている。ネイティブ教員による放課後のYES（Yokosukagakuin English Space）も定期的に開催。独自のオンライン英会話プログラム（年30回）も導入されている。

進路　着実な進学実績

年４回の個人面談、定期的な進路ガイダンス、青山学院をはじめ大学教員や社会人を招いて実施される年間100以上の高大連携講座、研究機関訪問などを通して、進路意識を高め、日々の学習へとつなげている。Ｓ選抜コースはもちろんのこと、A進学コースも高い進路目標に向けて学習に励む雰囲気が醸成されている。両コースとも、ICT設備等を活用しながら、主体的な課題設定・解決力育成を目指し、より密度の高い授業を展開している。

2024年春の大学入試では、東京外国語大、東京工業大、横浜国立大をはじめ、国公立大に22名が合格。早慶上理ICUに28名、GMARCHには143名が合格した。また、医学部に９名、海外大学に２名合格した。主な合格大学は以下の通り。

東京外国語大2、東京工業大1、東京海洋大2、東京学芸大1、横浜国立大2、埼玉大1、千葉大2、東京都立大5、横浜市立大1、神奈川県立保険福祉大3、川崎市立看護大1、秋田県立大1、早稲田大12、慶應義塾大5、上智大5、東京理科大6、明治大30、青山学院大39、立教大16、中央大19、法政大32、学習院大7、成蹊大17、成城大10、明治学院大36、日本大66、専修大43、東洋大29、駒澤大30、獨協大3、獨協医科大1、愛知医科大1、東京女子医科大1、神奈川歯科大1、國學院大16、武蔵大3、関西学院大4、同志社大4、立命館大2、北里大15、東京都市大27、芝浦工業大4、東京女子大4、日本女子大8、津田塾大3、聖心女子大1、東洋英和女学院大2、フェリス女学院大11、大妻女子大9、共立女子大10、昭和女子大9、昭和薬科大1、東京薬科大2、星薬科大1、神奈川大74、玉川大9、東海大54、亜細亜大3、帝京大14、国士舘大9、拓殖大8、東京経済大2、武蔵野美術大5、東京農業大9、東京電機大13、千葉工業大35、桜美林大26、関東学院大74、立正大11、産業能率大6　など。

男女ともに関東選抜大会に出場した空手道部

2023年度入試の指定校推薦枠として、横浜市立大2、明治大2、青山学院大23、学習院大1、国際基督教大1、東京理科大2、立教大1、法政大3、日本大12、東洋大5、専修大10、成蹊大5、成城大1、明治学院大4、東京女子大5、昭和女子大3、東洋英和女学院大20、フェリス女学院大12、清泉女子大2、東京都市大16、芝浦工大3、神奈川大19、関西学院大2、同志社大3、神奈川歯科大若干、昭和薬科大1、武蔵大1、東海大8、東京薬科大3、東京農業大5、國學院大2　他多数。

2024年度入試要項

試験日　1/22（推薦）　2/10（一般A進学・S選抜・オープンⅠ）　2/12（一般オープンⅡ）

試験科目　作文（出願時提出）＋面接（推薦）
国･数･英（一般A進学・S選抜・オープン）
※一般A進学・S選抜コースは書類選考入試あり

2024年度	募集定員	受験者数	合格者数	競争率
推薦	80	41/46	41/46	1.0/1.0
A進学	120	277/381	277/381	1.0/1.0
S選抜	90	386/438	386/438	1.0/1.0
オープン	10	105/27	68/14	1.5/1.9

※人数はすべて男子/女子

過去問の効果的な使い方

① **はじめに**　入学試験対策に的を絞った学習をする場合に効果的に活用したいのが「過去問」です。なぜならば，志望校別の出題傾向や出題構成，出題数などを知ることによって学習計画が立てやすくなるからです。入学試験に合格するという目的を達成するためには，各教科ともに「何を」「いつまでに」やるかを決めて計画的に学習することが必要です。目標を定めて効率よく学習を進めるために過去問を大いに活用してください。また，塾に通われていたり，家庭教師のもとで学習されていたりする場合は，それぞれのカリキュラムによって，どの段階で，どのように過去問を活用するのかが異なるので，その先生方の指示にしたがって「過去問」を活用してください。

② **目的**　過去問学習の目的は，言うまでもなく，志望校に合格することです。どのような分野の問題が出題されているか，どのレベルか，出題の数は多めか，といった概要をまず把握し，それを基に学習計画を立ててください。また，近年の出題傾向を把握することによって，入学試験に対する自分なりの感触をつかむこともできます。

過去問に取り組むことで，実際の試験をイメージすることもできます。制限時間内にどの程度までできるか，今の段階でどのくらいの得点を得られるかということも確かめられます。それによって必要な学習量も見えてきますし，過去問に取り組む体験は試験当日の緊張を和らげることにも役立つでしょう。

③ **開始時期**　過去問への取り組みは，全分野の学習に目安のつく時期，つまり，9月以降に始めるのが一般的です。しかし，全体的な傾向をつかみたい場合や，学習進度が早くて，夏前におおよその学習を終えている場合には，7月，8月頃から始めてもかまいません。もちろん，受験間際に模擬テストのつもりでやってみるのもよいでしょう。ただ，どの時期に行うにせよ，取り組むときには，集中的に徹底して取り組むようにしましょう。

④ **活用法**　各年度の入試問題を全問マスターしようと思う必要はありません。できる限り多くの問題にあたって自信をつけることは必要ですが，重要なのは，志望校に合格するためには，どの問題が解けなければいけないのかを知ることです。問題を制限時間内にやってみる。解答で答え合わせをしてみる。間違えたりできなかったりしたところについては，解説をじっくり読んでみる。そうすることによって，本校の入試問題に取り組むことが今の自分にとって適当かどうかが，はっきりします。出題傾向を研究し，合否のポイントとなる重要な部分を見極めて，入学試験に必要な力を効率よく身につけてください。

数学

各都道府県の公立高校の入学試験問題は，中学数学のすべての分野から幅広く出題されます。内容的にも，基本的・典型的なものから思考力・応用力を必要とするものまでバランスよく構成されています。私立・国立高校では，中学数学のすべての分野から出題されることには変わりはありませんが，出題形式，難易度などに差があり，また，年度によっての出題分野の偏りもあります。公立高校を含め，ほとんどの学校で，前半は広い範囲からの基本的な小問群，後半はあるテーマに沿っての数問の小問を集めた大問という形での出題となっています。

まずは，単年度の問題を制限時間内にやってみてください。その後で，解答の答え合わせ，解説での研究に時間をかけて取り組んでください。前半の小問群，後半の大問の一部を合わせて50％以上の正解が得られそうなら多年度のものにも順次挑戦してみるとよいでしょう。

英語

英語の志望校対策としては，まず志望校の出題形式をしっかり把握しておくことが重要です。英語の問題は，大きく分けて，リスニング，発音・アクセント，文法，読解，英作文の5種類に分けられます。リスニング問題の有無(出題されるならば，どのような形式で出題されるか)，発音・アクセント問題の形式，文法問題の形式(語句補充，語句整序，正誤問題など)，英作文の有無(出題されるならば，和文英訳か，条件作文か，自由作文か）など，細かく具体的につかみましょう。読解問題では，物語文，エッセイ，論理的な文章，会話文などのジャンルのほかに，文章の長さも知っておきましょう。また，読解問題でも，文法を問う問題が多いか，内容を問う問題が多く出題されるか，といった傾向をおさえておくことも重要です。志望校で出題される問題の形式に慣れておけば，本番ですんなり問題に対応することができますし，読解問題で出題される文章の内容や量をつかんでおけば，読解問題対策の勉強として，どのような読解問題を多くこなせばよいかの指針になります。

最後に，英語の入試問題では，なんと言っても読解問題でどれだけ得点できるかが最大のポイントとなります。初めて見る長い文章をすらすらと読み解くのはたいへんなことですが，そのような力を身につけるには，リスニングも含めて，総合的に英語に慣れていくことが必要です。「急がば回れ」ということわざの通り，志望校対策を進める一方で，英語という言語の基本的な学習を地道に続けることも忘れないでください。

国語

国語は，出題文の種類，解答形式をまず確認しましょう。論理的な文章と文学的な文章のどちらが中心となっているか，あるいは，どちらも同じ比重で出題されているか，韻文(和歌・短歌・俳句・詩・漢詩)は出題されているか，独立問題として古文の出題はあるか，といった，文章の種類を確認し，学習の方向性を決めましょう。また，解答形式は，記号選択のみか，記述解答はどの程度あるか，記述は書き抜き程度か，要約や説明はあるか，といった点を確認し，記述力重視の傾向にある場合は，文章力に磨きをかけることを意識するとよいでしょう。さらに，知識問題はどの程度出題されているか，語句(ことわざ・慣用句など)，文法，文学史など，特に出題頻度の高い分野はないか，といったことを確認しましょう。出題頻度の高い分野については，集中的に学習することが必要です。読解問題の出題傾向については，脱語補充問題が多い，書き抜きで解答する言い換えの問題が多い，自分の言葉で説明する問題が多い，選択肢がよく練られている，といった傾向を把握したうえで，これらを意識して取り組むと解答力を高めることができます。「漢字」「語句・文法」「文学史」「現代文の読解問題」「古文」「韻文」と，出題ジャンルを分類して取り組むとよいでしょう。毎年出題されているジャンルがあるとわかった場合は，必ず正解できる力をつけられるよう意識して取り組み，得点力を高めましょう。

数学

出題傾向の分析と 合格への対策

●出題傾向と内容

本年度の出題数は，大問が4題，小問数にして19題で例年通りであった。出題内容は，[1]は式の計算，式の展開，因数分解，連立方程式，式の値，関数の変化の割合，箱ひげ図，確率，平面図形の計量問題などからなる小問群。[2]が図形と関数・グラフの融合問題，[3]が図形と確率の融合問題，[4]が空間図形の計量問題で，最終問では，記述式による解答が求められている。標準的な問題が多いが，大問の最後の問題は思考力を必要とする難易度の高い問題になっている。

✓学習のポイント

記述式問題の対策として，日頃から解き方の流れを，すじみちを立て，ノートにまとめて書く習慣をつけておこう。

●2025年度の予想と対策

来年度も本年度と同様の出題傾向になると思われる。中学数学全域にわたるので，各分野の基礎を十分マスターし，練習問題を通してあいまいな公式や定理，解法は，もう一度学習するようにしよう。[1]の小問群は数・式の計算，平方根，因数分解，方程式だけではなく，関数，平面図形，空間図形，統計など各分野から基礎的な問題が出題される。[2]以降は融合問題，図形の計量問題など応用力を求められる問題が出題されるので，数多くの問題にあたり，補助線のひき方や，図のとらえ方を身につける練習をしておこう。

▼年度別出題内容分類表……

出題内容			2020年	2021年	2022年	2023年	2024年
数と式		数の性質					
		数・式の計算	○	○		○	○
		因数分解	○	○	○	○	○
		平方根	○	○	○	○	○
方程式・不等式		一次方程式	○	○		○	○
		二次方程式	○		○	○	
		不等式	○				
		方程式・不等式の応用		○		○	
関数		一次関数	○	○	○	○	○
		二乗に比例する関数	○	○	○	○	○
		比例関数	○				○
		関数とグラフ	○	○	○	○	○
		グラフの作成					
図形	平面図形	角度					
		合同・相似	○		○	○	○
		三平方の定理		○	○	○	○
		円の性質			○	○	
	空間図形	合同・相似				○	○
		三平方の定理	○	○	○	○	○
		切断					○
	計量	長さ	○	○	○	○	○
		面積	○	○	○	○	○
		体積		○		○	
		証明					
		作図					
		動点	○			○	
統計		場合の数			○		
		確率	○	○	○	○	○
		統計・標本調査	○		○		○
融合問題		図形と関数・グラフ	○	○	○	○	○
		図形と確率					○
		関数・グラフと確率		○		○	
		その他					
その他							

横須賀学院高等学校

英語 出題傾向の分析と合格への対策

●出題傾向と内容

語彙，語句補充（選択／記述各1問），書き換え，語句整序，長文読解2題の出題であった。

語彙と文法に関する問題は多様な形式で幅広い知識が問われる。文法問題の出題数は，比較的多いが，中学必修の基礎的・標準的な文法知識が問われている。

長文問題は内容吟味が中心の構成。文章量は比較的多いが，難解な表現は見られない。いずれも内容の正確な理解が求められる問題が数多く出題されている。

✔学習のポイント

文法ごとに重要構文と書き換えパターンをしっかり覚えよう。標準的な難易度の長文を多く読み，速読力をつけよう。

●2025年度の予想と対策

発音問題に対処するためには，日ごろから声に出して確認することが大切である。語彙問題は単語の記述式解答が多く要求されるので正確に単語を覚えることが大切である。その際，反意語や同音異義語にも注意する。

文法問題に関しては，まずは教科書範囲の事項を完全にすることである。それを終えたら，文法や重要構文の頻出事項をおさえ，問題集で演習を積み重ねよう。

長文対策としては，まずは標準的な問題集を用いて英文に慣れてから速読練習をするのがよい。あらかじめ制限時間を設定しておき，その時間内で解く訓練も十分にしておこう。

▼年度別出題内容分類表 ……

	出題内容	2020年	2021年	2022年	2023年	2024年
話し方・聞き方	単語の発音		○			
	アクセント	○				
	くぎり・強勢・抑揚					
	聞き取り・書き取り					
語い	単語・熟語・慣用句		○	○	○	○
	同意語・反意語					
	同音異義語					
読解	英文和訳(記述・選択)					
	内容吟味	○	○	○	○	○
	要旨把握	○	○	○	○	○
	語句解釈			○		
	語句補充・選択	○	○	○	○	○
	段落・文整序	○				○
	指示語		○	○	○	○
	会話文					
文法・作文	和文英訳					
	語句補充・選択	○	○	○	○	○
	語句整序	○	○	○	○	○
	正誤問題			○	○	
	言い換え・書き換え	○	○	○	○	○
	英問英答					
	自由・条件英作文					
文法事項	間接疑問文				○	○
	進行形			○		
	助動詞	○	○	○	○	
	付加疑問文	○	○			
	感嘆文			○		○
	不定詞	○	○	○	○	○
	分詞・動名詞	○	○	○	○	○
	比較	○	○	○	○	○
	受動態	○	○	○	○	
	現在完了	○	○	○		○
	前置詞	○	○	○	○	○
	接続詞	○	○	○	○	○
	関係代名詞	○	○	○	○	

横須賀学院高等学校

国語 出題傾向の分析と合格への対策

●出題傾向と内容

本年度も漢字の読み書きの独立問題が1題，現代文の読解問題が2題と古文の読解問題が1題の計4題の大問構成であった。

論理的文章では論説文が採用され，文脈把握や内容吟味を通して筆者の考えを正確に捉えさせる出題となっている。

文学的文章は小説が採用され，情景や心情の理解が主に問われている。語句の意味や文法の知識問題も大問に含まれて出題されている。

古文は『宇治拾遺物語』からの出題で，内容吟味を中心に主語の把握や古文の口語訳などが問われている。

解答形式は，記号選択式と記述式が併用されている。記述式は抜き出しが中心だが，一部記述力が要求されている。

学習のポイント

新聞や新書など論理的な内容の文章に積極的に触れよう。その際には，意味のわからない言葉を調べて語彙を増やしておこう。

●2025年度の予想と対策

現代文の読解問題を中心に，古文の読解問題と，漢字の読み書きに関する独立問題という大問構成が予想される。

論理的文章の読解問題では，指示語に注目して，文脈把握の力を身に付けることが大切だ。さらに，筆者の主張をとらえられるような実力を養っておきたい。

文学的文章の読解問題では，情景を思い浮かべながら人物の心情に注目するような読み取りを心がけよう。

古文は仮名遣いや文法などの基本的な知識を身につけた後，古文に触れる機会を増やす。漢字の読み書きや文法，語句の意味など知識に関する出題も多い。ふだんから練習を積み重ねて，確実に得点できるようにしておきたい。

▼年度別出題内容分類表……

出題内容			2020年	2021年	2022年	2023年	2024年
内容の分類	読解	主題・表題					
		大意・要旨	○	○	○	○	○
		情景・心情		○	○	○	○
		内容吟味	○	○	○	○	○
		文脈把握	○	○	○	○	○
		段落・文章構成					
		指示語の問題	○		○	○	○
		接続語の問題		○		○	○
		脱文・脱語補充	○	○		○	○
	漢字・語句	漢字の読み書き	○	○	○	○	○
		筆順・画数・部首					
		語句の意味	○	○	○	○	○
		同義語・対義語					
		熟語			○		
		ことわざ・慣用句	○				
	表現	短文作成					
		作文(自由・課題)					
		その他					
	文法	文と文節					○
		品詞・用法	○	○	○	○	○
		仮名遣い		○			
		敬語・その他					
	古文の口語訳		○	○	○	○	○
	表現技法			○			
	文学史		○	○		○	○
問題文の種類	散文	論説文・説明文	○	○	○	○	○
		記録文・報告文					
		小説・物語・伝記	○	○	○	○	○
		随筆・紀行・日記					
	韻文	詩					
		和歌(短歌)					
		俳句・川柳					
	古文		○	○	○	○	○
	漢文・漢詩						

2024年度 合否の鍵はこの問題だ!!

数学 [2] (2), (3)

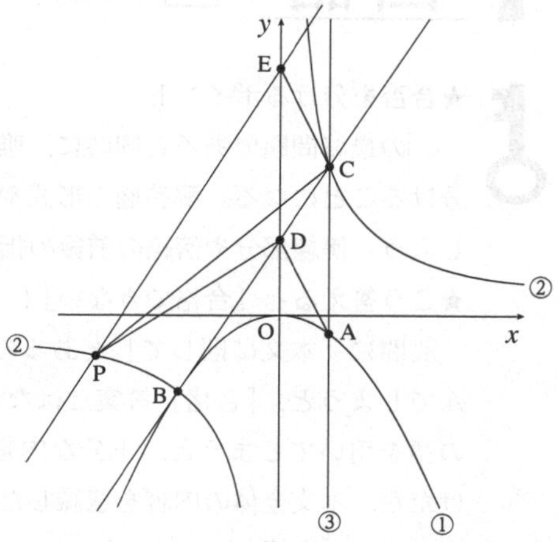

$y=-\frac{1}{4}x^2$…①, $y=\frac{16}{x}$…②, $x=2$…③　B$(-4,\ -4)$

(2)　②に$x=2$を代入して，$y=\frac{16}{2}=8$　C$(2,\ 8)$

直線BCの傾きは，$\frac{8-(-4)}{2-(-4)}=2$　直線BCの式を$y=2x+b$として点Cの座標を代入すると，$8=2\times2+b$，$b=4$　よって，直線BCの式は，$y=2x+4$

(3)　①に$x=2$を代入して，$y=-\frac{1}{4}\times2^2=-1$　よって，A$(2,\ -1)$　AC$=8-(-1)=9$　右の図のようにy軸上にED＝ACとなる点Eをとると，$4+9=13$から，E$(0,\ 13)$　点Eを通り直線BCに平行な直線と②との交点をPとすると，△PCD＝△ECD＝△ACDとなる。直線PEの式は，$y=2x+13$…④　②と④からyを消去すると，$\frac{16}{x}=2x+13$，$16=2x^2+13x$，$2x^2+13x-16=0$，$x=\frac{-13\pm\sqrt{13^2-4\times2\times(-16)}}{2\times2}=\frac{-13\pm\sqrt{297}}{4}=\frac{-13\pm3\sqrt{33}}{4}$　$x<-4$から，$x=\frac{-13-3\sqrt{33}}{4}$

◎等積移動を利用する問題は例年出題されているので，しっかりコツをつかんでおこう。

英語 [4]

読解問題で確実に得点できるようにすることが，合格への近道である。その中でも，[4]の長文読解問題は非常に長い文章なので，正確に読み取る必要がある。また，文整序問題も出題されており，慣れていないと時間がかかってしまうので，長文読解の方法をきちんと身につけておきたい。以下の点に注意をしながら長文読解に取り組もう。

①設問に目を通し，下線部や空欄に関する問い以外の問題には事前に目を通しておく。この問題は問3，問5，問6が該当する。

②[注]に目を通す。

③段落ごとに読み進める。読み進める際には，きちんと日本語訳をしながら内容を理解する。

④その段落に問題となる部分があれば，その場で読んで解く。

以上のように読み進めれば，すばやく問題を処理できるだろう。また，英文を読むときには，頭の中で英文を音読するのではなく，きちんと日本語に訳しながら読むことが大切である。そのためには，教科書に出てくる例文はぜひ暗唱できるまで繰り返したい。そして，問題集や過去問を用いて数多くの問題に触れて，練習を積むことが大切である。

国語 二 問九

★合否を分けるポイント

二の最終問題であると同時に，唯一の記述式の設問なので，この問題に答えられるかどうかが合否を分けることになる。解答欄の形式や指定字数に十分注意を払い，最終段落の内容に注目して解答を作成しよう。傍線部分や傍線の前後の指示語の指示内容を明らかにすることから始めよう。

★こう答えると「合格できない」!

設問に「本文に則して」とあるので，「明治維新」について本文から読み取れた以外の内容を書き込んでしまうと，「合格」答案とはならない。また，傍線部分の「最も大がかりに」「行った最近の」などの語を用いてしまうと，十分な内容とはならない。「明治維新」について書かれているのは最終段落だけだが，本文全体の内容を意識した解答を作成しよう。

★これで「合格」!

まず，傍線部分や傍線部分の前後に指示語が含まれる場合は，指示語の指示内容を明らかにしよう。ここでは，傍線部分の「そういう事業」が指示する内容をとらえれば，解答欄の「明治維新は～事業である。」という形式にまとめることができる。「そういう事業」の指示内容は，直前の「それを私たちが自分のものにするのはむずかしいと考えないわけにはゆかない。それには，自分を根本的に検討し，再組織する必要がある」から読み取ろう。この部分の，最初の「それ」は，同じ段落の「西洋のもの」つまり「西洋の文化」を指示しており，後の「それ」は「自分のものにする」ことを指示している。この「自分」を「日本」に置き換えてまとめる。読み返してみて不自然なつながりがないか確認すれば，「合格」だ！

2024年度

★★★★★★★★★★★★★★★★★★★★★★★★

入　試　問　題

2024年度

横須賀学院高等学校入試問題(2月10日)

【数　学】（50分）〈満点：100点〉

1　次の各問いに答えよ。

（1）　$(1-\sqrt{3})^2+\dfrac{3}{2}\left(\dfrac{1}{\sqrt{3}}+\sqrt{3}\right)$を計算せよ。

（2）　$(a-b+3)(a-b-5)$を展開せよ。

（3）　$a^2x-a^2y-b^2x+b^2y$を因数分解せよ。

（4）　連立方程式$\begin{cases} 3x+\dfrac{1}{2}y=\dfrac{5}{2} \\ \dfrac{2}{3}x-y=\dfrac{29}{3} \end{cases}$を解け。

（5）　$a=\sqrt{5}+2$，$b=\sqrt{5}-2$のとき，a^2-b^2+abの値を求めよ。

（6）　関数$y=x+4$と$y=ax^2$の$-2 \leqq x \leqq 4$における変化の割合が等しいとき，定数aの値を求めよ。

（7）　生徒10人が10点満点の数学のテストを受験したときの生徒の点数を箱ひげ図に表すと図のようになった。このとき，次の文章のうち必ず正しいといえるものを2つ選び，番号で答えよ。

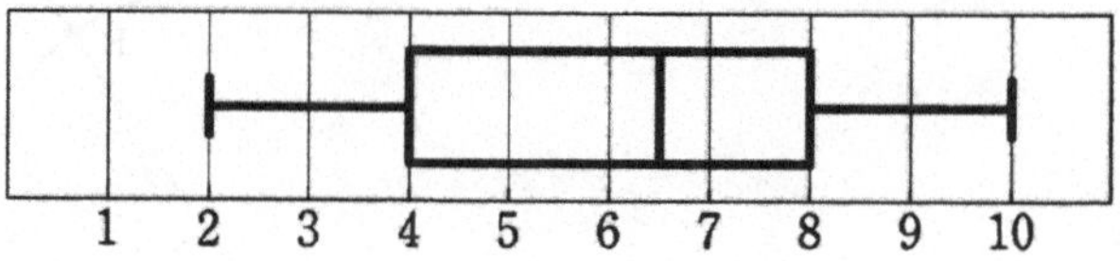

1. このテストの平均点は6.5点である。
2. このテストで2点を取った生徒は1人だけである。
3. 得点の上位3名は8点以上である。
4. 4点を取った生徒がいる。

（8）　大小2つのさいころを投げたとき，出た目の和が9以上となる確率を求めよ。

（9）　図のように，中心をOとする半径1の円と接線ℓがありその接点をAとする。ℓ上に$AB=\sqrt{2}$となるような点Bをとり，線分OBと円の交点をCとする。点Cから接線ℓに垂線CHをおろすとき，CHの長さを求めよ。

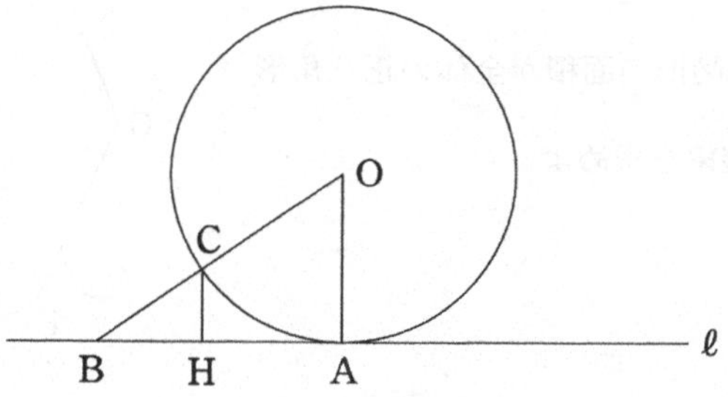

(10)　長方形を図のように折り返したとき，xの長さを求めよ。

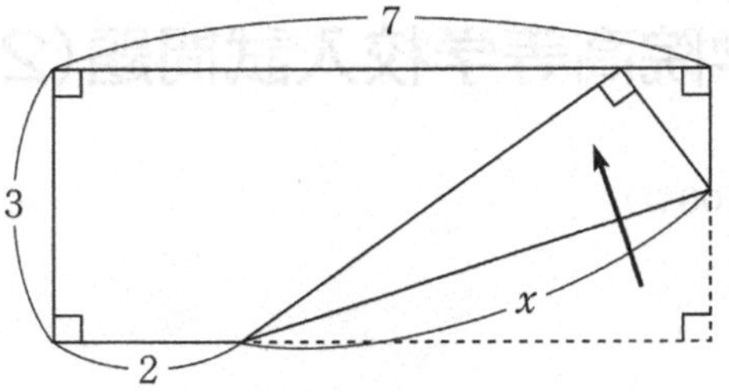

2　図のように，$y=ax^2$…①，$y=\dfrac{16}{x}$…②，$x=2$…③の3つのグラフがある。点Aは①と③のグラフの交点，点Bは①と②のグラフの交点，点Cは②と③のグラフの交点で，点Dは直線BCとy軸との交点である。点Bのy座標が-4であるとき，次の各問いに答えよ。

(1)　aの値を求めよ。

(2)　直線BCの式を求めよ。

(3)　②のグラフ上のx座標が点Bよりも小さい部分に点Pをとるとき，△ACDの面積と△PCDの面積が等しくなるような点Pのx座標を求めよ。

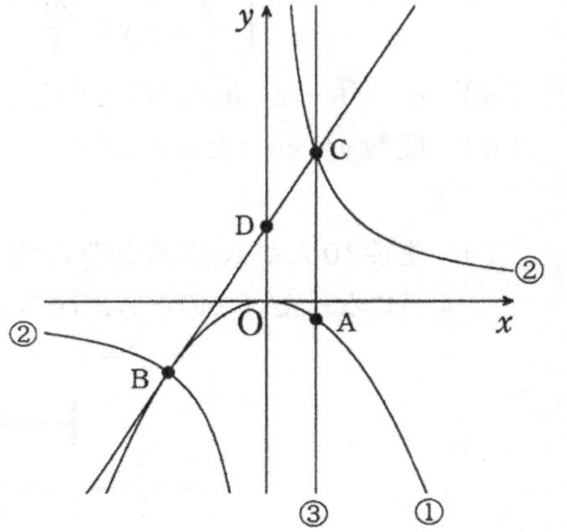

3　正八角形ABCDEFGHがあり，はじめは点Aにある点P，Qを次の規則にしたがって移動させる。大小2つのさいころを投げて，大きいさいころの出た目の数だけ点Pを時計回りに移動させ，小さいさいころの出た目の数の正の約数の個数の数だけ点Qを反時計回りに移動させ，3点APQを結んだ図形を考える。このとき，次の各問いに答えよ。

(1)　3点APQを結んだ図形が三角形とならない確率を求めよ。

(2)　3点APQを結んだ図形が直角二等辺三角形となる確率を求めよ。

(3)　3点APQを結んだ図形の面積が全体の正八角形の面積の$\dfrac{1}{4}$となる確率を求めよ。

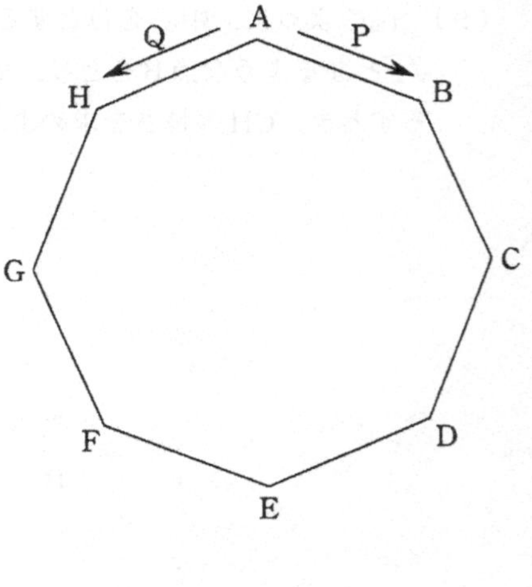

4 図のようにAB＝BC＝6，AE＝2の直方体ABCD－EFGHがある。

辺FGの中点をMとし，点Aから直線DMに垂線を下ろしたときの垂線とDMの交点をP，直線APと平面CGHDの交点をQとする。次の各問いに答えよ。

（1） △ADMの面積を求めよ。

（2） APの長さを求めよ

（3） AQの長さを求めよ。(途中経過を図や式で示すこと)

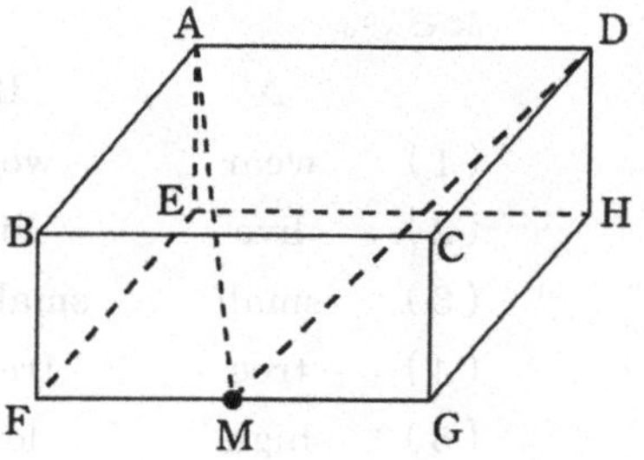

【英　語】（50分）〈満点：100点〉

1

1．CとDの関係がAとBの関係と同じになるように，(　　　)内に入る適語を解答欄に書きなさい。

	A	B	C	D
(1)	wear	wore	ride	(　　　)
(2)	live	life	know	(　　　)
(3)	small	smallest	little	(　　　)
(4)	tree	trees	knife	(　　　)
(5)	high	low	strong	(　　　)

2．次の各組の英文の(　　　)内に共通して入る適語を答えなさい。

(1) He visited many places (　　　) he was in America.
She was watching TV in her room for a (　　　).

(2) They got (　　　) the first train that day.
Are the trains running (　　　) time today?

(3) Please (　　　) this Japanese yen into U.S. dollars.
He said, "Keep the (　　　), please." and got out of the taxi.

3．次の英文の(　　　)内に，指定されたアルファベットで始まる適語を答えなさい。

(1) I have to be at the (　　　) at seven o'clock to fly to Okinawa. [a]

(2) "What (　　　) do you like the best?" "I like English the best." [s]

2

1．次の各文の(　　　)内に入るものとして最も適当なものを選び，番号で答えなさい。

(1) I'll go out when she (　　　) home.
1．comes　　2．came　　3．will come　　4．would come

(2) I asked him (　　　).
1．what time was it　　2．what was going on
3．what was her name　　4．how old was she

(3) "Do you know her name?" "Sorry, I wish (　　　)."
1．I did　　2．I didn't　　3．I do　　4．I don't

(4) I have lost my pencil. I must buy another (　　　) soon.
1．that　　2．this　　3．it　　4．one

(5) Wait a moment. I will be back (　　　) a few minutes.
1．for　　2．at　　3．in　　4．till

2．次の各組の文がほぼ同じ意味を表すように，(　　　)に適する語を書きなさい。

(1) It rained a lot last month.
We (　　　) a lot of rain last month.

(2) It's been a long time since I saw him last.
I (　　　) not (　　　) him for a long time.

(3) She doesn't have any clothes for the party.

She has (　　)(　　) wear for the party.

(4) Please tell me the number of players in your team.

Please tell me (　　　)(　　　) players there are in your team.

(5) Akiko said to her friend, "Will you help me with my homework?"

Akiko (　　) her friend (　　) help her with her homework.

3. 日本文の意味を表すように，(　　)内に適する語を入れなさい。

(1) 彼女はパリで生まれ育った。

She was (　　) and brought up in Paris.

(2) 彼は大きくなって野球選手になった。

He grew up (　　) be a baseball player.

(3) スコットはさよならも言わずに部屋を出て行った。

Scott left the room without (　　) goodbye.

(4) その事故について知っている生徒はほとんどいない。

(　　) students know about the accident.

(5) 彼女はクラスの誰よりも上手に英語を話します。

She speaks English better than (　　) other student in her class.

4. 日本文の意味を表すように，(　　)内の語(句)を並べ替え，(　　)内の3番目と5番目にくるものの番号を答えなさい。ただし，文頭にくるものも小文字になっています。

(1) この雑誌を読めば，インドでの暮らしぶりがわかります。

(1. how　2. live　3. show　4. this magazine　5. you　6. will　7. they) in India.

(2) 誰が彼女とテニスをしたか知っていますか。

(1. do　2. played　3. who　4. with　5. know　6. tennis　7. you) her?

(3) 彼は英語を話すよりは読む方が得意です。

He is (1. reading　2. speaking　3. it　4. English　5. at　6. than　7. better).

(4) 父はドイツ製の車を買ってくれた。

(1. Germany　2. me　3. my father　4. a car　5. in　6. bought　7. made).

(5) あの小さい男の子はなんてゆっくり歩いているのだろう。

(1. that　2. walking　3. how　4. is　5. boy　6. slowly　7. little)!

3 次の英文を読んで，それぞれの問いに答えなさい。

In the United States, the first passenger airplanes started flying around 1910 and by 1928, carried about thirteen passengers. They were cold, *bumpy, and dangerous. Passengers sat down in hard seats that *were attached to the floor. These planes had no air-conditioning and very little heat. They were hot in the summer and cold in the winter. Because air could not move around in the planes, there was always a bad smell of hot metal and oil. There was also the smell of the *disinfectant used to clean the airplane after passengers were *airsick. The only way (①) was to open the window.

Because early planes could not reach high *altitudes, there was always *turbulence, so the flights were very bumpy, and most passengers were airsick. Some passengers wore helmets and goggles to protect themselves. Air travel was not a fast way to travel in the early days. Most airplanes could not fly at night because the pilot could not see where he was going, and the plane had to land often to *refuel. By the end of the 1920s, it was faster to cross the country by train than by plane.

Flying was dangerous and passengers had to be (②). *Airlines wanted their passengers to be happy and to come back to fly again. To help them on their flight, airlines *employed male *crew members called *flight attendants*. These men were usually teenagers and were small and thin. They packed the bags into the plane, and helped passengers during turbulence.

Up to 1930, all flight attendants were men, but ③this changed. A nurse named Ellen Church *persuaded an airline company that women could work as well as men. She told them female nurses could take care of sick passengers much better. In this way, ④nurses became the first female flight attendants. They were called *stewardesses*. They tried to make the passengers more relaxed and offered them water, a sandwich, and even chewing gum to help with *air pressure in their ears. They also took the passengers' tickets, carried the baggage, cleaned the inside of the airplane after a flight, and even checked the airplane for gasoline *leaks. It was not so easy to become a stewardess. First, they had to be nurses, be shorter than 162cm, and be under 53kg. In addition, they could only be between twenty and twenty-six years old, and had to be *single. The rule about being single continued until the 1960s for most airlines.

By the middle of the 1930s, airplanes could fly higher. They could carry twenty-one passengers and fly from the East Coast to the West Coast of the United States in sixteen hours. This was very fast at that time. And because technology improved, airplanes became better and faster. By the late 1950s, there were more people flying across *the Atlantic Ocean than crossing it on ships. Perhaps in the future, we will be travelling in jets that hold 800 passengers and travel faster than the speed of sound. Flights have come a long way in a hundred years.

*bumpy：(上下に)ガタガタと揺れる　*be attached to ～：～に取り付けられている　*disinfectant：消毒剤
*airsick：飛行機に酔った　*altitude：高度　*turbulence：乱気流
*refuel：燃料を補給する　*Airlines：航空会社　*employ：雇う　*crew：乗組員
*persuade：説得する　*air pressure：気圧　*leak：漏れ　*single：独身の
*the Atlantic Ocean：大西洋

問1　本文中(　①　)の空所に入る表現として最も適当なものを次の中から選び，番号で答えなさい。

1．to carry more passengers

2．to make the flight safe

3．to get fresh air

4．to keep the plane warm

問2　本文中(　②　)の箇所に入る最も適する英語1語を次の中から選び，番号で答えなさい。

1．honest　　2．polite　　3．rude　　4．brave

問3　下線部③が指す具体的な内容を次の中から選び，番号で答えなさい。

1．ほとんどの客室乗務員が10代の若者で高身長であったこと

2．当時雇われていた客室乗務員の中に女性がいなかったこと

3．航空会社が女性の客室乗務員を採用するようになったこと

4．客室乗務員が乗客の荷物の運搬や乱気流時の対応などに従事していたこと

問4　下線部④の理由として最も適するものを次の中から選び，番号で答えなさい。

1．Because they could take care of sick passengers much better.

2．Because they were able to work much harder than men.

3．Because they could make the pilots more relaxed.

4．Because they wanted to call themselves stewardesses.

問5　本文の内容に関する次の文の下線部に入る最も適当なものを下から選び，番号で答えなさい。

(1)　Passenger flights in the 1920s were ______________________.

1．the fastest way to get from coast to coast

2．very comfortable and enjoyable

3．usually taken at night

4．dangerous and uncomfortable

(2)　The first female flight attendants ______________________.

1．were famous doctors

2．had many jobs to do

3．helped to fly the plane

4．were usually teenagers

(3)　By the middle of the 1930s, ______________________.

1．airplanes' speed improved

2．airplanes were still bumpy and uncomfortable

3．airplanes could fly from coast to coast in eight hours

4．airplanes carried hundreds of passengers

問6　本文の内容に関する次の質問の答えとなるように，(　A　)(　B　)内に入る最も適する英語1語をそれぞれ文中から抜き出しなさい。

Why was air travel not a fast way to travel in the early days?

Because in those days, it was very difficult for the pilot to see where he was going at

(A). Also, the plane needed to (B) often to get more gasoline for flying.

問7 本文の内容と一致するものを次の中から1つ選び，番号で答えなさい。

1. Early planes carried thirteen passengers and kept flying twenty-four hours a day.
2. Ellen Church, working in an airline company, employed nurses as the first female flight attendants.
3. Until the 1960s, married women were not able to be stewardesses in most airlines.
4. By the late 1950s, more people crossed the Atlantic Ocean not by planes, but by ships.

4 次の英文を読んで問いに答えなさい。

Is gaming good for kids?

Are you the first person to find animals at the zoo? If someone drops candy on the ground, do you know where every piece landed? If you can do these things, the (1) may be that you play video games.

Scientists have studied video games. They found that people who play games have better eye skills than people who do not. They can watch more than one moving object. They may also see things in the *fog or rain when others cannot. This is one of many good things that come from playing video games.

Some people think video games are a waste of time. Some people think they are bad for you. Maybe we should show them what research says.

When you notice enemies or take the treasure without looking at the controller, you are using your brain. Your brain loves challenges like this. It can grow from playing video games. It is one reason for which video game players may be able to be better surgeons. These are doctors who perform *operations. Some doctors even use video games to warm up before operations.

Video games can develop other skills, too. They can teach you not to give up. It may be necessary to try many times to reach the next level. To keep trying (2) giving up when you are playing video games shows that if you work hard, you can reach your goal. This is true inside and outside video games.

In video games, working harder is not enough. You have to work smarter, too. Beating another good player is not simple. You can't just use the same plan again and again. Instead, video games help you learn how to find various ways to solve problems. (3) Playing video games can teach you how to think and make smart decisions.

One of the best things about playing video games is friendship. You can make new friends. You can also spend time with your old friends in video games. This is especially good when you can't see them *in person. Video games can encourage helping and sharing, and these actions are often necessary in video games. Working together with your friends to beat an enemy or to discover a treasure in games makes friendships stronger.

Teammates who help each other in video games often help each other outside of the game too. They may help strangers in a real life, too. Working with other players teaches you about teamwork. You can use this forever. If you play video games in an *unkind way, you will not enjoy the best parts of them.

You can *turn on a video game and feel strong and popular. However, remember that games are like living life in the easiest way. It may be (4) to play an easy game. It becomes more fun when you make it harder. For the same reason, life is better than video games.

It is hard to learn to play a real guitar. Playing the "Rock Band" video game is easier. However, playing a guitar in real life is much more fun. So enjoy playing video games, but don't forget the challenges of real life.

*fog：霧　*operation：手術　*in person：直接　*unkind：非協力的な　*turn on：～のスイッチを入れる

問1　(1)に入る最も適切な語を下から選び，番号で答えなさい。

1．result　2．reason　3．importance　4．view

問2　(2)に入る最も適切な語を下から選び，番号で答えなさい。

1．for　2．on　3．against　4．without

問3　(3)には下の3つの文が入る。正しい順番に並べ替えたものを選び，番号で答えなさい。

(a)　They give you different problems with more than one way to solve them.
(b)　This helps you realize solving problems may be fun.
(c)　Think about your favorite games.

1．(a)→(b)→(c)　2．(a)→(c)→(b)　3．(b)→(a)→(c)
4．(b)→(c)→(a)　5．(c)→(a)→(b)　6．(c)→(b)→(a)

問4　(4)に入る最も適切な語を下から選び，番号で答えなさい。

1．interesting　2．exciting　3．surprising　4．boring

問5　次の(A)～(C)の書き出しに続く最も適切なものを下から選び，番号で答えなさい。

(A)　To beat good players in video games, people must work not only harder but also be ________.

1．faster　2．more clever　3．kinder　4．more serious

(B)　The writer says that video games are ________.

1．useful for health　2．a waste of time
3．a means of communication　4．an expensive hobby

(C)　People who ________ in games may do so in the real world.

1．find animals　2．can find treasure
3．enjoy improving skills easily　4．help others

問6　本文から読み取れるものを次から3つ選び，番号で答えなさい。

1．People play games in order to improve their eye skill.
2．Some people cannot see things in the fog or in the rain.
3．Playing video games has a number of good points.

4．Some doctors believe that surgeons need to play video games before operations.

5．In many cases, people need to help and share in video games.

6．Playing video games reduces your chances of making new friends.

7．If you play "Rock Band", it may become hard for you to learn to play an actual guitar.

8．The writer believes that video games are more fun than real-life experiences.

ウ、いつ参上することができるだろうか
エ、どのように参上すればよいだろうか
オ、どうして参上せずにいられるだろうか

3「例よりはなかなか静かに」
ア、いつもよりかえって静かで
イ、やはりいつもと同じくらい静かで
ウ、うわさで聞いた通りひどく静かで
エ、他の寺よりもとても静かで
オ、昔よりはるかに静かで

問三、――**2**「希有《けう》のこと」とあるが、それはどのようなことか、最も適するものを次の中から一つ選び、その記号を答えなさい。
ア、夜に神の声が聞こえたこと。
イ、祠《ほこら》の中に神が実在すること。
ウ、武蔵寺に神々が集まること。
エ、武蔵寺に新仏が現れたこと。
オ、斎《さへ》の神と新仏が会話したこと。

問四、――**4**「新仏」とは誰のことか、最も適するものを次の中から一つ選び、その記号を答えなさい。
ア、斎《さへ》の神　イ、修行しける僧　ウ、翁《おきな》
エ、尼　オ、六十ばかりなる僧

問五、本文の内容と合致するものを次の中から一つ選び、その記号を答えなさい。
ア、修行僧は、祠《ほこら》の中で聞いた会話のおかげで、神々が集まる様子を見ることができた。
イ、修行僧は、夢で見たありがたいお告げを信じて、武蔵寺へ参拝することを決めた。
ウ、修行僧は、もともと計画していた行き先よりも、武蔵寺を優先することにした。
エ、修行僧が、武蔵寺に到着するとすぐに、出家しようとしている翁《おきな》が現れた。
オ、修行僧は、尼に呼ばれて翁の元へ出て行き、出家の申し出を快く受けた。

問六、『宇治拾遺物語』と同じジャンルの作品を次の中から一つ選び、その記号を答えなさい。
ア、『竹取物語』　イ、『平家物語』　ウ、『枕草子』
エ、『今昔物語集』　オ、『万葉集』

けり。うれしく告げ給へるかな。1いかでか参らでは侍らん。必ず参らんずる」といへば、「さらば、明日の※3巳《み》の時ばかりの事なり。必ず参り給へ。待ち申さん」とて過ぎぬ。

　この僧これを聞きて、「2希有《けう》の事をも聞きつるかな。明日は物へ行かんと思ひつれども、この事見てこそいづちも行かめ」と思ひて、明くるや遅きと、武蔵寺に参りて見れども、さる気色《けしき》もなし。3例よりはなかなか静かに、人も見えず。※4「あるやうあらん」と思ひて、仏の御前に候《さぶら》ひて、巳の時を待ちゐたる程に、「今しばしあらば午《うま》の時になりなんず、いかなる事にか」と思ひゐたる程に、年七十余りばかりなる翁《おきな》の、髪も禿《は》げて、※5白きとてもおろおろある頭に、袋の烏帽子《えぼし》をひき入れて、※6もとも小さきが、いとど腰かがまりたるが、杖《つゑ》にすがりて歩む。尻に尼立てり。小さく黒き桶《をけ》に、何にかあるらん、物入れてひき提げたり。御堂に参りて、男は仏の御前にて額二三度ばかりつきて、※7木欒子《もくれんず》の念珠《ねんず》の大きに長き、B押しもみて候へば、尼その持たる小桶を翁の傍らに置きて、「御坊呼び奉《たてまつ》らん」とて往《い》ぬ。

　しばしばかりあれば、六十ばかりなる僧参りて、仏拝み奉りて、「何せんに呼び給ふぞ」と問へば、「今日明日とも知らぬ身にまかりなりにたれば、この白髪の少し残りたるを剃《そ》りて、御弟子にならんと思ふなり」といへば、僧、目押しすりて、「いと貴き事かな。さらばとくとく」とて、小桶なりつるは湯なりけり。その湯にて頭洗ひて、剃りて、※8戒授けつれば、また仏拝み奉りて、まかり出でぬ。その後また異事なし。

　さは、この翁の法師になるを※9随喜して、※10天衆も集まり給ひて、4新仏の出でさせ給ふとはあるにこそありけれ。

（『宇治拾遺物語』）

注
※1　斎《さへ》の神……村の守り神。
※2　梵天《ぼんてん》、帝釈《たいしゃく》、諸天、竜神……古代インドの神や、仏法の守護神。
※3　巳《み》の時……午前十時頃。後に出てくる「午《うま》の時」は正午頃。
※4　あるやうあらん……何か理由があるのだろう。
※5　白きとてもおろおろある頭……白髪が少しある頭。
※6　もとも小さきが、いとど腰かがまりたるが……もともと小柄な上に、腰まで曲がっている者が。
※7　木欒子《もくれんず》の念珠《ねんず》……木欒子という木の種子で作った数珠《じゅず》。
※8　戒……仏道に入る者が守るべき戒律。
※9　随喜して……他人の善を喜ぶこと。
※10　天衆……仏教界の守護神たち。

問一、〜〜A「答ふ」・B「押しもみて候《さぶら》へば」の主語として最も適するものを、次の中からそれぞれ一つずつ選び、その記号を答えなさい。

ア、斎《さへ》の神　イ、修行しける僧　ウ、（武蔵寺の）仏
エ、翁《おきな》　オ、尼　カ、六十ばかりなる僧

問二、――1「いかでか参らでは侍《はべ》らん」・3「例よりはなかなか静かに」の解釈として最も適するものを、次の中からそれぞれ一つずつ選び、その記号を答えなさい。

1「いかでか参らでは侍らん」
ア、どうして参上するのだろうか
イ、どうしたら参上しないですむだろうか

ものを次の中から一つ選び、その記号を書きなさい。

ア、a　にやりと　　b　がくんと　　c　のそのそと
イ、a　へらへらと　b　がくんと　　c　ゆっくりと
ウ、a　にやりと　　b　がくんと　　c　ゆっくりと
エ、a　へらへらと　b　そっと　　　c　のそのそと
オ、a　にやりと　　b　そっと　　　c　のそのそと
カ、a　へらへらと　b　そっと　　　c　ゆっくりと

問七、――4「俺は気づく」とあるが、何に気づいたのですか。「〜こと。」に続くように文中から二十字以上二十五字以内で抜き出し、その最初と最後の五字を答えなさい。

問八、次の一文は文中の I ～ V のいずれかにあったものです。最も適する箇所を選び、その記号を答えなさい。

　あとは、それを消化するだけだ。

問九、――5「彼の笑顔には複雑な感情が見え隠れしていた」とあるが、その理由の説明として最も適するものを次の中から一つ選び、その記号を答えなさい。

ア、自身の優勝は喜ばしいことであるが、今後も「石尾」に勝ち続けることができる実力があるかどうかが不安であるから。
イ、優勝することができて誇らしいものの、その結果は自分の実力や作戦によってもたらされたものではなかったから。
ウ、チーム全員を喜ばせることができて安心したが、「石尾」がチームに溶け込めていない状況に変化がないから。
エ、結果として優勝できたものの、自分の実力を「石尾」や「赤城」に認めさせることができたかどうかはわからないから。
オ、優勝によりチームの連帯感が強まったものの、それを自分がリーダーとして維持することができる自信を持てないから。

問十、――6「こういう戦い方」とあるが、その説明として最も適するものを次の中から一つ選び、その記号を答えなさい。

ア、個人的な勝敗にこだわらず、自分の強みを仲間のために戦略的に生かし、チームの勝利に貢献すること。
イ、チームの人間関係に正面から向き合い、仲間の長所を活かせる作戦を考え、チームの勝利を目指すこと。
ウ、監督やリーダーの指示に従わないことで意表をつき、ライバルに実力を発揮させず、自分が勝利すること。
エ、進んで補助的な役割を担うことにより、リーダーの自尊心を保ちつつ、チームの総合力を向上させること。
オ、リーダーの勝利の後押しをして仲間の信頼を得、チーム内での自分の存在感を高めること。

四

次の古文を読んで、後の問いに答えなさい。

　これも今は昔、筑紫にたうさかの塞《さへ》と申す※1斎《さへ》の神まします。その祠《ほこら》に、修行しける僧の宿りて寝たりける夜、夜中ばかりにはなりぬらんと思ふ程に、馬の足音あまたして、人の過ぐると聞く程に、「斎はましますか」と問ふ声す。この宿りたる僧、あやしと聞く程に、この祠の内より、「侍《はべ》り」と答ふなり。またあさましと聞けば、「明日武蔵寺にや参り給《たま》ふ」と問ふなれば、「さも侍らず。何事の侍るぞ」とA答ふ。「明日武蔵寺に新仏出で給ふべしとて、※2梵天《ぼんてん》、帝釈《たいしゃく》、諸天、竜神集まり給ふとは知り給はぬか」といふなれば、「さる事もえ承らざり

のできる人物。

※6　ツール・ド・フランス……フランスとその周辺国を舞台にして行われる、自転車ロードレース大会。世界三大スポーツイベントの一つ。

問一、～～イ～ホの中で他と用法が異なるものの品詞名を次の中から一つ選び、その記号を答えなさい。

ア、副詞　イ、助詞　ウ、形容詞

エ、動詞　オ、助動詞　カ、形容動詞

問二、[1]に入る語句として最も適するものを次の中から一つ選び、その記号を答えなさい。

ア、やはり動揺していない

イ、思ったほど動揺していない

ウ、やはりかなり動揺している

エ、思った以上にかなり動揺している

オ、動揺しているかどうかはわからない

問三、――2「片手でハンドルを叩《たた》いた」とあるが、この時の「監督」の心情の説明として最も適するものを次の中から一つ選び、その記号を答えなさい。

ア、「石尾」が常識では考えられないような作戦に出ようとしていることに気づき、不安を感じている。

イ、「石尾」が「監督」の日常の指導にあえて反するような行動に出ようとしていることに気づき、驚いている。

ウ、「石尾」がいつもどおり「監督」の指示に従わないつもりであることに気づき、自身の無力さを嘆いている。

エ、「石尾」が信念を強く持って独自の行動を取ろうとしていることに気づき、心強く思っている。

オ、「石尾」が「監督」のアドバイスを聞き入れるつもりが全くないことに気づき、いらだたしく思っている。

問四、――3「いつの間にか、俺の手のひらもびっしょりと濡《ぬ》れていた」とあるが、この時の「俺」の心情の説明として最も適するものを次の中から一つ選び、その記号を答えなさい。

ア、期待と焦燥　イ、愉悦と恐怖　ウ、歓喜と畏敬

エ、称賛と悲哀　オ、鼓舞と同情

問五、===A・Bの語句の文中での意味として最も適するものを次の中からそれぞれ一つ選び、その記号を答えなさい。

A「うわずった」

ア、うれしさのあまり困惑した

イ、不安になり緊迫した

ウ、気が動転し我を忘れて

エ、興奮して落ち着きを失った

オ、誇らしく威厳に満ちた

B「皮肉っぽく」

ア、あてこすって

イ、いまいましそうに

ウ、本心とは裏腹に

エ、へつらって

オ、いたずらっぽく

問六、[a]～[c]に入る語の組み合わせとして最も適する

ど愚かな男だ。だが、彼は気づいている。**Ⅱ**

石尾の姿が見え(ニ)ない。俺は立ち上がって宴会場を出た。

石尾はロビーにいた。中庭に面したソファで、ぼんやりと外を眺めている。

「いつから考えていた」

石尾がゆっくりと振り返った。

「なんのことですか？」

「今日の作戦だ。わざとだろう。全部」

偶然に石尾が暴走し、偶然に久米がいいペースを守った。ただ、それだけだと考えるのには無理がある。

先ほど、※5熊田に聞いた。今朝、熊田は石尾から言われたのだという。

――久米さんにはどんなことがあってもペースを乱さないように、と言ってください。

だから、石尾が動いても久米は動かなかった。アシストたちが交互でペースを作り、いちばんいい形で彼を走らせた。

もともと、石尾は久米を勝たせるつもりだったのだ。**Ⅲ**

石尾は少し(B)皮肉っぽく唇を歪《ゆが》めた。

「赤城さんが言ったんですよ。ロードレースは団体競技だって」

「ああ、そうだったな」

チームメイトの勝利は、自分の勝利である。それがロードレースなのだ。**Ⅳ**

「昨日のレースも、計算のうちだったんだろう」

もし、昨日のレースがなければ今日の石尾の作戦はうまく運ばなかった。昨日のレースで、石尾が怖い存在だと思わせたからこそ、強豪選手たちは石尾の揺さぶりに反応してしまったのだ。

「うまくいくかどうかは、賭けだったんですけどね」

石尾は膝の上で手を組んだ。

「(6)こういう戦い方もできるんだ、と思ったら、ロードレースに興味が出てきました」

「来年はどうするんだ？」

「まあ、このままやってみますよ」

俺は思う。この男と一緒ならば、今までと違う景色が見えるかもしれ(ホ)ない。※6ツール・ド・フランスには行けなくても、風を感じることはできるかもしれない。**Ⅴ**

石尾がこちらを向いた。真剣な顔で言う。

「赤城さん、俺、勝ちましたよね」

俺は笑う。

「当たり前だろ。バカ」

（近藤史恵『プロトンの中の孤独』一部改変があります。）

注　※1　アタック……急加速をして、集団から抜け出すこと。

※2　アシスト……チームの主力選手（エース）を、ペース作りや風よけなどで支える選手。

※3　ハンガーノック……エネルギー不足により引き起こされる、吐き気やしびれなどの症状。

※4　ステージ優勝……数日間にわたり行われるレースのうち、ある日のレースの優勝者。

※5　熊田……チーム「オッジ」のメンバーで、赤城がチーム内で唯一心を許すこと

「無理はするな。大丈夫なのか?」

そう言ったあと、2片手でハンドルを叩《たた》いた。

「無線外してやがる……」

強豪選手たちは必死で石尾を追う。昨日のレースでわかっている。石尾を逃がすわけにはいかない。

石尾がまた速度を上げる。登りとは思えない速さで坂を登っていく。

俺は小さくつぶやいた。

「化け物め……」

あまりのペースの速さに、強豪選手たちも脱落していく。いったいなにが起こっているのかわからない。

監督が額の汗を拭った。

「これがあいつの実力なのか? だったらすげえぞ」

3いつの間にか、俺の手のひらも汗でびっしょりと濡《ぬ》れていた。だが、興奮のせいだけではない。どこかがおかしいのだ。

最後の登りがやってくる。石尾についていけているのは、たったふたりの選手だけだった。

石尾はまた先頭のまま坂を登った。スピードは落ちハない。ひとり、またひとりと石尾の速さについていけずに脱落していく。最後は独走だ。

監督がAうわずった声で叫んだ。

「行け! そのまま突き放せ!」

その声が聞こえたのだろうか。石尾は、振り返って[a]笑った。合図のように、手をひらひらとさせる。

だが、次の瞬間、石尾のスピードは[b]落ちた。

「なんだ? どうしたんだ?」

監督が不思議そうにつぶやく。

まるで急に力尽きたように見えた。まっすぐ坂を登ることもできないほどに。

「※3ハンガーノックか?」

4俺は気づく。違う。そうではない。

チームカーの横をひとりの選手が登っていく。オッジの白いジャージ、グリーンのメットは久米のものだ。

彼は[c]石尾を追い抜いていった。

その日の※4ステージ優勝は久米だった。

ほかの強豪選手は、石尾に引っかき回されて、すっかりペースを崩してしまった。自分の実力以上の速さで登ることは、想像以上に体力を消耗する。

アシストたちを連れ、自分のペースを最後まで守った久米が、最終的に勝利を手にしたのだ。

その日の夕食は祝賀会になった。まだ残るステージもあるからバカ騒ぎをするわけにはいかないが、この後は平坦ステージばかりで、オッジが勝つのは難しい。最後のチャンスに最高の結果を出せたことで、チーム全員が喜びに浸っていた。[I]

中心にいるのは久米だったが、5彼の笑顔には複雑な感情が見え隠れしていた。それを確認して俺は少しほっとする。

この勝利の意味に気づかないようならば、久米は救いようもないほ

三　次の文章を読んで、後の問いに答えなさい。なお、特に指示がなければ、解答の際、句読点等は字数に含むものとします。

> 自転車のロードレースチーム「オッジ」に今年から所属している赤城（俺）と石尾は、リーダーの久米や他のチームメイトとなじめていない。石尾には実力があり、チームのリーダー候補だが、別チームへの移籍の話も持ち上がっている。ある大会の三日目、石尾は二位となり注目を浴びているが、赤城は二日目に仲間の策略により転倒し怪我をしてしまったため、四日目は監督の運転するチームカーに乗り込んでレースを見守っている。

「石尾はなんか言っていたか?」

「今日もやる気みたいでしたよ」

顔は見えなくても監督が笑ったのがわかった。

「若いから回復力があるな。必要なのは経験と戦略か。まあ、そんなものはあとからついてくる」

俺は窓の外に目をやった。

石尾のために、スタッフたちはみな幸福な高揚感を味わっている。それでも石尾はまだロードレースが嫌いだというのだろうか。

車の座席には風は届かない。俺は羨ましいような気分で、前を走る集団を見つめた。

山の麓に入る頃には、逃げ集団は吸収されてしまっていた。これから、三つ峠を越える。ゴール前は昨日と同じように長めの平坦《へいたん》だ。

石尾が勝てるとしたら、平坦区間までに登りで引き離して逃げ切るしかイない。だが、二日続けて同じ手は通じないだろう。

ふいに、レース進行を告げる無線が言った。

「ゼッケン106、石尾が飛び出した」

息を呑《の》む。だが、一瞬思った。早すぎる。

監督も同じことを考えたのだろう。舌打ちをする。

数人の選手が石尾に続く。いずれも強豪選手揃《ぞろ》いである。昨日と同じ展開だ。

この早さではアタック※1は決まらロないと思った。だが、石尾はぐんぐん集団を引き離していく。みるみるうちに、一分以上の差がつく。

——嘘《うそ》だろう?

まだゴールまでは三十キロ近くある。アシスト※2も連れずに、このまま独走するつもりなのか。

下手をすれば自殺行為だ。後で力を溜《た》めたほかの選手に追い抜かれる可能性もある。

チームカーは大集団を追い抜いた。石尾にトラブルが起きたとき、すぐに対処するために彼の後にいなければならない。

追い越すときに久米の顔が見えた。［1］。

石尾は頂上をトップで通過し、そのまま下りに入る。

下りは体重の重さが武器になるから小柄な石尾は不利だ。だが、彼はうまく身体を小さくして、坂を下っていた。追い付かれることはない。

ほどなく、次の登りがはじまる。また石尾が、リードを広げる。

俺の頭の中で黄信号が点《とも》る。ペースが速すぎる。いくら石尾に力があっても、このまま最後まで行けるのだろうか。

監督が無線を手に取った。

ア、異なる文明の体系から生まれた芸術こそ、その国を代表する作品となりえるということ。

イ、芸術作品は様々な文化的要素がからみあって成立しているため、それを明らかにするのは難しいということ。

ウ、ある特定の芸術家の存在が、良くも悪くもその国の芸術の方向性を決めてしまうということ。

エ、優れた文学者や音楽家のいる国とそうでない国との間に、文化的な優劣ができてしまうということ。

オ、あらゆる芸術家は西洋の優れた芸術家の作品に必ず感化されて、それを手本にするということ。

問六、――5「連綿とつたわった絵画の伝統にみられる生け方」とあるが、これを具体的に言い換えた表現を、文中から十五字以上二十字以内で抜き出し、その最初と最後の三字を答えなさい。

問七、――6「こういう形で持続する」とあるが、その説明として最も適するものを次の中から一つ選び、その記号を答えなさい。

ア、日本人は、西洋の芸術に一度は心ひかれる経験をしながらも、やがて日本の伝統的な芸術の価値に気づき、日本の文化を持続させることに力を注ぐようになるということ。

イ、ある優れた芸術のあり方が人々の無意識に浸透し、物事の感じ方にまで影響を及ぼすことで、その国の文化として持続するようになるということ。

ウ、ブリューゲルのような優れた芸術家の作品を鑑賞した人々が、その芸術性に影響され、国の芸術を守ろうという意識が生まれることで、文化が持続するということ。

エ、ヨーロッパの人々と同様に自分たちが影響を受けている芸術を明確にすることで、日本人も自分たちの感性のあり方を自覚して文化を持続させるようになるということ。

オ、ヨーロッパの芸術にはヨーロッパの風土から生まれた伝統があり、日本の芸術にも日本の風土から生まれた伝統があるため、それが土台となり文化が持続するということ。

問八、――7「私たちの生活と思考法には、いまでも、そういう実例が無数にあるにちがいない」とあるが、ここでの「日本文化」の具体例として**あてはまらない**と考えられるものを次の中から一つ選び、その記号を答えなさい。

ア、少ない文字数で余韻を表現する、俳句の表現方法。

イ、塗り残した部分によって空間を感じさせる、日本画の技法。

ウ、単純化された線で人物を表現する、マンガの書き方。

エ、わずかな手足の動きで感情を表現する、能楽の手法。

オ、精巧に作ることで本物に近づこうとする、ミニチュア模型の制作。

問九、――8「明治維新は日本の歴史の中での、最も大がかりにそういう事業を行った最近の例である」とあるが、日本の歴史の中で「明治維新」はどのような事業であると考えられますか。解答欄の形式に従い、本文に即して三十字以上四十字以内で説明しなさい。

のに到達したいと望む。当然のことである。何ものも完全ではないのだから。だが、その自己革命を西洋のモデルに従ってやるのは、くりかえすが、容易なことではない。私も西洋のもので好きなものがたくさんある。だが、好きなものの好きな※6所以《ゆえん》が、だんだんわかるにつけて、ますます、それを私たちが自分のものにするのはむずかしいと考えないわけにはゆかない。それには、自分を根本的に検討し、再組織する必要があるだろう。8明治維新は日本の歴史の中での、最も大がかりにそういう事業を行った最近の例である。そうして私たちは、今もなお、百年前に着手したこの大事業の継続の過程の中にいる。

（吉田秀和『ソロモンの歌』一部改変があります）

注 ※1 臆断……確たる根拠もなしに、推測のみで物事を判断すること。
※2 直截《ちょくせつ》な……まわりくどくなく、はっきりと。
※3 ブリューゲル老……ピエール・ブリューゲル。16世紀に活躍した画家。
※4 ホイスム……ヤン・ヴァン・ホイスム。17～18世紀に活躍した画家。
※5 草月流……日本の生け花の流派のひとつ。
※6 所以《ゆえん》……理由。

問一、――1「芸術」とあるが、筆者が本文で述べている芸術家の姿として**あてはまらない**ものはどれですか。最も適するものを次の中から一つ選び、その記号を答えなさい。

ア、幼い時に何かしらの芸術的な体験をしている。
イ、理論を学びながら芸術作品の制作を始めている。
ウ、理論を学んで理論と個性を調和させている。
エ、特定の芸術作品に触発された創造意欲を持っている。
オ、自分の最初の体験に迫りながら成長している。

問二、――2「根本的な体験」とあるが、筆者がこれを言い換えた五字の表現を、この後の文中から抜き出して答えなさい。

問三、――3「後年それを埋めるのは並大抵のことではあるまい」とあるが、それはなぜですか。理由として最も適するものを次の中から一つ選び、その記号を答えなさい。

ア、西洋の芸術は、日本の文化とは違った原理から生まれたものだから。
イ、西洋の芸術は、日本人がそれを手本とするには難解すぎるものだから。
ウ、西洋の芸術は、日本人にとって幼い頃にしか魅了されないものだから。
エ、西洋の芸術は、魅力的であるがゆえに客観視することができないものだから。
オ、西洋の芸術は、遠く離れた日本では鑑賞できる機会が少ないものだから。

問四、Ⅰ・Ⅱに入る語として最も適するものを次の中からそれぞれ一つ選び、その記号を答えなさい。ただし、同じものを繰り返し用いてはいけません。

ア、たとえば　イ、つまり　ウ、また
エ、もちろん　オ、だが

問五、――4「そういうこと」とあるが、どのようなことを指していますか。説明として最も適するものを次の中から一つ選び、その記号を答えなさい。

し、音楽がチャイコフスキーをもっていたという、その違いが、のちのちまで、彼らの文学と音楽とにおける品位と尊厳と深さの差をきめたと、私は、言いたいところなのである。プーシュキンには民謡みたいに簡単で※2直截《ちょくせつ》な語り口と語彙とでもって、人間の魂の最も微妙なものを表現する天才があった。

どういう文化も、4そういうことからは逃れがたいのである。そうして、それは芸術家の創作ばかりでなく、街の人、市民の感受性の規制にまで及んでゆく。ヨーロッパにゆくごとに思うのだが、南欧の人々はよく知らないから別としても、スカンディナヴィア、ドイツからオーストリア、スイス、オランダ、といった国々で、花瓶に生けてある花の束をみれば、それがどれもこれも、根本的には、十六世紀ネーデルランド画派の天才、※3ブリューゲル老のあの素晴らしい花の絵にそっくりの構成をもっている。ブリューゲルの花の絵は、後にくる絵画の流れに大きな影響を及ぼし、それにつづく十七、八世紀の画家たち、［Ⅱ］花瓶に生けた花束の絵をやたらとたくさん描いた※4ホイスム（Jan van Huysum）たちの原型となったといってもよいのだろうし、この種の絵は各都市の美術館にゆけばいっぱいある。そうして、現代のヨーロッパ人たちが、まるっきり、こういう絵を見ないで育ったというのは考えられないことだ。ただ、彼らが今花を生けるとしても、そういう絵を思い出してするかどうかは疑わしい。ところが、そうであるにせよ、そうでないにせよ、彼らは花を生けるとなったら、この四百年前のブリューゲルから少なくとも二百年前まで5連綿とつたわった絵画の伝統にみられる生け方をしてしまうのである。

私は、こういった例を他にも数多くあげることができる。しかし、もっと手近の例でいえば、逆に、私たちの国では、有名な料亭はもちろん、ちょっとした郊外の小料理店の片隅をみても、花が生けてあるが、そのスタイルは、ヨーロッパのものとは断然違う審美観と原理によっている。私はこの何世紀も伝わってきたに違いない日本の生け花の原型がどこにあるか知らない。しかしそれが変貌して二十世紀中葉の日本の※5草月流に至る間の生け花をみても、それはブリューゲル派の華麗にして重層的な生け方とはまるで違う。むしろそれは、少ない材料を巧みに配して、花と茎で輪郭づけてはいるが、本来はその花たちと同じくらい、それがとりのこし、埋め残した空間の拡《ひろ》がりを楽しむためにあるように見られる。もしそれを詩と呼ぶなら、この詩は、語られず、語られ得ないものの存在を暗示するために、僅《わず》かな言葉を使って組みたてられた詩である。日本人がこれ以外の生け方ができないと言うのではない。日本人なら、いわゆる心得のない人が自己流でやっても、こういう生け方に導かれ、それをみる場合も楽しむことを知っていると言っているのである。そうして、これは、ある時、日本の自然の《草の根》を熟視して扱っているうちに、その本質を見抜いた人の手で芸術として純粋化させられて、一つの典型に達し、その後の何世紀にわたる私たち日本人の花の生け方に関する根本的なものを規定し支配しつづけているということを示している、と言いたいのである。

6一つの文化の生命というのは、こういう形で持続する。7私たちの生活と思考法には、いまでも、そういう実例が無数にあるにちがいない。それが日本の文化である。私たちのあるものは、そのうちのあるものに不満であり、それから抜けだし、それと戦い、もっと別のも

【国語】〈五〇分〉〈満点：一〇〇点〉

一　次の1～5の――のカタカナを漢字に直して書きなさい。また、6～10の――の読みをひらがなで答えなさい。

1、彼は当時の心境を詳細にジュッカイした。
2、山から人里に下りてきた鹿をホカクした。
3、身に余る御コウイに心より感謝いたします。
4、彼の発言が問題解決のタンショとなった。
5、彼女はムサボるように多くの本を読んでいる。
6、恩師が与えてくださった薫陶に感謝している。
7、友人に唆され悪事を働いてしまった。
8、汚職に手を染め彼への信頼は大きく失墜した。
9、ふと耳にした旋律が忘れられない。
10、政府の緩慢な対応に国民は不満を抱いた。

二　次の文章を読んで、後の問いに答えなさい。なお、特に指示がなければ、解答の際、句読点等は字数に含むものとします。

私の考えでは、[1]芸術というものは、ある時理論を学べば、あとは芸術家の個性に従って創作すればよいというものでもなければ、どだいそんなことは、できないものだと思う。芸術家は、理論を習うよりまえに、幼い時、もっと[2]根本的な体験をしており、そのあとで、いつか、ある芸術作品に触発されて、芸術家の魂を目覚まされ、そこでそれを手本にとり、理論を学びながら、最初の試みにとりかかるというものだと思う。そうして、彼の成長とか円熟とかいうものは、根本的な体験につながる表現にだんだん迫ってゆくという順序を踏むのではないか。この最初の手本が何であるかは、その芸術家の一生を支配する。日本の芸術家にとって、それがピカソかゴッホだったり、モーツァルトかヴァーグナーだったり、チェーホフかシェイクスピアだったりしたとしても、私に何も異議を訴える筋はない。ただ、そういう時、彼のもっと幼い根本的な体験と、西洋の大芸術との間の距離はずいぶん広いはずだろうから、[3]後年それを埋めるのは並大抵のことではあるまいと、最近、気がついてきたのである。手本が低ければよかったろうというのでもない。しかしベートーヴェンもシェイクスピアも、私たちのとはひどくちがった文明の体系から生まれ、それと複雑にからみあった芸術である。それは私たちにわからないといえないどころか、私たちに強烈に訴えかけ、私たちを心の底から揺すぶり、魅了しつくす力に満ちている。［Ⅰ］、わかるとか楽しめる、同感できるとかいうことと、創造の根源につながるということとは、微妙にからみあっているが、ちがう次元に属する。これを明らかにすることは、理論家にとっても研究家にとっても、そうして私たち芸術に関心のある文筆業者にとっても、いちばん大切な仕事に属するだろう。バッハ、モーツァルトとヴァーグナーをもつドイツ人音楽家、モンテヴェルディと民謡をもつイタリア人、リュリとドビュッシーをもつフランス人、チャイコフスキーと若《も》しかしたらその前にグリンカをもったロシア人音楽家たち、これは彼らの幸福であり、時には不幸かもしれない。こういう人々がいたということが、のちにくる数世紀のそれぞれの国の芸術を決定づけるのだから。もし、私の臆断[※1]を許していただけるなら、ロシアの文学がプーシキンをもっていたのに対

MEMO

大切なことはメモしておこうネ！

2024年度

解　答　と　解　説

《2024年度の配点は解答欄に掲載してあります。》

＜数学解答＞《学校からの正答の発表はありません。》

[1]　(1)　4　　(2)　$a^2-2ab+b^2-2a+2b-15$　　(3)　$(a+b)(a-b)(x-y)$
　(4)　$x=\frac{11}{5}$，$y=-\frac{41}{5}$　　(5)　$8\sqrt{5}+1$　　(6)　$a=\frac{1}{2}$　　(7)　3，4　　(8)　$\frac{5}{18}$
　(9)　$\frac{3-\sqrt{3}}{3}$　　(10)　$\frac{5\sqrt{10}}{3}$

[2]　(1)　$a=-\frac{1}{4}$　　(2)　$y=2x+4$　　(3)　$x=\frac{-13-3\sqrt{33}}{4}$

[3]　(1)　$\frac{5}{36}$　　(2)　$\frac{2}{9}$　　(3)　$\frac{7}{36}$

[4]　(1)　$6\sqrt{10}$　　(2)　$\frac{12\sqrt{10}}{7}$　　(3)　(途中経過)解説参照　答　$\frac{21\sqrt{10}}{10}$

○推定配点○

[1]～[3]　各5点×16　　[4]　(1)，(2)　各5点×2　　(3)　10点　　計100点

＜数学解説＞

基本　[1]　(式の計算，式の展開，因数分解，連立方程式，式の値，関数の変化の割合，箱ひげ図，確率，平面図形の計量問題)

(1)　$(1-\sqrt{3})^2+\frac{3}{2}\left(\frac{1}{\sqrt{3}}+\sqrt{3}\right)=1-2\sqrt{3}+3+\frac{3}{2}\left(\frac{\sqrt{3}}{3}+\sqrt{3}\right)=4-2\sqrt{3}+\frac{3}{2}\times\frac{4}{3}\sqrt{3}=4-2\sqrt{3}+2\sqrt{3}=4$

(2)　$\mathrm{M}=a-b$とすると，$(a-b+3)(a-b-5)=(\mathrm{M}+3)(\mathrm{M}-5)=\mathrm{M}^2-2\mathrm{M}-15=(a-b)^2-2(a-b)-15=a^2-2ab+b^2-2a+2b-15$

(3)　$a^2x-a^2y-b^2x+b^2y=a^2(x-y)-b^2(x-y)=(a^2-b^2)(x-y)=(a+b)(a-b)(x-y)$

(4)　$3x+\frac{1}{2}y=\frac{5}{2}$，$6x+y=5$…①　$\frac{2}{3}x-y=\frac{29}{3}$，$2x-3y=29$…②　①×3＋②から，$20x=44$，$x=\frac{44}{20}=\frac{11}{5}$　①に$x=\frac{11}{5}$を代入して，$6\times\frac{11}{5}+y=5$，$y=5-\frac{66}{5}=\frac{25}{5}-\frac{66}{5}=-\frac{41}{5}$

(5)　$a^2-b^2+ab=(a+b)(a-b)+ab=\{(\sqrt{5}+2)+(\sqrt{5}-2)\}\{(\sqrt{5}+2)-(\sqrt{5}-2)\}+(\sqrt{5}+2)(\sqrt{5}-2)=2\sqrt{5}\times4+(\sqrt{5})^2-2^2=8\sqrt{5}+5-4=8\sqrt{5}+1$

(6)　$\frac{a\times4^2-a\times(-2)^2}{4-(-2)}=1$から，$\frac{12a}{6}=1$，$2a=1$，$a=\frac{1}{2}$

(7)　1．この図では，平均点はわからない。2．最小値は2点であるが，1人とは限らない。3．第三四分位数は上位から3番目の点数である。それが8点になっているので，上位3名は8点以上だといえる。4．第一四分位数は下位から3番目の点数で4点なので，4点を取った生徒がいるといえる。よって，必ず正しいといえるのは，3と4

(8)　大小2つのさいころの目の出かたは全部で，6×6＝36(通り)　そのうち，出た目の和が9以上になる場合は，(大，小)＝(3，6)，(4，5)，(4，6)，(5，4)，(5，5)，(5，6)，(6，3)，(6，4)，(6，5)，(6，6)の10通り　よって，求める確率は，$\frac{10}{36}=\frac{5}{18}$

(9)　△OBAにおいて三平方の定理を用いると，$\mathrm{BO}=\sqrt{1^2+(\sqrt{2})^2}=\sqrt{3}$　$\mathrm{BC}=\mathrm{BO}-\mathrm{CO}=\sqrt{3}-1$　平行線と線分の比の定理から，BC：BO＝CH：OA　$(\sqrt{3}-1):\sqrt{3}=\mathrm{CH}:1$，$\mathrm{CH}=\frac{(\sqrt{3}-1)\times1}{\sqrt{3}}$

$=\dfrac{\sqrt{3}(\sqrt{3}-1)}{3}=\dfrac{3-\sqrt{3}}{3}$

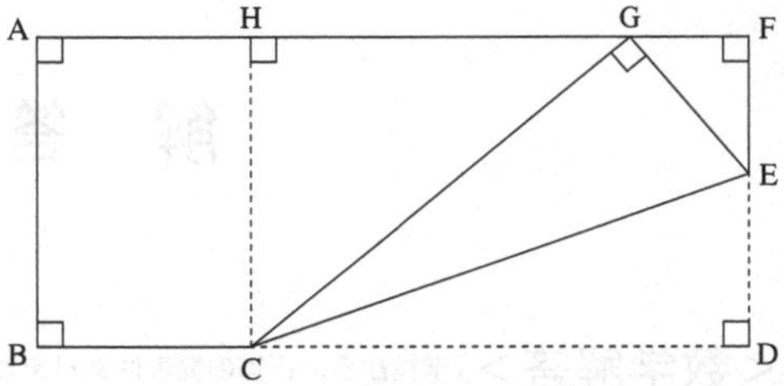

(10)　右の図のように各点を定め，点CからAFへ垂線CHをひくと，CH＝BA＝3，AH＝BC＝2　CG＝CD＝7－2＝5　△CGHにおいて三平方の定理を用いると，$HG=\sqrt{5^2-3^2}=\sqrt{16}=4$　GF＝7－2－4＝1　EG＝ED＝aとすると，EF＝$3-a$　△EGFにおいて三平方の定理を用いると，$a^2=1^2+(3-a)^2$，$a^2=1+9-6a+a^2$，$6a=10$，$a=\dfrac{10}{6}=\dfrac{5}{3}$　△ECGにおいて三平方の定理を用いると，$x=\sqrt{5^2+\left(\dfrac{5}{3}\right)^2}=\sqrt{25+\dfrac{25}{9}}=\sqrt{\dfrac{250}{9}}=\dfrac{5\sqrt{10}}{3}$

2 (図形と関数・グラフの融合問題)

(1)　②に$y=-4$を代入して，$-4=\dfrac{16}{x}$，$x=\dfrac{16}{-4}=-4$　よって，B$(-4,\ -4)$　①に点Bの座標を代入して，$-4=a\times(-4)^2$，$16a=-4$，$a=-\dfrac{4}{16}=-\dfrac{1}{4}$

(2)　②に$x=2$を代入して，$y=\dfrac{16}{2}=8$　よって，C$(2,\ 8)$　直線BCの傾きは，$\dfrac{8-(-4)}{2-(-4)}=\dfrac{12}{6}=2$　直線BCの式を$y=2x+b$として点Cの座標を代入すると，$8=2\times2+b$，$b=8-4=4$　よって，直線BCの式は，$y=2x+4$

重要 (3)　①に$x=2$を代入して，$y=-\dfrac{1}{4}\times2^2=-1$　よって，A$(2,\ -1)$　AC＝$8-(-1)=9$　y軸上にED＝ACとなる点Eをとると，4＋9＝13から，E$(0,\ 13)$　点Eを通り直線BCに平行な直線と②との交点をPとすると，△PCD＝△ECD＝△ACDとなる。直線PEの式は，$y=2x+13$…④　②と④からyを消去すると，$\dfrac{16}{x}=2x+13$，$16=2x^2+13x$，$2x^2+13x-16=0$，$x=\dfrac{-13\pm\sqrt{13^2-4\times2\times(-16)}}{2\times2}=\dfrac{-13\pm\sqrt{297}}{4}=\dfrac{-13\pm3\sqrt{33}}{4}$　$x<-4$から，$x=\dfrac{-13-3\sqrt{33}}{4}$

3 (図形と確率の融合問題)

基本 (1)　大小2つのさいころの目の出かたは全部で，6×6＝36(通り)　1，2，3，4，5，6の約数の個数はそれぞれ1，2，2，3，2，4　3点APQを結んだ図形が三角形とならない場合は，点PとQが同じ位置にくるときだから，(大，小)＝(4，6)，(5，4)，(6，2)，(6，3)，(6，5)の5通り　よって，求める確率は，$\dfrac{5}{36}$

(2)　3点APQを結んだ図形が直角二等辺三角形になる場合は，△ACE，△ACG，△AEGになるときだから，(大，小)＝(2，6)，(2，2)，(2，3)，(2，5)，(4，2)，(4，3)，(4，5)，(6，6)の8通り　よって，求める確率は，$\dfrac{8}{36}=\dfrac{2}{9}$

重要 (3)　正八角形の中心をOとすると，△AOBは正八角形の面積の$\dfrac{1}{8}$になるから，△AFBは正八角形の面積の$\dfrac{1}{4}$になる。同様にして，△AEB，△AHD，△AED，△AEF，△AEHのときも正八角形の面積の$\dfrac{1}{4}$になるから，(大，小)＝(1，4)，(1，6)，(3，1)，(3，6)，(4，4)，(5，6)，(4，1)の7通り　よって，求める確率は$\dfrac{7}{36}$

4 (空間図形の計量問題－三平方の定理，面積，三角形の相似)

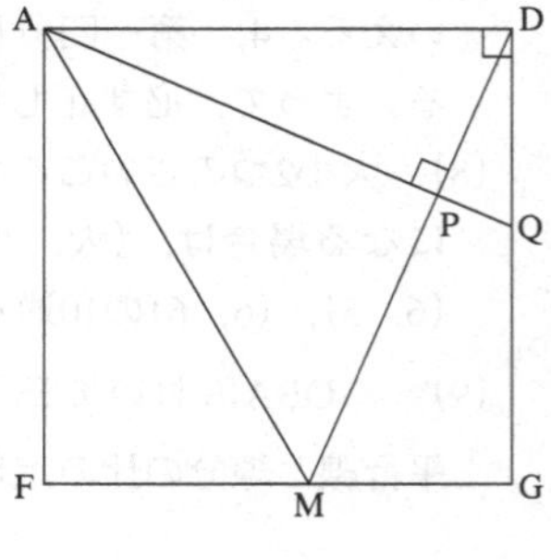

基本 (1)　AD＝6，$AM=DM=\sqrt{6^2+2^2+3^2}=\sqrt{49}=7$　点MからADへ垂線MIをひくと，AI＝6÷2＝3　△AMIにおいて三平方の定理を用いると，$MI=\sqrt{7^2-3^2}=\sqrt{40}=2\sqrt{10}$　よって，$\triangle ADM=\dfrac{1}{2}\times6\times2\sqrt{10}=6\sqrt{10}$

(2)　△ADMの面積から，$\dfrac{1}{2}\times7\times AP=6\sqrt{10}$，$AP=6\sqrt{10}\times\dfrac{2}{7}=\dfrac{12\sqrt{10}}{7}$

重要 (3)　直方体を△ADMを含む面で切断すると，切断面は右の図のようになる。△APDと△ADQにおいて，点Aは共通…①，∠APD

＝∠ADQ＝90°…②　①と②から，2組の角がそれぞれ等しいので，△APD∽△ADQ　よって，AP：AD＝AD：AQ　$\frac{12\sqrt{10}}{7}$：6＝6：AQ，AQ＝$36\times\frac{7}{12\sqrt{10}}=\frac{21}{\sqrt{10}}=\frac{21\sqrt{10}}{10}$

★ワンポイントアドバイス★

③(3)は，正八角形の中心を頂点とする二等辺三角形8個でできているから，その二等辺三角形の2個分の大きさの三角形が正八角形の面積の$\frac{1}{4}$になることから考えよう。

＜英語解答＞《学校からの正答の発表はありません。》

①　1　(1)　rode　(2)　knowledge　(3)　least　(4)　knives　(5)　weak
2　(1)　while　(2)　on　(3)　change　3　(1)　airport　(2)　subject

②　1　(1)　1　(2)　2　(3)　1　(4)　4　(5)　3　2　(1)　had
(2)　have, seen　(3)　nothing, to　(4)　how, many　(5)　asked, to
3　(1)　born　(2)　to　(3)　saying　(4)　Few　(5)　any
4　(3番目，5番目の順)　(1)　3，1　(2)　5，2　(3)　1，6　(4)　2，7
(5)　1，5

③　問1　3　問2　4　問3　2　問4　1　問5　(1)　4　(2)　2　(3)　1
問6　(A)　night　(B)　land　問7　3

④　問1　2　問2　4　問3　5　問4　4　問5　(A)　2　(B)　3　(C)　4
問6　2，3，5

○推定配点○

各2点×50(②4各完答)　計100点

＜英語解説＞

基本　① (単語)

1　(1)　wearの過去形が wore なので，ride の過去形 rode が適切である。　(2)　life は live の名詞形なので，know の名詞形 knowledge が適切である。　(3)　little の最上級は least である。　(4)　knife の複数形は knives となる。　(5)　Cの対義語は weak「弱い」である。

2　(1)　接続詞while「～間」 for a while「しばらくの間」 (2)　get on～「～に乗る」 on time「時間通りに」 (3)　change A into B「AをBに交換する」 change「お釣り」

3　(1)「沖縄に飛行機で行くために」とあるため，airport「空港」が適切である。　(2)「英語が一番好きだ」とあるため，subject「教科」が適切である。

重要　②　1　(適語選択：接続詞，間接疑問文，仮定法，前置詞)

(1)　時を表す接続詞が用いられている場合，未来の内容でも現在形になる。　(2)　疑問詞が主語の場合の間接疑問文は＜疑問詞 ＋ 動詞～＞の語順になる。　(3)　<I wish ＋ 過去形の文>「～ならいいのに」 (4)　前に出てきた名詞と同じ種類のものを指す場合は，oneを用いればよい。　(5)　in～「～たてば，～すると」となり，時間の経過を表すことができる。

重要　2　(書き換え問題：現在完了，不定詞，間接疑問文)

(1)「雨が降る」を意味する表現で名詞の rain を用いた場合，動詞 have を用いる。　(2)　どちらも最後に彼に会ってから長い時間が経ったことを示しているため，「長い間彼に会っていない」という表現になる。 (3) nothing to wear「着るものがない」 (4) 選手の人数を尋ねているため，<how many + 複数形>を用いる。 (5) <ask + 人 + to～>「人に～するように頼む」

3 (単語)

やや難 (1) be born「生まれる」 (2) grow up to be～「成長して～になる」という結果を表す副詞的用法の不定詞である。 (3) without ～ing「～せずに」 (4) few「ほとんどない」 (5) <比較級 + than any other + 単数名詞>「他のどの～よりも…だ」

重要 4 (語句整序問題：間接疑問文，比較，分詞，感嘆文)

(1) This magazine will show you how they live (in India.) 人以外を主語にした無生物主語の文である。 (2) Do you know who played tennis with (her?) 疑問詞が主語の間接疑問文は<know + 疑問詞 + 動詞～>の語順になる。 (3) (He is) better at reading English than speaking it(.) be good at ～ing「～するのが得意だ」を比較級にして用いた文である。 (4) My father bought me a car made in Germany(.) made in Germany は前の名詞を修飾する分詞の形容詞的用法である。 (5) How slowly that little boy is walking(!) 感嘆文は<How + 形容詞/副詞 + 主語 + 動詞>の語順になる。

重要 3 (長文読解問題・説明文：語句補充，指示語，要旨把握，内容吟味)

(全訳) アメリカ合衆国では，最初の旅客機が1910年頃に飛び始め，1928年には約13名の乗客を運ぶようになった。それらは寒く，ガタガタ揺れ，危険だった。乗客は床に取り付けられた硬い席に座った。これらの飛行機にはエアコンがなく，非常にわずかな暖房しかなかった。夏は暑く，冬は寒かった。飛行機内では空気が動かないため，常に熱い金属と油の悪臭がした。また，乗客が航空機酔いした後に飛行機を清掃するために使用される消毒剤の臭いもした。①新鮮な空気を取り入れる唯一の方法は窓を開けることだった。

初期の飛行機は高度を高くすることができなかったため，常に乱気流があり，フライトは非常にガタガタ揺れ，ほとんどの乗客が航空機酔いした。一部の乗客は自分を守るためにヘルメットとゴーグルを着用した。初期の日々において，航空旅行は早い移動方法ではなかった。パイロットがどこに向かっているのか見えなかったため，ほとんどの飛行機は夜間に飛ぶことができず，そして飛行機は燃料補給のために頻繁に着陸しなければならなかった。1920年代の終わりには，列車で国を横断する方が飛行機よりも速かった。

飛行は危険であり，乗客は②勇敢でなければならなかった。航空会社は乗客が満足して，再び飛行することを望んだ。彼らのフライトを助けるために，航空会社はフライトアテンダントと呼ばれる男性乗務員を雇った。これらの男性は通常，10代の若者であり，小柄で細身だった。彼らは荷物を飛行機に詰め込み，乱気流時に乗客を助けた。

1930年まで，すべてのフライトアテンダントは男性だったが，③これは変わった。看護師であるエレン・チャーチは，女性も男性と同じように働けると航空会社を説得した。彼女は女性の看護師が病気の乗客の世話をずっとうまくできると言った。このようにして，④看護師は最初の女性フライトアテンダントになった。彼女らはスチュワーデスと呼ばれた。乗客をリラックスさせようと努め，水，サンドイッチ，さらには耳の気圧に対処するためのガムを提供した。また，乗客のチケットを取り，荷物を運び，フライト後に飛行機の内部を清掃し，さらにはガソリンの漏れをチェックした。スチュワーデスになることは簡単ではなかった。まず，彼らは看護師である必要があり，162cm未満で53kg未満でなければならなかった。さらに，20歳から26歳の間で，独身でなければならなかった。ほとんどの航空会社において1960年代まで独身であることの規則が続いた。

1930年代半ばまでに，飛行機はより高く飛ぶことができた。それらは21名の乗客を運び，アメリカ合衆国の東海岸から西海岸まで16時間で飛ぶことができた。これは当時としては非常に速いものだった。そして，技術が改善されたため，飛行機はより良く，より速くなった。1950年代後半までに，大西洋を横断飛行する人々は船で横断する人々よりも多くなった。おそらく将来，私たちは800名の乗客を乗せ，音速を超える速さで旅行するジェット機で旅行するだろう。フライトは100年で長い道のりをやってきた。

問1　飛行機内の空気が動かないため，悪臭が常にあり，窓を開けることは，新鮮な空気を取り入れるための唯一の方法であった。

問2　初期の飛行は危険であり，そのため乗客は「勇敢」でなければならなかった。

問3　エレン・チャーチが航空会社に女性も男性と同じように働けることを説得した結果，女性がフライトアテンダントとして働き始めた。

問4　エレン・チャーチは，女性看護師が病気の乗客の世話をずっとうまくできると航空会社に伝えた。

問5　(1)　第1段落参照。1920年代の飛行機旅行は危険で快適ではなかった。　(2)　第4段落参照。最初の女性フライトアテンダントは乗客をリラックスさせ，水やサンドイッチやガムを提供し，また乗客のチケットを取り，荷物を運び，飛行機の内部を清掃し，ガソリンの漏れをチェックしたのである。　(3)　第5段落参照。1930年代半ばまでには技術が発達し，飛行機の速度が改善された。

問6　「初期に飛行機が旅をするのに早い移動方法ではなかったのはなぜか」 第2段落第4文参照。夜間はパイロットが見えず，飛行機は頻繁に燃料補給のために着陸する必要があった。

問7　1 「初期の飛行機は13人の乗客を運び，一日24時間飛び続けた」 第2段落第4文参照。燃料補給のために頻繁に着陸したので不適切。　2 「エレン・チャーチは航空会社で働き，看護師を最初の女性フライトアテンダントとして雇用した」 第5段落第2文参照。エレン・チャーチ自身が看護師であり，男性と同様に働けると航空会社を説得したので不適切。　3 「1960年代まで，ほとんどの航空会社では既婚女性はスチュワーデスになることができなかった」 第5段落最終文参照。ほとんどの航空会社において1960年代まで独身であることの規則が続いたので適切。　4 「1950年代後半までに，飛行機ではなく船で大西洋を渡る人が多くなった」 第6段落第5文参照。船よりも飛行機で渡る人が多くなったので不適切。

4　**(長文読解問題・説明文：語句補充，文整序，要旨把握，内容吟味)**

(全訳)　ゲームをすることは子どもにとってよいか？

あなたは動物園で最初に動物を見つける人か？地面にキャンディーが落ちたとき，あらゆるピースがどこに落ちたかを知っているか？これらのことができるなら，その(1)理由はあなたがビデオゲームをプレイしているからかもしれない。

科学者たちはビデオゲームを研究した。彼らは，ゲームをプレイする人々がそうでない人々よりも優れた視覚スキルを持っていることを発見した。彼らは複数の動く対象を見ることができる。また，他の人ができないとき，霧や雨の中で物を見ることもできる。これはビデオゲームをプレイすることから得られる多くの良いことの一つだ。

一部の人々はビデオゲームは時間の無駄だと考えている。一部の人々はそれらがあなたにとって悪いと思っている。おそらく，私たちは彼らに研究が何を語っているかを示すべきだ。

あなたが敵に気づいたり，コントローラーを見ずに宝を取ったりするとき，あなたは脳を使っている。あなたの脳はこのような挑戦が好きだ。それはビデオゲームをプレイすることから成長することができる。それはビデオゲームプレイヤーがより良い外科医になることができる理由の一つである。これらは手術を行う医師だ。一部の医師は手術前にウォームアップとしてビデオゲームを使用している。

ビデオゲームは他のスキルも開発できる。それらはあなたに諦めないことを教えることができる。次のレベルに到達するためには何度も試みる必要があるかもしれない。ビデオゲームをプレイしているときに(2)諦めずにトライし続けることは，あなたが一生懸命に取り組めば目標に到達できることを示している。これはビデオゲームの内外で真実だ。

ビデオゲームでは，より一生懸命取り組むだけでは十分ではない。あなたはより頭を使う必要がある。もう一人の上手いプレイヤーを打ち負かすことは簡単ではない。同じ計画を何度も使用することはできない。その代わりに，ビデオゲームは問題を解決するさまざまな方法を見つける方法を学ぶのに役立つ。(3)お気に入りのゲームを考えてほしい。それらは1つ以上の解決方法がある異なった問題をあなたに与える。これは，あなたが問題を解決することが楽しいものであることを理解するのを助けてくれる。ビデオゲームをプレイすることは，あなたがどのように考え，賢い決断を下すかを教えることができる。

ビデオゲームをプレイすることの最良の点の一つは友情だ。新しい友達を作ることができる。また，ビデオゲームで古い友達と時間を過ごすこともできる。これは，直接会うことができないときに特に良い。ビデオゲームは助け合いと共有を促し，これらの行動はビデオゲームでしばしば必要である。ゲームで友達と協力して敵を打ち負かしたり，宝を発見したりすることは友情を強くする。

ビデオゲームでお互いを助けるチームメイトは，ゲームの外でも互いを助けることがよくある。彼らは現実の生活でも見知らぬ人を助けるかもしれない。他のプレイヤーと協力することは，チームワークについてあなたに教えてくれる。これはあなたが永遠に使用できる。もしあなたが非協力的な方法でビデオゲームをプレイするなら，あなたはそれらの最良の部分を楽しむことはない。

あなたはビデオゲームのスイッチを入れて，強くて人気があると感じることができる。しかし，ゲームは最も簡単な方法で人生を生きるようなものであることを覚えておいてほしい。簡単なゲームをプレイすることは(4)退屈かもしれない。それをより困難にするとき，それはより楽しくなる。同じ理由で，人生はビデオゲームよりも良い。

実際のギターを弾くことを学ぶことは難しい。"Rock Band"ビデオゲームをプレイすることはより簡単だ。しかし，実生活でギターを弾くことははるかに楽しい。だから，ビデオゲームを楽しんでほしいが，実生活の挑戦を忘れないでほしい。

問1　ビデオゲームをプレイすると視覚スキルが向上するという文脈に合っている。

基本　問2　without ~ing「～せずに」

やや難　問3　ビデオゲームが問題解決の楽しさを教え，異なるアプローチを試すことの重要性を示すのである。

問4　困難を増やすことでゲームがより楽しくなるとあるので，簡単なゲームは退屈であるとわかる。

問5　(A)　ビデオゲームが要求するのは単なる努力だけでなく，知恵も必要である。　(B)　ビデオゲームはコミュニケーションの手段として機能する。　(C)　ビデオゲームでの協力や他者への助けが現実世界でも反映されると示されている。

問6　1「人々は目のスキルを向上させるためにゲームをプレイする」　第2段落第2文参照。視覚スキルをより向上させるためにゲームをするとは述べられていないため不適切。　2「霧や雨の中で物を見ることができない人もいる」　第2段落第4文参照。霧や雨の中では見ることができない人もいると述べられているため適切。　3「ビデオゲームをプレイすることには多くの良い点がある」　第2段落最終文参照。「ゲームをすることから来るたくさんの良いこと」と述べられているため適切。　4「一部の医者は，手術前に外科医がビデオゲームをプレイする必要があると考えている」　第4段落最終文参照。一部の医者が手術前にウォームアップとしてビデオゲームを使うとあるが，「必要がある」とは言及されていないため不適切。　5「多くの場合，人々はビデオゲームで助け合いと共有をする必要がある」　第7段落第5文参照。ビデオゲームは助け合いと共有を促し，しばしば必要であると述べられているため適切。　6「ビデオゲームをプレイすることは新しい友達を作る可能性を減らす」　第7段落第2文参照。新しい友達を作ることができるため不適切。　7「『ロックバンド』をプレイすると，本物のギターを学ぶのが難しくなるかもしれない」　最終段落第3文参照。本物のギターを弾くことがより楽しくなるため不適切。
8「著者は，ビデオゲームが現実の体験よりも楽しいと考えている」　第9段落最終文参照。人生はビデオゲームよりも良いと述べられているため不適切。

★ワンポイントアドバイス★

長文読解問題の文章量が比較的長くなっている。十分な時間をさくためにも，文法問題を素早く処理する必要がある。過去問を繰り返し解いて出題形式に慣れれるようにしよう。

＜国語解答＞《学校からの正答の発表はありません。》

一　1　述懐　2　捕獲　3　厚意　4　端緒　5　貪(る)　6　くんとう
7　そそのか(され)　8　しっつい　9　せんりつ　10　かんまん

二　問一　ウ　問二　最初の手本　問三　ア　問四　Ⅰ　オ　Ⅱ　ア　問五　ウ
問六　(最初)　ブリュ～(最後)　生け方　問七　イ　問八　オ　問九　(例)　(明治維新は)西洋の文化を日本のものにするために，日本という国家を根本的に検討し，再組織した(事業である。)

三　問一　ウ　問二　イ　問三　オ　問四　ウ　問五　A　エ　B　ア　問六　ウ
問七　(最初)もともと，～(最後)　もりだった(こと。)　問八　Ⅱ　問九　イ
問十　ア

四　問一　A　ア　B　エ　問二　1　オ　3　ア　問三　ウ　問四　ウ　問五　オ
問六　エ

○推定配点○

一　各1点×10　二　問四　各2点×2　他　各4点×8
三　問一・問五　各2点×3　他　各4点×8　四　各2点×8　計100点

＜国語解説＞

一　(漢字の読み書き)

1　思いを述べること。「懐」の訓読みは「なつ(かしい)」「ふところ」。　2　動物などを捕えること。「獲」の訓読みは「え(る)」。　3　思いやりの心。「厚」の訓読みは「あつ(い)」。　4　物事の始まり。「緒」の他の音読みは「チョ」。　5　音読みは「ドン」で，「貪欲」などの熟語がある。6　すぐれた徳で人を感化すること。「薫」の訓読みは「かお(る)」。　7　音読みは「サ」で，「示唆」などの熟語がある。　8　名誉や権威を失うこと。　9　音楽の流れ。　10　動きがゆっくりなこと。「緩」の訓読みは「ゆる(い)」。

二　（論説文―内容吟味，文脈把握，指示語の問題，接続語の問題）

問一　直後の文の「芸術家は，理論を習うよりまえに，幼い時，もっと根本的な体験をしており」にア，「ある芸術作品に触発されて，芸術家の魂を目覚まされ」にエ，「理論を学びながら，最初の試みにとりかかる」にイ，一つ後の文の「根本的な体験につながる表現にだんだん迫ってゆく」にオがあてはまる。ウの「理論と個性を調和」に通じる内容は書かれていない。

問二　直後の文に「根本的な体験」と同じ語があり，その後の文で「この最初の手本」と言い換えている。ここから適当な五字の表現を抜き出す。

問三　――3の「それ」は，「根本的な体験と，西洋の大芸術との間の距離」を指し示している。この「西洋の大芸術」について，直後の文で「私たちのとはひどくちがった文明の体系から生まれ」と説明しており，この内容にアが最も適する。イ「難解すぎる」，ウ「幼い頃にしか魅了されない」，エ「客観視することができない」，オ「鑑賞できる機会が少ない」の部分が合わない。

やや難　問四　Ⅰ　西洋芸術の創造の根源は「わからないといえないどころか……魅了しつくす力に満ちている」という前に対して，後で「わかるとか楽しめる，同感できるとかいうことと，創造の根源につながるということとは……ちがう次元に属する」と予想と反する内容が続いているので，逆接の意味を表す語が入る。　Ⅱ　前の「十七，八世紀の画家たち」の例として後で「ホイスム」を挙げているので，例示の意味を表す語が入る。

問五　前後の文脈から，どの「文化」も「逃れがた」く「市民の感受性の規制にまで及んでゆく」のは，どのようなことか。直前の段落で「バッハ，モーツァルトとヴァーグナーをもつドイツ人音楽家……グリンカをもったロシア人音楽家たち」の例を挙げた後，「こういう人々がいたということが，のちにくる数世紀のそれぞれの国の芸術を決定づける」と説明している。この内容を言い換えているウが最も適する。他の選択肢は，直前の段落の例に合わない。

問六　――5は，前の「ブリューゲルの花の絵は，後にくる絵画の流れに大きな影響を及ぼし……原型となった」をふまえている。ブリューゲルの花の生け方を具体的に言い換えた表現を探すと，同じ段落の後半に「ブリューゲル派の華麗にして重層的な生け方」とあるのに気づく。

やや難　問七　――6の「こういう形」は，直前の段落の「日本の自然の《草の根》を熟視して扱っているうちに，その本質を見抜いた人の手で芸術として純粋化させられて，一つの典型に達し，その後の何世紀にわたる私たち日本人の……根本的なもののを規定し支配しつづけている」という形を指し示している。この内容を説明しているイを選ぶ。直前の段落で，アの「西洋の芸術に一度は心ひかれる」，ウの「国の芸術を守ろうという意識」，エの「自分たちが影響を受けている芸術を明確にする」とは述べていない。ある芸術家が人々の意識を規定し文化となるという内容に，「風土から生まれた伝統」が文化になると述べるオは適さない。

重要　問八　――7「私たちの」とあるので，日本の「生活と思考法」の実例を述べている部分を探す。直前の段落で「日本の生け花」について「少ない材料を巧みに配して……とりのこし，埋め残した空間の拡がりを楽しむためにある」とあり，さらに「詩」について「語られず，語られ得ないものの存在を暗示するために，僅かな言葉を使って組み立てられた」と実例を挙げている。この少ないもので多くを表現するという思考法に，オの「ミニチュア模型」の例はあてはまらない。

やや難　問九　解答欄の形式から，――8「そういう事業」とは，どのような事業であったのかを説明すればよいとわかる。直前で，西洋の文化を「私たちが自分のものにするのはむずかしい……自分を根本的に検討し，再組織する必要がある」と述べており，その事業を行ったのが「明治維新」である。「自分」を「日本」に置き換えてまとめる。

三　（小説―情景・心情，文脈把握，指示語の問題，脱文・脱語補充，語句の意味，品詞・用法）

基本　問一　イは形容詞で，他はすべて助動詞。

重要 問二　石尾が「ぐんぐん集団を引き離していく」場面での，久米の表情である。「先ほど」で始まる段落で，石尾が「――久米さんにはどんなことがあってもペースを乱さないように，と言ってください。」と熊田に伝えていることから，久米は石尾が飛び出すことは知っていたとわかる。したがって，動揺していないと述べる語句が入る。

問三　――2「片手でハンドルを叩いた」からは「監督」のいらだちが，直後の「無線外してやがる……」からは石尾が「監督」のアドバイスを聞き入れるつもりがないことが読み取れる。アの「不安」，イの「驚」き，ウの「自身の無力さ」，エの「心強く」の部分が合わない。

問四　石尾が独走を維持していることに対して，「俺」と監督は「化け物め……」「これがあいつの実力なのか？だったらすげえぞ」と言っている。石尾の実力に喜びながら畏れを感じていることが読み取れるので，ウが最も適する。二人の言葉に，ア「焦燥」イ「愉悦」エ「悲哀」オ「同情」はそぐわない。

問五　A　興奮して声が高くなって乱れた様子。　B　遠回しに意地悪く相手を非難する様子。

基本 問六　a　レース中に石尾が「笑った」様子には，「にやりと」が考えられるが，確定はできない。b　後に「急に力尽きたように」とあるので，ある状態から急に別の状態に変わる様子を表す語が入る。　c　レース中の自転車の様子に「のそのそと」は合わない。

重要 問七　石尾が「急に力尽きたように見えた」ことについて，俺が気づいたことが書かれている部分を探す。最終場面の「もともと，石尾は久米を勝たせるつもりだったのだ」に着目する。

問八　食事に関する描写はないので，挿入する文の「消化」は比喩的に用いられており，前には何かを取り込むことが書かれている。Ⅱの前の「この勝利の意味に……彼は気づいている」に着目する。「勝利」は久米の実力によるものではなく，石尾の作戦によるものであったと久米は気づいており，それを理解して勝利を受け入れることを「消化」としているので，Ⅱが適する。

重要 問九　――5の「複雑な感情」は何によるのか。直後の段落に「彼は気づいている」とあるので，久米が気づいたことを読み取る。後で「――久米さんにはどんなことがあってもペースを乱さないように，と言ってください」と石尾が熊田に伝えたのは，石尾が他の強豪選手を揺さぶり，チームメイトがペースを作って久米を勝たせることでチームとしての勝利をつかむためである。この内容を「自分の実力や作戦によってもたらされたものではなかった」と言い換えているイを選ぶ。久米は「この勝利の意味」に気づいていたので，アの石尾への対抗心や，ウの「安心」，「自分の実力」を認めさせるとあるエは合わない。石尾はロビーに一人でいるので，オの「連帯感が強まった」もそぐわない。

問十　「先ほど」で始まる段落以降で，石尾が他の強豪選手を揺さぶりチームメイトがペースを作って久米を勝たせることで，石尾自身は勝てなくてもチームとしての勝利をつかむという「戦い方」を述べている。この内容を「個人的な勝敗にこだわらず」「戦略的に生かし，チームの勝利に貢献する」と言い換えているアが最も適する。イ「人間関係に正面から向き合い」，ウ「自分が勝利する」，オ「自分の存在感を高める」と読み取れる描写はない。リーダーの久米は「複雑な感情が見え隠れしていた」とあるので，「自尊心を保ちつつ」とあるエも適さない。

四　**(古文―大意・要旨，内容吟味，文脈把握，文と文節，口語訳，文学史)**

〈口語訳〉　これも今は昔，筑紫国にとうさかの塞という村の守り神がいらっしゃる。その祠に，修行した僧が宿にして寝ていた夜に，夜中ほどになっただろうと思ううちに，馬の足音が多くして，人が通り過ぎるのを聞くと，「斎の神はいらっしゃいますか」と尋ねる声がする。この泊まっていた僧が，不思議に思って聞いていると，この祠の中から，「いる」と答える。また驚き聞くと，「明日武蔵寺にいらっしゃいますか」と尋ねると，「そのつもりはない。何事があるのか」と答える。「明日武蔵寺に新しい仏がお出になるだろうと，梵天，帝釈，諸天，竜神がお集まりになるとはご存じでしょうか」と言うので,「そのような事は承知していなかった。うれしいことを教えてくれたものだ。どうして参上せずにいられるだろうか。必ず参るつもりだ」と言うと,「それでは,明日の巳の時ごろのことです。必ずおいでください。お待ちしています」と通り過ぎていった。

この僧はこのことを聞いて,「めったにない事をお聞きしたものだな。明日は出かけようと思っていたが,この事を見てからどこへでも行こう」と思って,夜が明けるとすぐに,武蔵寺に行って見たが,そのような気配はない。いつもよりはかえって静かで,人も見当たらない。「何か理由があるのだろう」と思って,仏様の御前にいて,巳の時を待っているうちに,「もう少ししたら午の刻になるだろう,どうした事だろう」と思っているうちに,七十歳ほどの翁で,髪も禿げて,白髪が少しある頭に,袋の烏帽子をかぶって,もともと小柄な上に,腰まで曲がっている者が,杖にすがって歩いてきた。後に尼が立っている。小さな黒い桶に,何が入っているのだろうか,何かを入れて提げている。お堂にお参りして,男は仏の前で額を二三度ほどついて,木欒子の数珠の大きくて長いのを,押しもんでいると,尼は持っていた小桶を翁の側に置いて,「お坊さんをお呼び申し上げます」と去っていった。

しばらく経って,六十歳ほどの僧が来て,仏を拝み申し上げて,「何のためにお呼びになったのか」と尋ねると,(翁は)「今日明日とも知らぬ身になりましたので,この白髪の少し残っているのを剃って,(仏の)弟子になろうと思ったのです」と言うと,僧は,(感激で)目をこすって,「たいそう尊い事です。ならば早く早く」と,小桶に入っていたのはお湯であった。そのお湯で頭を洗って,髪を剃って,戒律を授けると,(僧は)また仏を拝み申し上げて,出ていった。その後はまた何事も起こらなかった。

さては,この翁が法師になるのを喜んで,仏教界の守護神たちがお集まりになって,新しい仏がお出になられるということであったのだ。

問一　A　冒頭の段落で会話をしているのは,「祠の内」にいる「斎の神」と,祠の前を「過ぐる」人である。「明日武蔵寺にや参り給ふ」と人に聞かれて,「さも侍らず。何事の侍るぞ」と答えているのは,アの「斎の神」。　B　「念珠」を「押しも」んでいるのは前の「男」で,同じ段落の「年七十余りばかりなる翁」と同じ人物を指しているので,エの「翁」が最も適する。

重要 問二　1　ここでの「いかでか」は,どうして～しないことがあろうか,必ずする,という反語の意味を表す。　3　ここでの「なかなか」は,かえって,むしろ,という意味を表す。

問三　「希有」は,めったにないという意味。冒頭の段落の「明日武蔵寺に新仏出で給ふべしとて,梵天,帝釈,諸天,竜神集まり給ふ」ことを,「希有のこと」と言っている。

問四　直前の段落で,翁は「今日明日とも知らぬ身になれば……御弟子にならんと思ふなり」と言っている。僧に「頭洗ひて,剃りて,戒授け」られて新しく仏になったのは,「年七十余りばかりなる翁」。

やや難 問五　「しばし」で始まる段落の内容とオが合致する。修行僧は「神々が集まる様子を見ること」はできていないので,アは合致しない。修行僧は夢でお告げを受けていないので,イも合致しない。修行僧は「いづちも行かめ」と言っているので,ウの「もともと計画していた行き先」はない。修行僧は武蔵寺で巳の刻から午の刻まで待っているので,エも合致しない。

基本 問六　『宇治拾遺物語』は説話物語で,同じジャンルの作品はエ。

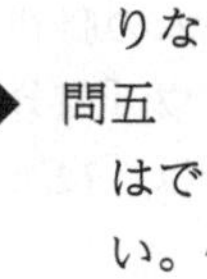

★ワンポイントアドバイス★

読解問題では,指示語や言い換えの表現に注意を向けることで,文脈をとらえよう。

2023年度
★★★★★★★★★★★★★★★★★★★★★★★★

入　試　問　題

2023年度

横須賀学院高等学校入試問題（Ⅱ期Ｓ選抜）

【数　学】（50分）〈満点：100点〉

1 次の各問いに答えよ。

（１） $\dfrac{x-2y}{4}+\dfrac{3y+5z}{2}-\dfrac{z-x}{3}$を計算せよ。

（２） $\dfrac{3+\sqrt{2}}{\sqrt{3}}-\sqrt{54}+\dfrac{\sqrt{3}}{2}$を計算せよ。

（３） 2次方程式$x^2+3x-2=0$を解け。

（４） 連立方程式$\begin{cases} 2x-\dfrac{5}{2}y=\dfrac{7}{2} \\ y+\dfrac{7}{5}x=3 \end{cases}$ を解け。

（５） $(x-2)^2-9+2(x-5)$を因数分解せよ。

（６） ある自然数nに1を加えて2乗した数と，nから1を引いて9倍した数が等しくなるとき，自然数nをすべて求めよ。

（７） 次の3つの数を左から小さい順に並べよ。

$\sqrt{12}$，$\dfrac{7}{2}$，$\dfrac{7\sqrt{2}}{3}$

（８） 関数$y=ax+b$において，xの変域が$-1\leqq x\leqq 3$のとき，yの変域は$-3\leqq y\leqq 5$である。定数a，bの値を求めよ。ただし，$a<0$とする。

（９） 図のように，半径3の円Oがあり，AB＝3，CDは直径，AB∥CDである。斜線部分の面積を求めよ。ただし，円周率をπとする。

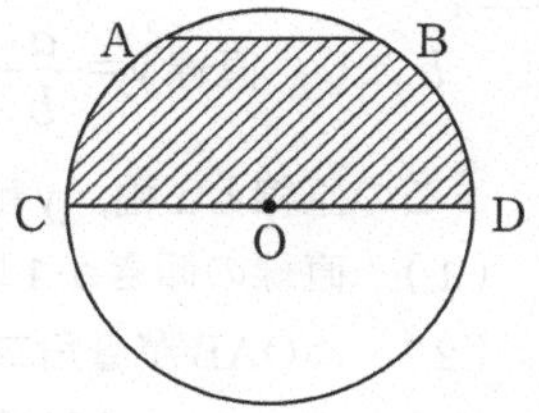

（10） 図のように，AB＝6，AC＝8である直角三角形ABCがあり，BC，AC上にそれぞれCD＝4，AB∥EDとなるように点D，Eをとる。AC上に∠CDF＝90°となるように点Fをとるとき，EFの長さを求めよ。

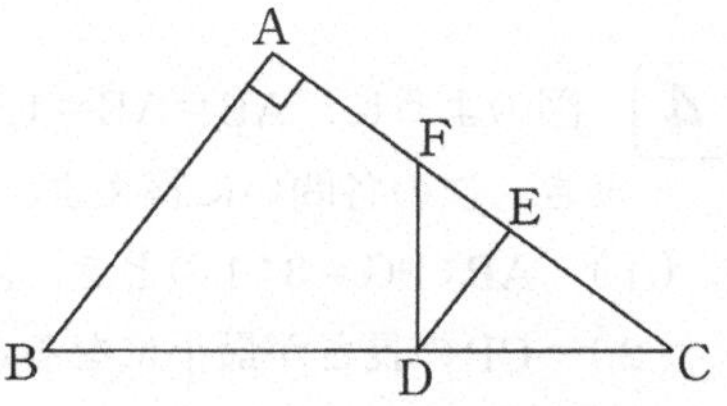

2 太郎さんと花子さんは次の 問題 について話している。次の各問いに答えよ。

問題

図のように，関数$y=ax^2$（aは定数）のグラフ上に3点A，B，Cがあり，x座標はそれぞれ-2，1，3である。
また，xの変域が$-2 \leqq x \leqq 1$のとき，yの変域は$0 \leqq y \leqq 2$である。……①
直線ACとy軸との交点を点Dとし，線分CD上に2点C，Dとは異なる点Pをとる。
四角形POBCの面積が3となるときの点Pの座標を求めよ。

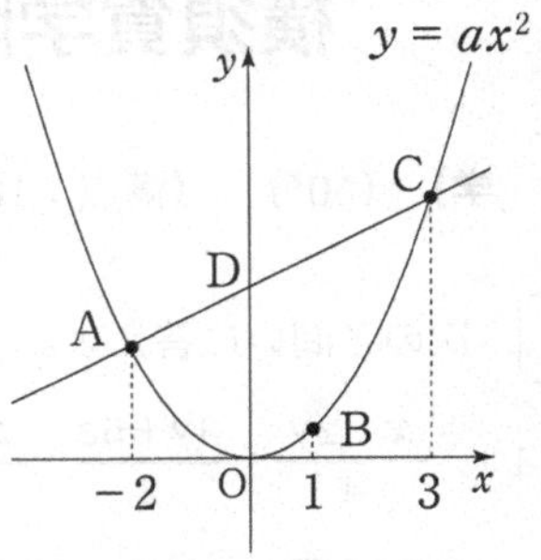

花子：問題 の下線部①から，点Aのy座標が分かるね。
太郎：そうだね。点Aの座標が分かれば$a=$ ア となるよ。
次に，点Bと点Cの座標も求めておこう。
うーん，四角形POBCの面積を直接求めるのは難しそうだなあ…
花子：まず四角形DOBCの面積を求めてみるのはどうだろう。それなら，3点A，B，Cの座標からAC∥OBとなるから，求めやすいんじゃないかな。
太郎：そうか！四角形DOBCの面積は イ だから，そこから四角形POBCの面積が3となるような点Pの座標を見つければ良いね！

（1） 会話文の**ア**，**イ**に入る数を答えよ。
（2） 点Pの座標を求めよ。

3 大小2つのさいころを投げたとき，大きいさいころの出た目をa，小さいさいころの出た目をbとし，直線$y=\dfrac{a}{b}x-b$を考える。
この直線とx軸，y軸の交点をそれぞれA，Bとし，原点をOとするとき，次の確率を求めよ。
（1） 直線の傾きが1以下になる確率
（2） △OABが直角二等辺三角形になる確率
（3） 点Aのx座標が整数になる確率

4 図のように，AB＝AE＝1，AD＝2の直方体ABCD－EFGHがある。点Pが対角線AG上を動くとき，次の各問いに答えよ。
（1） AP：PG＝3：1のとき，四角すいP－EFGHの体積を求めよ。
（2） CPの長さが最小になるときのCPの長さを求めよ。
（3） 点Pが平面CHF上にあるときのCPの長さを求めよ。
（途中経過を図や式で示すこと）

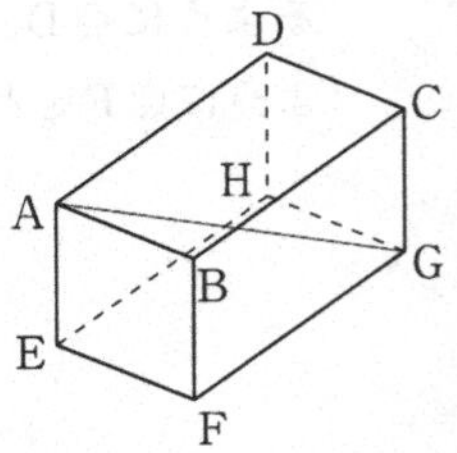

【英　語】（50分）〈満点：100点〉

1

1．AとBの関係がCとDの関係と同じになるように，カッコ内に適語を1語入れなさい。

	A	B	C	D
（1）	son	sun	piece	（　　）
（2）	healthy	health	social	（　　）
（3）	act	action	choose	（　　）
（4）	expensive	cheap	future	（　　）

2．次の英文の説明に相当する単語を指定されたアルファベットで始め，答えなさい。

（1） a book that has a list of the words of a language and tells you what they mean [d]

（2） the group of people who rule or control a country [g]

（3） the teaching or training of people, especially in schools [e]

3．次の各組の英文のカッコ内に共通して入る1語を答えなさい。

（1） Kyoto is famous (　　　) old temples.
I visited Kyoto (　　　) the first time last year.

（2） My little daughter can count up (　　) ten.
Both she and I belong (　　　) the tennis team.

（3） I want to study abroad (　　　) the future.
Few people drank tea (　　　) those days.

2

1．カッコ内に入れるのに最も適切なものを選択肢より選び，番号で答えなさい。

（1） You (　　) eat too much.
1．didn't have better　　2．had not better
3．had better not to　　4．had better not

（2） If I were not busy today, I (　　) talk with you.
1．can　　2．could　　3．will　　4．had

（3） He went out without (　　) anything.
1．say　　2．to say　　3．saying　　4．said

（4） Can you give us (　　　) advice ?
1．a little　　2．a few　　3．little　　4．few

2．日本文の意味を表すように，カッコ内に適語を補いなさい。

（1） このかばんは父に見つかってしまうかもしれない。
This bag may (　　　)(　　　) by my father.

（2） こんな高価な車を買うなんて，彼女はお金持ちにちがいない。
She must be rich (　　　) buy such an expensive car.

（3） 彼女は歌だけでなくピアノを弾くのも上手だ。
She is good at not only singing (　　　) also playing the piano.

（4） あなたの家から学校まではどれくらいの距離があるか教えてください。

Please tell me (　　　)(　　　) it is from your house to school ?

3．各組の文がほぼ同じ意味を表すように，カッコ内に適語を入れなさい。

（1） She spoke English as slowly as possible.
She spoke English as slowly as she (　　　).

（2） She can ski best of all the students in my school.
She can ski better than (　　　)(　　　)(　　　) in my school.

（3） His baby was taken care of by his grandmother yesterday.
His baby (　　　)looked (　　　) by his grandmother yesterday.

（4） My father got up early in the morning in order to catch the first train.
My father got up early in the morning (　　　)(　　　) to catch the first train.

4．日本文の意味を表すように，カッコ内の語句を並べかえ，カッコ内の2番目と5番目にくる語の番号を答えなさい。（文頭にくる語も小文字で示してあるので注意すること。）

（1） ここの気候は沖縄よりはるかに暑い。
The climate here [1．hotter　2．that　3．is　4．than　5．Okinawa　6．of　7．much].

（2） この家は私たちが暮らすのに十分な大きさがあります。
This house [1．enough　2．live　3．large　4．to　5．for　6．is　7．us] in.

（3） 彼は私に多くの人には知られていないことを話してくれた。
He told me [1．many　2．not　3．something　4．to　5．that　6．known　7．is] people.

（4） 彼は犬を救うために燃えている家に入っていった。
He ran [1．house　2．into　3．save　4．his dog　5．burning　6．to　7．the].

（5） あなたのカバンをどこに置くべきか教えてください。
[1．should　2．where　3．me　4．your bag　5．I　6．put　7．tell]

5．以下の英文より，文法的に正しいものを3つ選び，番号で答えなさい。

1．Please come back until 5 o'clock.
2．It was wise for you to lock all the doors before you left home.
3．I'll never forget to meet her in Yokohama last winter.
4．My mother told me not to play computer games for more than two hours.
5．His room is three times as large as mine.
6．Who was the telephone invented ?
7．The bag was too heavy for Meg to carry.
8．I looked for the article in the Internet yesterday.

3 次の英文を読んで，それぞれの問いに答えなさい。

It's easy to *put things off. Most of us do it. There's a name for this : procrastination. For example, instead of starting a big homework task, we do something else. Still, *giving in to *distractions can really hurt us *in the long run.

< Understanding Procrastination >

Procrastination means putting off doing something. Maybe it's something we do not want to do in the moment, even though we know we should. So we put it off. We think we'll feel better if we do something fun instead.

But when we put off our *responsibilities, we always feel worse in the long run, not better. In addition, we often do a poor job when we finally start that 'big homework' task, or studying for a test, and so on.

People who procrastinate the most usually perform below their ability. Do you spend too much time on things that are not important ? You may be a procrastinator if you :

A) Feel the *urge to clean your room completely before you start a project.
B) Write the first sentence or *paragraph of a report over and over again.
C) Spend too much time to decide on a topic when you have a task to start.
D) Carry books around all the time, but never actually open them to study.
E) Get angry if one of your parents asks you, "Have you started yet ?"
F) Always seem to find an *excuse to avoid sitting down to start a project.

You have probably experienced at least one of these situations. But don't be *hard on yourself ! This means you are perfectly normal. The key is not to let these distractions have a bad effect on your grades. A little procrastination is normal, but too much can hurt you.

< Avoiding Procrastination >

So, what can you do to fight the urge to put things off ? Here are a few *tips :

1 . Know that we all have a little voice inside that tells us it would be better to play a game, eat, or watch TV. Do not listen to it. Think about the *rewards of doing a good job. Put *reminders around your study room. Is there a certain person you want to be like ? Perhaps you can put a poster of him/her above your desk. It will help you to do your best.
2 . Create a reward system with your parents. For example, there's a concert you're hoping to go to. Make a promise with your parents before you start. Agree that you can receive the reward of going to the concert if you reach your goals. Then, check whether you and your parents can keep the promise !
3 . Start with small goals if you're facing a big task. Completing a task feels great, so set small goals first, and complete them little by little. You can always set new goals if you need to.
4 . Give yourself time to play ! Make time to do things which you want to do. After that, you'll probably feel more ready to get to work !
5 . Find a study partner who will help you keep going. Meet regularly to discuss what you need to do. Then you can keep going because you don't want to *disappoint a friend.
6 . Give yourself about 10 minutes to clean your space before you start. The urge to clean instead of doing work is common. Our brains like the feeling of starting fresh. You can

clean. Just don't take too much time.

By Grace Fleming, ThoughtCo.com on 07.20.18, adapted by Newsela staff and Yokosuka Gakuin

*put ~ off / put off ~　~を先延ばしにする	*give in to ~　~に屈する，負ける	*distraction　気晴らし
*in the long run　長い目で見ると，結局は	*responsibility　責任	*urge　衝動
*paragraph　段落	*excuse　言い訳	*hard　厳しい
*tip　コツ	*reward　ごほうび，報酬	*reminder　思い出させるもの
*disappoint がっかりさせる		

問１．"procrastination" "procrastinate"とは何か。以下の空所に適切な語を入れて，その説明文を完成させなさい。

Procrastination is to (　　　)(　　　) something that you should do but you don't (　　　)(　　　) do.

問２．"procrastination"にあたる状況を2つ選び，番号で答えなさい。

１．所属するクラブで，団体戦の代表選手を決める部内戦があった。しかし，あなたは代表になりたくなかったため，わざと手を抜いて負け続けた。

２．あなたは禁止されていることがわかっていながら，友達と教室でキャッチボールに興じ，ボールを投げ損ねて窓ガラスを割ってしまった。

３．あなたは来週出すレポートの参考文献として図書館から本を借りた。電車通学だったため，その時間に読もうと考えていたが，行きは眠気に負け，帰りは一緒に帰った友達と話をしていたため，週末まで読むことができなかった。

４．あなたはクラスで先生が連絡したことを聞いておらず，やらなければならない宿題について全くわかっていなかったため，提出することができなかった。

５．あなたは夏休みに自由研究課題と職業体験の下調べの課題を抱えていたが，休みの最後の週になるまで遊んでばかりで何もしなかった。

問３．空所に適切な選択肢を入れ，以下の日本文を完成させなさい。

もしあなたが"procrastination"をする傾向があるなら，あなたは(　　)。

１．あまり良い学生とは言えない

２．きわめて普通の学生である

３．スマートフォンからもう少し距離を置いたほうがよい

４．自分に厳しくするべきだ

問４．"procrastination"を避けるために有効であると本文が推奨している行動を3つ選び，番号で答えなさい。

１．早寝早起きの習慣を作る。

２．宿題などの学習計画について話ができる相手を作る。

３．学習課題に取り掛かる前に部屋を徹底的にきれいにする。

４．遊び道具やゲームをすべて捨て，学習に集中できる環境を作る。

５．遊ぶのか学習するのかの判断はすべて自分に任せてもらうように保護者を説得する。

６．1日1ページだけドリルに取り組む，などのように小さな目標を立てて実行する。

7．目標を達成したら，何かしらご褒美を得られる／もらえるようにする。

問５．本文の内容について，正しいものを2つ選びなさい。

1．物事の先延ばしは悪い習慣形成のもとになるので，きっぱりと止めるべきだ。

2．やるべきことを先延ばしにすると，その時は気分がいいが，あとになって気分がもっと悪くなる。

3．物事を先延ばしにするのは，自分の成績に無関心な学生に見られる現象だ。

4．遊ぶことによってやる気が出るのなら，その時間を作るのがよい。

5．ぎりぎりで課題を間に合わせる方が，かえって出来がいいこともある。

4 次の英文を読んで，それぞれの問いに答えなさい。

Louis Sachar is one of the most famous writers of children's books today. He is the author of more than 20 books that are loved by children, parents, teachers, and also *critics. You might recognize Sachar's name from the series of *Wayside School* books or *Marvin Redpost* books. You might also know him as the author of *Holes*. It won the Newbery Award.

Louis Sachar is very good at writing funny, *touching books for young readers. However, he didn't always know he wanted to be a writer. Sachar remembers enjoying writing tasks in school, but he didn't like doing them by himself. When he was in college, he studied *economics and quickly learned language and *literature in Russian too.

Sachar spent time as a teacher's assistant when he was in college because he thought it would be an easy way to get *class credit. Although the work was not as easy as he thought it would be, Sachar found that he really enjoyed working with young people. 【　ア　】, the *Wayside School* books were *inspired by Hillside Elementary School. Sachar worked as an assistant there. The kids in the books were even given the names of the students whom Sachar worked with in real life !

Even after he taught and worked with children, Sachar still could not decide about his future. After college, he decided to go to law school. He graduated several years later with a law *degree. Before he graduated, Sachar's first children's book was *published but he was not【　イ　】to work and live as a writer.

About ten years later, after several more books were published, Sachar finally felt that his books were popular enough and made writing his full-time job. In 1989, Sachar stopped working as a lawyer and became a writer.

Sachar writes for about two hours each morning. He likes to be alone when he writes, but his two dogs, Tippy and Lucky can join him. Some writers base their stories around the people and events in their lives, and others create characters and places that are completely *fictional. Sachar uses a *combination of the two. He tries to remember memories and feelings like a child and to use (ウ)them in his novels. He also uses his teaching experiences, as well as moments of his daughter's life.

Sachar doesn't have an *organized plan or *outline when he starts to write a new book. 【　エ　】, he begins with just a little idea — maybe a character *trait or a funny event. He starts writing and finds that writing produces more ideas. Soon after that, those ideas connect to other ideas and a new book is almost ready.

Sachar doesn't worry too much about making his stories perfect the first time. 【　ア　】, he may *rewrite his story five or six times before he even sends it to his *publisher. That might seem like a lot of work, but we know Louis Sachar knows how to write good stories.

*critics　評論家　　*touching　感動する　　*economics　経済学　　*literature　文学
*class credit　卒業単位　　*inspire　影響を与える　　*degree　学位　　*publish　出版する
*fictional　架空　　*combination　組み合わせ　　*organized　整った　　*outline　下書き
*trait　特徴　　*rewrite　書き直す　　*publisher　出版者

問１.【　ア　】に共通して入る語句を選び，番号で答えなさい。

１．However　　２．By the way　　３．In fact　　４．At first

問２．本文に関する次の英文の下線部に入れるのに<u>適切でないもの</u>を選び，番号で答えなさい。

（１） Louis Sachar is an author of ____________.

１．children's books　　２．more than 20 books
３．the *Wayside School* book series　　４．the Newbery Award

（２） When Sachar was in college, he studied or learned ____________.

１．Russian language　　２．Russian literature
３．economics　　４．law

（３） Before Sachar became a full-time writer, he was a ____________.

１．college student　　２．teacher's assistant
３．publisher　　４．lawyer

問３.【　イ　】に入る適切な語を選び，番号で答えなさい。

１．ready　　２．clever　　３．rich　　４．strong

問４．下線部(ウ)が指すものを選び，番号で答えなさい。

１．子ども時代の思い出や気持ち　　２．架空の人物や場所
３．身の周りの人々　　４．飼っている二匹の犬

問５.【　エ　】に入る適切な語を選び，番号で答えなさい。

１．Also　　２．Clearly　　３．Instead　　４．Finally

問６．本文の内容と一致するものを<u>２つ</u>選び，番号で答えなさい。

１．Sachar is a great author who writes interesting books for young readers.
２．Sachar enjoyed writing tasks in school and liked doing them alone.
３．The kids' names in the *Wayside School* books were original.
４．Only his dogs can go near Sachar when he is writing.
５．Sachar always writes all his stories at once.

問７．本文の内容に最も適当なタイトルを選び，番号で答えなさい。

１．The Writing Process　　２．A Writer's Life
３．Reading Children's Books　　４．A Language Assistant

うな躍動感あふれるような情熱が必要である。

問六、『俊頼髄脳』は、平安時代に成立した作品です。同じ平安時代の文学について説明した次の文の中から、正しいものを一つ選び、その記号を答えなさい。

ア、平安時代に成立した『おくのほそ道』は、俳諧《はいかい》で有名な松尾芭蕉の作品で、東北各地をめぐり、その旅路の様子を描いた。

イ、平安時代に成立した『徒然草』は、兼好が著した随筆であり、兼好の鋭い感性が随所に発揮されている。

ウ、平安時代に成立した『竹取物語』は、清少納言の物語作品であり、現存する最古の物語である。

エ、平安時代に成立した『平家物語』は、紫式部が著した長編物語として、後世の作品にも多大な影響を与えた作品であった。

オ、平安時代に成立した『古今和歌集』は、紀貫之が編者の一人としてかかわり、また、紀貫之自身の作品も入っている。

らそひて、今に事きれず。いかにもいかにも、判ぜさせ給へとて、おのおの参りたるなり」といへば、かの大納言、この歌どもを、しきりにながめ案じて、まことに申したらむに、おのおの腹立たれじやと申されければ、「さらに、ともかくも仰せられむに、腹立ち申すべからず。その料※3に参りたれば、すみやかに、承りて、まかり出でなむ」と申しければ、さらば（2）とて、申されけるは、「交野のみののといへる歌は、ふるまへる姿も、文字遣ひなども、はるかにまさりて聞こゆ。しかはあれども、もろもろのひが事※4のあるなり。鷹狩は、雨の降らむばかりにぞ、えせで※5とどまるべき。あられの降らむによりて、宿かりてとまらむは、あやしき事なり。あられなどは、さまで、かりごろもなどの、ぬれ通りて惜しき程にはあらじ。なほ、かりゆかむと詠まれたるは、鷹狩の本意もあり、まことにも、おもしろかりけむと覚ゆ。歌がらも、優にてをかし。撰集などにも、これや入らむ」と申されければ、［　　］は舞ひかなでて、出でにけり。

（『俊頼髄脳』）

注※1　かりごろも……狩猟用の衣服。「借衣」の意をかけている。
※2　ぬれぬ……「狩衣《かりごろも》ぬれ」と「ぬれぬ宿（雨宿りできる宿）」との意をかけている。
※3　料……ため。目的。
※4　ひが事……不都合なこと。
※5　えせで……することができなくて。中止して。

問一、——1「後人々、我も我もとあらそひて」とあるが、どのようなことをいっているのですか。その内容として最も適するものを次の中から一つ選び、その記号を答えなさい。

ア、後世の人々が皆、争うようにこの歌を口ずさんだこと。
イ、この後、世の人々がよい歌をつくろうと争っていたこと。
ウ、長能《ながたふ》、道済《みちなり》の二人が競い合って歌道に精進していたこと。
エ、長能、道済の二人が自分の歌の優劣を競い譲らなかったこと。
オ、後世の人々が鷹狩の題目で優劣を競い合ったこと。

問二、——2「さらば」とあるが、文中のどの言葉を受けて言っているのですか。文中より二十字以内（句読点等は字数に含まない）で抜き出し、最初と最後の三字をそれぞれ答えなさい。

問三、［　　］に入る語を文中より抜き出して答えなさい。

問四、本文には、四条大納言の言葉に「　」が付されていないところが一箇所あります。その最初と最後の三字をそれぞれ答えなさい。

問五、本文で述べられている四条大納言の和歌に対する考え方と合致するものを次の中から一つ選び、その記号を答えなさい。

ア、凝った趣向や巧妙な言葉遣いも大切だが、題目の性質にふさわしい表現をするべきである。
イ、構成や文字の美しさはもとより、題材に対する経験を活かすことは大いに評価されやすい。
ウ、事柄に対して本質を追究しながらも、その対象をどれだけ客観的に把握しているかが大切である。
エ、自分の主張を強調している内容よりも、全体の雰囲気を大切にする歌人としての人柄が重要である。
オ、和歌の小手先の技巧を駆使するよりも、踊りだしたくなるよして、疎外されているような気持ち。

問六、――6「珍しく眺めていた」とあるが、この経験からどのようにすることを「私」は決意したと考えられますか。文中の語句を用いて五十字以上六十字以内で説明しなさい。

問七、［X］に入る熟語を、これより後の文中から抜き出して答えなさい。

問八、――7「みんなはなんのかのとはぐらかして相手にしようとしない」とあるが、それはなぜですか。最も適するものを次の中から一つ選び、その記号を答えなさい。

ア、家の者は、蚕の数が想像以上に増えたうえに餌を十分に与えられないことで、「私」が一人で飼える量ではないと考えているから。

イ、家の者は、蚕の世話をさせたのはあくまで教育的な目的からであって、実際に生糸を生産することではないと考えているから。

ウ、家の者は、「私」の知らないうちに蚕を捨てたことについて、「私」が悲しむことは分かっているものの仕方がないと考えているから。

エ、家の者は、「私」の蚕に対する過剰な愛着に不安を感じるようになり、決して知られないように蚕を排除しようと考えているから。

オ、家の者は、「私」の意識が蚕の世話ばかりに向かっているのを心配し、普通の子どもらしさを取り戻して欲しいと考えているから。

問九、本文の内容や表現を踏まえた説明として最も適するものを次の中から一つ選び、その記号を答えなさい。

ア、母親や伯母が嫌がっているにもかかわらず、父親は「私」に蚕の世話をさせて命の大切さを伝えようとしている。

イ、蚕の世話を通じて、蚕に対する愛着が増していき、しだいに生命の不思議さについて考えていく「私」の様子が読み取れる。

ウ、話が進んでいくにつれて蚕の描写もより詳細になっていくのは、「私」の蚕に対する愛情と呼応しているといえる。

エ、蚕の世話を通して、「私」が心理的に成長していく過程を心理描写だけでなく比喩を多用しながら展開している。

オ、本文では、「私」の心情の変化を示す部分が中心だが、最終段落には、成長した「私」が回想する場面も描かれている。

四

次の古文を読んで、後の問いに答えなさい。なお、特に指示がなければ、解答の際、句読点等は字数に含むものとします。

（長能《ながたふ》）あられふる交野《かたの》のみの※1のかりごろも※2ぬれぬやどかす人しなければ

（道済《みちなり》）ぬれぬれもなほかりゆかむはし鷹のうはげの雪をうちはらひつつ

これは、長能、道済と申す歌よみどもの、鷹狩を題にする歌なり。ともに、よき歌どもにて、人の口にのれり。――1後人々、我も我もとあらそひて、日ごろへけるに、なほ、このこと、今日きらむとて、ともに具して、四条大納言のもとにまうでて、「この歌ふたつ、たがひにあ

ウ、気が散って、作業に集中できないで
エ、うれしい事があって、動作がはずんで
オ、気持ちがあせって、落ち着かないで

9「悪態をついた」
ア、自身の過失を認め沈黙する
イ、自身の過ちを認めず暴れる
ウ、怒りにまかせて物にあたる
エ、悲しみながら相手をにらむ
オ、悔し紛れに相手をののしる

問二、══a～eの中で他と用法の違うものを一つ選び、その記号を答えなさい。

問三、――3「私」（前者）・8「私」（後者）についての説明として最も適するものを次の中から一つ選び、その記号を答えなさい。
ア、前者は、両親からの勧めで蚕の世話をしぶしぶ始めたのに対して、後者は、それがすっかり楽しくなっており、積極的に世話をしている。
イ、前者は、親の言うままに蚕を育てようとしているのに対して、後者は、愛情とも言える特別な感情を抱きながら接している。
ウ、前者は、母や伯母が協力してくれないのに不満を抱いているのに対して、後者は、伯母だけが自分の気持ちを理解していると思っている。
エ、前者は、蚕の生態や蚕が生糸の生産に利用されることを知らなかったのに対して、後者は、蚕が人為的に作り出された生物だと知っている。
オ、前者は、蚕に愛着が持てず消極的に接しているのに対して、後者は、蚕の世話を通して自らの主体性や個性を自覚しはじめている。

問四、――4「お蚕様はもとお姫様だった」とあるが、このように言う理由を述べている一文を文中から抜き出し、最初の五字を答えなさい。

問五、――5「おいてきぼりになった気もち」とあるが、それはどのような気持ちですか。最も適するものを次の中から一つ選び、その記号を答えなさい。
ア、「私」は、家の者も蚕の世話を一緒にしてくれていると思っていたのに、いつのまにか自分だけが世話をしていることに気づき、孤独になったような気持ち。
イ、「私」は、一生懸命に蚕の世話をしてきたのに、蚕にひどいことをしようとしている家の者たちに対して、自分の気持ちを無視されてしまったような気持ち。
ウ、「私」は、やっと蚕の気持ちが分かってきたと思いはじめたのに、蚕が身勝手に自分だけの世界に閉じこもってしまったように感じてしまうような気持ち。
エ、「私」は、それまで動きを見せていた蚕に心を通わせていたつもりだったが、蚕の姿が見えなくなることで、自分だけが取り残されてしまったような気持ち。
オ、「私」は、やっと蚕の世話に慣れてきたのに、蚕は繭《まゆ》に閉じこもり、家の者たちは自分のことを厄介者扱いすることに対はついに慣用手段の大きな声でひとを嚇《おど》かしてしまおうとした。私はくやしさ憎さがこみあげみんなを睨《にら》みつけて気ちがい※12みたいに9悪態をついたあげく裏へかけだして泣いていた。その時もし私に彼らをとりひしぐ※13だけの力があったならば彼らを数珠《じゅず》つなぎにして雀の餌にしたであろう。それからは毎日頭が痛いといっては学校を早びけにして首をふって飢えを訴えている兄弟に桑の葉をつんでやったが、ひ弱いものどもは夜昼の寒さ暑さに堪えかねて毎日いくつかずつ土にまみれてゆく。

雨のふりだした夕がたであった。家からいくら呼ばれても帰らないので伯母さんが出てきてみたら、私は捨てられた蚕のうえに傘をさしかけて立っているのであった。そうして顔を見るやいなやわっと泣きだしてその前垂にくいついた。※14仏性《ほとけしょう》の伯母さんはどうかしたいのは山々なのだがどうもしようがないもので、お念仏をくりかえしながらようやく※15賺《すか》してつれて帰った。その後家の者はそこに小さな胡麻《ごま》石の碑がたてられて、そのうえに私の手で※16嗚呼忠臣楠氏之墓《ああちゅうしんなんしのはか》と書いてあeるのを見出した。

（中勘助『銀の匙』一部改変があります。）

注※1　前垂《まえだれ》……衣服が汚れないように帯から下に掛ける布のこと。
※2　禅定《ぜんじょう》……本来は座禅の意。転じて蚕の四回目の脱皮のことをこのように言う。
※3　とみこうみして……あっちを見たり、こっちを見たりして。
※4　入寂《にゅうじゃく》……仏教用語で死ぬことを指す。
※5　几帳《きちょう》……布で作った衝立《ついたて》のこと。
※6　梭《ひ》……機織《はたおり》の時の横糸を通すのに用いる道具。
※7　西どっち……蚕のさなぎのことを指す。幼虫が左右に腰を振る動きから、このように言われた。
※8　機屋《はたや》……機《はた》を織るのを職業とする家。
※9　田舎縞《いなかじま》……手織りの質素な木綿製の呉服。
※10　伴侶《はんりょ》……一緒に連れ立って行く者。
※11　老獪《ろうかい》な詭弁《きべん》……悪賢く道理に合わない言い分。
※12　気ちがい……心の状態が常軌を逸し普通でないこと。現在においては不適切な表現ですが原文のままとします。
※13　とりひしぐ……押しつぶす。
※14　仏性《ほとけしょう》……仏のように情け深い性質。
※15　賺《すか》して……なだめて。
※16　嗚呼忠臣楠氏之墓《ああちゅうしんなんしのはか》……ここでは蚕のことを戦死した武将になぞらえている。

問一、――1「慰みかたがた」・2「いそいそと」・9「悪態をついた」の文中での意味として最も適するものを次の中からそれぞれ一つ選び、その記号を答えなさい。

1「慰みかたがた」
ア、機嫌を取るために
イ、教養が増すように
ウ、気晴らしをかねて
エ、小馬鹿にしながら
オ、少し邪険に扱って

2「いそいそと」
ア、特に感慨もなく、淡々と作業をして
イ、渋りながらも、丁寧に準備して

はようをして、留守の世話をよくよく頼んで学校へゆく。さて帰ってくれば、姉は手拭《てぬぐい》をかぶって※1前垂《まえだれ》の両端を帯にはさみ、私は笊《ざる》をかかえて桑つみにでかける。そうして指の先を黒くしながら手のとどくかぎりうまそうなのをよってつみっこをする。冷たい唇からはきだす糸の美しいつやが仇《あだ》となって遠い昔から人の手にのみ育てられたこの虫は、自ら食を求めようとはせず蓆《むしろ》のうえに頭をならべておとなしく桑の葉のふりまかれるのを待っているのbを、伯母さんは

「お姫様だったげなで、このお行儀のええことはの」

とさもほんとらしくいう。青臭いのも、体のつめたいのも、はじめのうちこそ気味がわるかったが、お姫様だとおもえばなにもかも平気になって、背なかにある三日月がたの斑文《はんもん》を可愛らしい眼だと思うようになった。お姫様は四度目の※2禅定《ぜんじょう》から出たのちには体もすきとおるほど清浄になり、桑の葉さえたべずに※3とみこうみして※4入寂《にゅうじゃく》の場所をもとめる。それをそうっと繭棚《まゆだな》にうつすと、ほどよいところに身をすえ、しずかに首をうごかして、自分の姿をかくすために白い※5几帳《きちょう》を織りはじめる。最初はただ首をふるようにみえるのがいつとはなしにほのかになり、神通力をもって※6梭《ひ》もなしに織りだした俵がたの几帳ばかりがころりころりと繭棚にかかる。5私はおいてきぼりになった気もちでいつまでもとっておくといってきかないのを、母と伯母とでさっさともぎとって鍋で煮る。そうしてうす黄色く濡れた糸をくるくると枠にまくと、几帳が無惨にほごされてしまいに※7西どっちの形した骸《むくろ》がでる。それを兄は餌箱にいれて釣り堀へとんでゆく。お姫様の夢はかようにしてさめ、糸は※8機屋《はたや》へおくられておかしげな※9田舎縞《いなかじま》が織られた。

羊羹箱にできたいくつかの繭は種にするために残されたが、私の心がその几帳の奥にまでとどいたのか、それともお姫様が光りかがやく夏の世を捨てかねてか、まもなく彼女はまっ黒な眼のうえに美しい眉をたて、新しい歓《よろこ》びにふるえる翅《はね》さえもって昔の俤《おもかげ》をしのばすような可愛らしい姿をあらわした。そうして右に左に輪をかくようにして睦《むつ》びあう※10伴侶《はんりょ》をもとめてあるくのを、私は竹のなかから出た人よりも6珍しく眺めていた。蚕が老いて繭になり、繭がほどけて蝶になり、蝶が卵をうむのをみて私の知識は完成した。それはまことに不可思議の謎の環《わ》であった。私は常にかような子供らしい驚嘆をもって自分の周囲を眺めたいと思う。人びとは多くのことを見馴れるにつけて、ただそれが見馴れたことであるというばかりにそのままに見すごしてしまうのであるけれども。思えば年ごとのc春に萌えだす木の芽は年ごとにあらたに我らを驚かすべきであったであろう。それはもし知らないというならば、我々はこの小さな繭につつまれたほどのわずかのことすらも知らないのであるゆえに。

その種が孵《かえ》ったときには桑の木もすくなくなっていたし、人手もなくてとてもそれだけの蚕をかうことができなかったので、家の者は、じきに雀《すずめ》がくってしまうだろうという浅はかな考えから、去年以来お姫様と［ X ］になった私の留守のまにそのうちの半分ほどをこっそり裏の畑へ捨てておいた。それを桑つみにいった拍子にふいと私が見つけ、びっくりして飛んでかえって訳をきいたが、7みんなはなんのかのとはぐらかして相手にしようとしない。8私はとうとう感づいて、どうか拾いあげてかってやってくれと手をつかないばかりにして頼んだけれど、どうしてもきいてくれない。とはいえ彼らの※11老獪《ろうかい》な詭弁《きべん》も到底単純無垢《むく》な子供の慈悲心をくらますことができないのdをみ、彼ら

じものを繰り返し用いてはいけません。

ア、たしかに　イ、むしろ　ウ、さらに

エ、つまり　オ、しかし　カ、あるいは

問五、――5「右のような意味」とあるが、これが指し示す内容を文中から二十字で抜き出し、その最初と最後の三字を答えなさい。

問六、［X］に入るものとして最も適するものを次の中から一つ選び、その記号を答えなさい。

ア、オリジナルを体験することにこだわるひと

イ、オリジナルは複製より価値が劣ると考えるひと

ウ、複製によってオリジナルの価値を確かめるひと

エ、オリジナルだけを芸術と信じて疑わないひと

オ、複製だけで芸術を愉《たの》しんでいるひと

問七、［Y］に入るものとして最も適するものを次の中から一つ選び、その記号を答えなさい。

ア、体験という行為のみが芸術と呼べる

イ、芸術は体験において初めて芸術だ

ウ、個人それぞれの体験の集合体が芸術だ

エ、オリジナルの体験だけが芸術とは言えない

オ、体験の積み重ねによって芸術が構築される

問八、――6「複製は、商品のレベルにおいてのみならず、体験のうえでもこのような重要性を示しているのです」とあるが、筆者はなぜこのように考えているのですか。その理由を述べている部分を、これより前の文中から三十一字以上三十五字以内で抜き出し、その最初と最後の五字を答えなさい。

問九、本文の内容に合致するものとして最も適するものを次の中から一つ選び、その記号を答えなさい。

ア、芸術作品それ自体の価値は、オリジナルであるか複製であるかは全く関係なく、どちらでも同様の体験ができる。

イ、貧弱なレコードから宇宙的な聴体験を得る場合もあるので、芸術の価値は体験する人間の個性によってのみ決まる。

ウ、人は未完成なものや貧弱なものからかえって想像力を喚起されるので、芸術を評論するには複製に接した方がよい。

エ、芸術の価値は、感銘を受けたり洞察を得たりする体験にあるので、その点では複製がオリジナルを上回る場合がある。

オ、充実した芸術体験はオリジナルから得られることが多いので、なるべく複製よりもオリジナルで鑑賞した方がよい。

三

次の文章を読んで、後の問いに答えなさい。なお、特に指示がなければ、解答の際、句読点等は字数に含むものとします。

家のまわりには切りのこした桑の木があったので、1慰みかたがた子供たちの実地教育にもなるという父の考えから、近所ですこしばかりの種をわけてもらって蚕をかったことがあった。母や伯母は面倒だ面倒だというものの実はいくらか得意で、もう大丈夫二度とくることのない昔の労苦を思いだして楽しみながら2いそいそと桑をきざんでやる。はじめはただ葉の下にかくれているのがa日に日に大きくなって、坊主頭をふりたててはじから食いかいてゆく。3私も小さな羊羹《ようかん》の箱に五六匹いれてもらって、伯母さんが4お蚕様はもとお姫様だったなぞと教えたもので、寝るときにはちゃんとご機嫌ようをし、朝はまたお

注※1　小林秀雄……昭和に活躍した文芸評論家。
※2　ＳＰレコード…standard playing record の略で、ここでは音楽を記録したメディアを指す。

問一、――1「複製は芸術のまがいものにすぎない」とあるが、筆者は一般的にこのような発想がなされるのはなぜだと述べていますか。最も適するものを次の中から一つ選び、その記号を答えなさい。

ア、芸術作品の複製は、あくまでもオリジナルのコピーであるため、「芸術」ではなく単なる「商品」と呼ばれるべきものであるから。

イ、芸術作品の複製は、芸術を体験するということには役立っているが、複製で満足して「本物」を知ろうとしなくなるから。

ウ、芸術作品の複製は、オリジナルには質や価値の点でかなわないという意味で、オリジナルの劣化版に過ぎないものだから。

エ、芸術作品の複製は、あまりに世の中にあふれすぎていて、逆に芸術を体験しているという感覚をなくしてしまうから。

オ、芸術作品の複製は、体験という点においては十分に楽しめるが、質の点で芸術作品としては全く認められないから。

問二、――2「原体験」・4「独り歩き」・7「楯《たて》にとって」の文中での意味として最も適するものを次の中からそれぞれ一つずつ選び、その記号を答えなさい。

2「原体験」

ア、何度も繰り返してようやく理解した体験
イ、あきらめずに努力して苦手を克服した体験
ウ、人生で一度しかないであろう貴重な体験
エ、もともとあった才能がより開花した体験
オ、大きな影響を与えるきっかけとなった体験

4「独り歩きして」

ア、気づかないうちに自然と消えて
イ、当初の意図とは関係なく勝手に動いて
ウ、自分に都合が良いように解釈して
エ、その地域の言語環境の影響を受けて
オ、周囲からの影響を全く無視して

7「楯《たて》にとって」

ア、自分の主張をするための口実にして
イ、できるだけわかりやすく比べて
ウ、わかりにくいようにごまかして
エ、明確な根拠となるように示して
オ、考えを展開するための起点として

問三、――3「聴覚的宇宙」とあるが、小林秀雄がこのように感じることができた理由を、筆者はどのように考えていますか。その理由を説明した一文を、これより後の文中から抜き出し、その最初の五字を答えなさい。

問四、［Ⅰ］～［Ⅲ］に入る語として最も適するものを次の中からそれぞれ一つずつ選び、その記号を答えなさい。ただし、同

得られるとか、必ず得られる、というような性格のものではないでしょう。都会ならば得がたい体験だったかもしれません。その友人宅は伊豆半島の伊東にありました。

もとにあったのが生演奏でなく、複製であったという理由で、小林の体験がまがいものであるとか、音楽のあるいは芸術の体験でないとか、言いうるでしょうか。体験を問題にするかぎり、それは難しいのではないでしょうか。これが芸術体験でない、と断定できる理由が見つかるなら、喜んで耳を傾けたいと思いますが、わたくしには見つかりません。現在、美意識という言葉は普通に使われる単語で、《Ａさんの美意識》と言えば、Ａさんがどのようなものを美と感ずるのか、その個性を指しているようです。すっかり日本語になっていますが、もとは間違いなく翻訳語だと思います。十九世紀のドイツの美学者たちは、芸術作品を体験しているとき、意識のなかで起こっていることを指して、美的な意識と呼んでいました。［Ⅰ］、芸術体験の実質そのものが美的意識です。これが美意識と訳されたのですが、やがて、この日本語が4独り歩きして、5右のような意味になったものと思われます。心のなかで起こることが問題であるならば、体験の対象がオリジナルであるか、複製であるかは、第二義的な意味しかもたないと言えます。［Ⅱ］、充実した体験はオリジナルから得られることが多いかもしれません。しかし、オリジナルの名演奏に何も感じないひとがいる一方で、貧弱な音のレコードを聴いて、深い体験を得るひともいます。そこから、音楽とは何かについての直観を得た、ということがあっても不思議ではありません。また、このようなオリジナルとの比較による議論が意味をもたないほど、［Ｘ］も、少なくないことでしょう。

このことは、不思議な、あるいは悩ましい問題を提起します。書棚の小説は、読まれないかぎり、単なる物体です。壁にかかった絵画も、それを見つめ、いっときそこに没入することがなければ、芸術としての効果をもったとは言えません。［Ｙ］と言えるところが、たしかにあります。しかし、その体験の相においては、オリジナルが絶対的な価値をもっている、と言うことができないのです。ときには、複製の体験の方が、体験としては豊かだ、ということさえあるからです。レコードでなかったなら、小林秀雄が「聴覚的宇宙」という観念を得ることができたかどうか、はなはだ疑問です。コンサートとしてはありえないような特殊な時空間とともに、音の貧しさそのものが想像力を活性化したに相違ありません。オリジナルがなければ複製はありえませんし、どちらでも好きな方を選べと言われて、複製の方を選ぶひとは稀でしょう。それにもかかわらず、6複製は、商品のレベルにおいてのみならず、体験のうえでもこのような重要性を示しているのです。

経験や事実に照らして、複製の美的可能性は否定できません。美的可能性を否定できない以上、それを芸術でないとする理由は見当たりません。たしかにオリジナルの体験とはどこか違うはずですから、この違いを7楯《たて》にとって、オリジナルだけを芸術と呼ぶと決めることはできますが、それだけのことでしょう。［Ⅲ］、テクノロジーの時代になって可能になった芸術の新しい地平として認めるのが健全だと思います。

（佐々木健一『美学への招待』一部改変があります。）

【国語】（五〇分）〈満点：一〇〇点〉

一　次の1から5の――のカタカナを漢字に直して書きなさい。また、6から10の――の読みをひらがなで答えなさい。

1、旅客機をソウジュウする。
2、この車の乗り心地は新しいカンショウ材で改善された。
3、多くの論点をホウカツして述べる。
4、当局は紛争のシュウシュウを急いだ。
5、フルって応募してください。
6、父はこの陶器を愛惜していた。
7、すべての約束を反故にした。
8、嫌悪の表情を浮かべる。
9、この素材には優れた可塑性がある。
10、賄うは漢字で書くと難しく、読みにくくもある。

二　次の文章を読んで、後の問いに答えなさい。なお、特に指示がなければ、解答の際、句読点等は字数に含むものとします。

複製がオリジナルのまがいもので、価値的に劣る、というのは、絶対的です。なぜなら、それは複製という概念のなかに含まれていることだからです。しかし、それにもかかわらず、心の底では、納得しきれない声がつぶやいています。芸術は、実際にそれを愉《たの》しめるかどうかが問題ではないか。この点では複製は立派に役に立っている、という思いです。われわれは複製に取り囲まれていますし、ひとによっては複製でしか芸術を知らない、ということもあります。それでも、自分はオリジナルに触れている人びとに負けないだけ芸術をよく知っているし、芸術を愛してもいる、と言いたいひとも少なくないでしょう。その人びとにとって、1複製は芸術のまがいものにすぎない、という概念は、お前は「本当の」芸術を知らないのだ、と決めつけられているように響くかもしれません。納得しがたいのは当然です。まず、複製の体験がオリジナルの体験に劣るものなのかどうかを、検討しましょう。

※1小林秀雄の有名な評論に「モオツアルト」があります。その冒頭部分をご存じの方も少なくないでしょう。あるとき、街を歩いていると、頭のなかでモーツァルトの交響曲第四十番が鳴り響いた。大急ぎでレコード店に飛び込み、この曲を聴いてみたが、初めの感銘は消えていた、という内容です。当時は※2SPレコードでした。音が悪かったので、感銘がよみがえらなかったのだ、と思われるかもしれません。しかし、初めの感銘はSPレコードの音響でさえなく、単なる記憶のなかでの出来事にすぎません。そして、かれの2原体験はレコードであったと思われます。「モオツアルト」の構想の原点にあったのは、友人宅で聴いたレコードの弦楽五重奏曲第五番ニ長調であったようです。そのときのことを、かれは次のように言っています。「もはや、音楽はレコードからやって来るのではなかつた。海の方から、山の方からやつて来た。そしてそこに［中略］3聴覚的宇宙が実存するのをまざまざと見るやうに［中略］感じた」（『ゴッホの手紙』）。この言葉を額面どおりに受け取ってよいとすれば、かれは、貧弱な音のレコードから、宇宙的な聴体験を得たことになります。そして、それは、コンサート・ホールにおける「オリジナル」の鑑賞であったならよりよく

Ⅱ期S選抜

2023年度

解　答　と　解　説

《2023年度の配点は解答欄に掲載してあります。》

＜数学解答＞ 《学校からの正答の発表はありません。》

1　(1)　$\dfrac{7x+12y+26z}{12}$　(2)　$\dfrac{3}{2}\sqrt{3}-\dfrac{8}{3}\sqrt{6}$　(3)　$x=\dfrac{-3\pm\sqrt{17}}{2}$　(4)　$x=2$，$y=\dfrac{1}{5}$

(5)　$(x+3)(x-5)$　(6)　$n=2$，5　(7)　$\dfrac{7\sqrt{2}}{3}<\sqrt{12}<\dfrac{7}{2}$　(8)　$a=-2$，$b=3$

(9)　$\dfrac{9}{4}\sqrt{3}+3\pi$　(10)　$\dfrac{9}{5}$

2　(1)　ア　$\dfrac{1}{2}$　イ　6　(2)　P(2，4)

3　(1)　$\dfrac{7}{12}$　(2)　$\dfrac{1}{6}$　(3)　$\dfrac{4}{9}$

4　(1)　$\dfrac{1}{6}$　(2)　$\dfrac{\sqrt{30}}{6}$　(3)　1

○推定配点○

1～3　各5点×16　4　(1)，(2)　各5点×2　(3)　10点　計100点

＜数学解説＞

基本 **1**　(式の計算，平方根の計算，2次方程式，連立方程式，因数分解，方程式の応用問題，平方根の大小，関数の変域，平面図形の計量問題)

(1)　$\dfrac{x-2y}{4}+\dfrac{3y+5z}{2}-\dfrac{z-x}{3}=\dfrac{3(x-2y)+6(3y+5z)-4(z-x)}{12}=\dfrac{3x-6y+18y+30z-4z+4x}{12}=\dfrac{7x+12y+26z}{12}$

(2)　$\dfrac{3+\sqrt{2}}{\sqrt{3}}-\sqrt{54}+\dfrac{\sqrt{3}}{2}=\dfrac{3\sqrt{3}+\sqrt{6}}{3}-3\sqrt{6}+\dfrac{\sqrt{3}}{2}=\sqrt{3}+\dfrac{\sqrt{3}}{2}+\dfrac{\sqrt{6}}{3}-3\sqrt{6}=\dfrac{3}{2}\sqrt{3}-\dfrac{8}{3}\sqrt{6}$

(3)　$x^2+3x-2=0$　二次方程式の解の公式から，$x=\dfrac{-3\pm\sqrt{3^2-4\times1\times(-2)}}{2\times1}=\dfrac{-3\pm\sqrt{17}}{2}$

(4)　$2x-\dfrac{5}{2}y=\dfrac{7}{2}$　両辺を2倍して，$4x-5y=7$…①　$y+\dfrac{7}{5}x=3$　両辺を5倍して，$5y+7x=15$　$7x+5y=15$…②　①+②から，$11x=22$　$x=2$　②に$x=2$を代入して，$7\times2+5y=15$　$5y=15-14=1$　$y=\dfrac{1}{5}$

(5)　$(x-2)^2-9+2(x-5)=x^2-4x+4-9+2x-10=x^2-2x-15=(x+3)(x-5)$

(6)　$(n+1)^2=9(n-1)$　$n^2+2n+1=9n-9$　$n^2-7n+10=0$　$(n-2)(n-5)=0$　$n=2$，5

(7)　$\dfrac{7}{2}=\sqrt{\dfrac{49}{4}}$　$\dfrac{7\sqrt{2}}{3}=\sqrt{\dfrac{98}{9}}$　$\dfrac{98}{9}<12<\dfrac{49}{4}$から，$\dfrac{7\sqrt{2}}{3}<\sqrt{12}<\dfrac{7}{2}$

(8)　$a<0$から，グラフは右下がりの直線になるので，$(-1,\ 5)$，$(3,\ -3)$を通る。$a=\dfrac{-3-5}{3-(-1)}=\dfrac{-8}{4}=-2$　$y=-2x+b$に$(-1,\ 5)$を代入して，$5=-2\times(-1)+b$　$b=3$

(9)　補助線OA，OBをひくと，△OABは正三角形になるので，∠OAB＝∠OBA＝60°　AB//CDから，錯角は等しいので，∠AOC＝∠BOD＝60°　斜線部分の面積は，△OABの面積とおうぎ形OACの面積とおうぎ形OBDの面積の和になるから，$\frac{1}{2}\times3\times3\times\frac{\sqrt{3}}{2}+\pi\times3^2\times\frac{60}{360}+\pi\times3^2\times\frac{60}{360}=\frac{9}{4}\sqrt{3}+3\pi$

(10)　△ABCにおいて三平方の定理を用いると，$BC=\sqrt{6^2+8^2}=\sqrt{100}=10$　平行線と線分の比の定理から，ED：AB＝CD：CB　ED：6＝4：10　$ED=\frac{6\times4}{10}=\frac{12}{5}$　二組の角がそれぞれ等しいことから，△ABC∽△DFC　AB：DF＝AC：DC　6：DF＝8：4　$DF=\frac{6\times4}{8}=3$　△EFDにおいて三平方の定理を用いると，$EF=\sqrt{3^2-\left(\frac{12}{5}\right)^2}=\sqrt{9-\frac{144}{25}}=\sqrt{\frac{81}{25}}=\frac{9}{5}$

2　（図形と関数・グラフの融合問題）

(1)　①から，$y=ax^2$は$x=-2$のとき最大値2をとることが分かる。よって，A(−2，2)　$y=ax^2$に点Aの座標を代入して，$2=a\times(-2)^2$　$4a=2$　$a=\frac{1}{2}$　$y=\frac{1}{2}x^2$…(ⅰ)　(ⅰ)に$x=1$，3を代入して，$y=\frac{1}{2}\times1^2=\frac{1}{2}$，$y=\frac{1}{2}\times3^2=\frac{9}{2}$　よって，$B\left(1,\ \frac{1}{2}\right)$，$C\left(3,\ \frac{9}{2}\right)$　直線ACの傾きは，$\left(\frac{9}{2}-2\right)\div\{3-(-2)\}=\frac{1}{2}$　直線ACの式を$y=\frac{1}{2}x+b$として点Aの座標を代入すると，$2=\frac{1}{2}\times(-2)+b$　$b=3$　よって，直線ACの式は，$y=\frac{1}{2}x+3$…(ⅱ)　D(0，3)

(四角形DOBC)＝△BDO＋△BCD＝△BDO＋△OCD＝$\frac{1}{2}\times3\times1+\frac{1}{2}\times3\times3=\frac{3}{2}+\frac{9}{2}=6$

重要　(2)　△PDO＝(四角形DOBC)－(四角形POBC)＝6－3＝3　点Pのx座標をpとすると，$\frac{1}{2}\times3\times p=3$　$p=2$　$x=2$を(ⅱ)に代入すると，$y=\frac{1}{2}\times2+3=4$　よって，P(2，4)

3　（関数・グラフと確率の融合問題）

基本　(1)　大小2つのさいころの目の出かたは全部で，6×6＝36(通り)　そのうち，直線の傾きが1以下になるのは，$\frac{a}{b}$が1以下になるときだから，$(a,\ b)$＝(1，1)，(1，2)，(1，3)，(1，4)，(1，5)，(1，6)，(2，2)，(2，3)，(2，4)，(2，5)，(2，6)，(3，3)，(3，4)，(3，5)，(3，6)，(4，4)，(4，5)，(4，6)，(5，5)，(5，6)，(6，6)の21通り　よって，求める確率は，$\frac{21}{36}=\frac{7}{12}$

(2)　O(0，0)，B(0，$-b$)　$y=\frac{a}{b}x-b$…(ⅰ)　(ⅰ)に$y=0$を代入すると，$0=\frac{a}{b}x-b$　$\frac{a}{b}x=b$　$x=\frac{b^2}{a}$　よって，$A\left(\frac{b^2}{a},\ 0\right)$　△OABが直角二等辺三角形になるのは，OA＝OBになるときだから，$\frac{b^2}{a}=b$　$b^2=ab$　$b=a$　$a=b$になるのは6通りだから，求める確率は$\frac{6}{36}=\frac{1}{6}$

重要　(3)　点Aのx座標が整数になるのは，b^2がaの倍数になるときだから，$(a,\ b)$＝(1，1)，(1，2)，(1，3)，(1，4)，(1，5)，(1，6)，(2，2)，(2，4)，(2，6)，(3，3)，(3，6)，(4，2)，(4，4)，(4，6)，(5，5)，(6，6)の16通り　よって，求める確率は，$\frac{16}{36}=\frac{4}{9}$

4 （空間図形の計量問題―動点，平行線と線分の比の定理，体積，三平方の定理，三角形の相似）

基本 （1） 点Pから底面EFGHへ垂線PIをひくと，点Iは線分EG上にある。平行線と線分の比の定理から，AE：PI＝AG：PG　1：PI＝4：1　$PI=\frac{1}{4}$　よって，四角すいP－EFGHの体積は，$\frac{1}{3}\times1\times2\times\frac{1}{4}=\frac{1}{6}$

（2） $AC=EG=\sqrt{1^2+2^2}=\sqrt{5}$　$AG=\sqrt{(\sqrt{5})^2+1^2}=\sqrt{6}$　右の図のように，CP⊥AGのとき，CPは最小になる。2組の角がそれぞれ等しいことから，△ACG∽△CPG　AC：CP＝AG：CG

$\sqrt{5}$：CP＝$\sqrt{6}$：1　$CP=\frac{\sqrt{5}\times1}{\sqrt{6}}=\frac{\sqrt{30}}{6}$

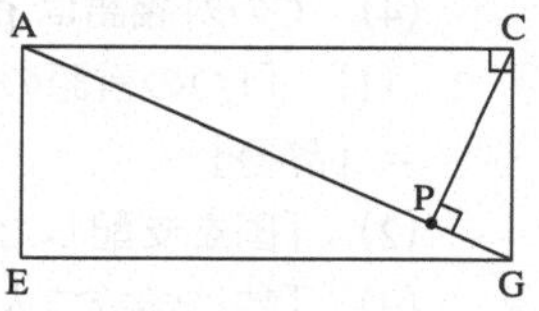

重要 （3） EGとHFの交点をOとすると，四角形EFGHは長方形だから，点OはEGの中点になる。四角形AEGCと平面CHFの交線はCOになるから，右の図のように，AGとCOの交点がPとなる。$OG=\frac{EG}{2}=\frac{\sqrt{5}}{2}$

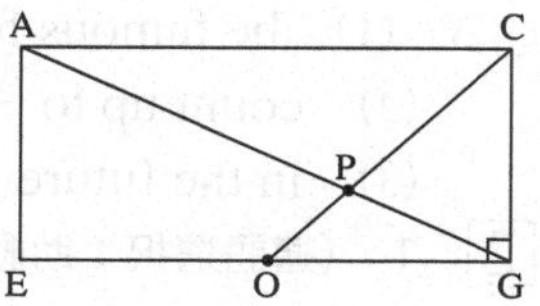

△COGにおいて三平方の定理を用いると，$CO=\sqrt{\left(\frac{\sqrt{5}}{2}\right)^2+1^2}=\sqrt{\frac{5}{4}+\frac{4}{4}}=\sqrt{\frac{9}{4}}=\frac{3}{2}$　平行線と線分の比の定理から，CP：PO＝AC：OG＝2：1　$CP=\frac{3}{2}\times\frac{2}{3}=1$

★ワンポイントアドバイス★

3 (2)で，長さは正の数なので，OBを$-b$として計算しないように気をつけよう。

＜英語解答＞ 《学校からの正答の発表はありません。》

1　1. (1) peace　(2) society　(3) choice　(4) past　2. (1) dictionary　(2) government　(3) education　3. (1) for　(2) to　(3) in

2　1. (1) 4　(2) 2　(3) 3　(4) 1
2. (1) be found　(2) enough　(3) but　(4) how far
3. (1) could　(2) any other student　(3) was, after　(4) so as
4. (2番目，5番目の順) (1) 7，2　(2) 3，7　(3) 5，6　(4) 7，6　(5) 3，1　5. 4，5，7

3　問1 put off, want to　問2 3，5　問3 2　問4 2，6，7　問5 2，4

4　問1 3　問2 (1) 2　(2) 4　(3) 3　問3 1　問4 1　問5 3　問6 1，4　問7 2

○推定配点○

各2点×50　計100点

＜英語解説＞

基本 **1** **（単語，前置詞）**

1 （1） Cと発音が同じ peace「平和」が適切である。
（2） Cにある形容詞の名詞形である society「社会」が適切である。
（3） Cにある動詞の名詞形である choice「選択」が適切である。
（4） Cの対義語は past「過去」である。

2 （1） 「1つの言語の単語のリストがのっていて，それらが何を意味しているのか教えてくれる本」＝「辞書」
（2） 「国を支配したり，制御する人々の集団」＝「政府」
（3） 「特に学校で人々を教えたり，訓練したりすること」＝「教育」

3 （1） be famous for ～「～で有名だ」 for the first time「初めて」
（2） count up to ～「～まで数え上げる」 belong to ～「～に属する」
（3） in the future「将来」 in those days「当時」

重要 **2** **1 （適語選択：助動詞，仮定法，動名詞）**

（1） 〈had better ＋動詞の原形〉「～したほうがよい」 否定文は had better not となる。
（2） 〈If 主語＋過去形，主語 could ＋動詞の原形〉「～だったら…できるのに」
（3） without ～ ing「～せずに」
（4） advice は数えられない名詞なので，「少しはある」は a little を用いる。

2 （適語補充問題：受動態，不定詞，接続詞，間接疑問文）

（1） 助動詞を含む受動態は〈may be ＋過去分詞〉という形になる。
（2） rich を修飾する不定詞の副詞的用法である。
（3） not only A but also B「AだけでなくBもまた」
（4） 距離を尋ねる場合は，how far を用いる。

3 （書き換え問題：比較，熟語，不定詞）

（1） 〈as ～ as ＋主語＋ can〉「できるだけ～」 過去形の文の場合は could を用いる。
（2） 〈比較級＋ than any other ＋単数名詞〉「他のどの～よりも…だ」
（3） take care of ～ ＝ look after ～「～の世話をする」
（4） in order to ～ ＝ so as to ～「～するために」

重要 **4 （語句整序問題：比較，不定詞，関係代名詞，分詞，間接疑問文）**

（1） （The climate here） is much hotter than that of Okinawa（.） that は前に出てきた the climate を指している。
（2） （This house） is large enough for us to live （in.） 〈形容詞＋ enough for ＋人＋ to ～〉「～するのに人にとって十分…だ」
（3） （He told me） something that is not known to many （people.） that is not known to many people は前の名詞を修飾する主格の関係代名詞である。
（4） （He ran） into the burning house to save his dog（.） burning は後の名詞を修飾する分詞の形容詞的用法である。to save は不定詞の副詞的用法。
（5） Tell me where I should put your bag（.） 間接疑問文は〈where ＋主語＋（助）動詞〉の語順になる。

重要 **5 （正誤問題：前置詞，不定詞，動名詞，比較，受動態）**

1 「期限」を表す場合には until ではなく by を用いる。
2 wise のように人の性質を表す語がある場合には，for ではなく of を用いる。

3　過去行ったことについては動名詞を用いる。forget ~ing「～したことを忘れる」

6　Who ~ by? または By whom ~?「誰によって～」

8　on the Internet「インターネットで」

重要 3 （長文読解問題・説明文：語句補充，要旨把握，内容吟味）

（大意）　物事を先延ばしするのは簡単だ。私たちのほとんどはそれをする。これには先延ばしという名前がある。たとえば，宿題を始める代わりに，何か他のことをする。それでも，気晴らしに屈することは，結局は私たちを本当に困らせる可能性がある。

〈先延ばしを理解する〉

先延ばしとは，何かを後にすることだ。私たちがすべきだとわかっていても，やりたくないことかもしれない。だから私たちはそれを延期する。代わりに何か楽しいことをすると気分が良くなると思う。

しかし，私たちが責任を先延ばしにすると，私たちは結局は良くなるのではなく，悪化していると感じる。私たちはその「大きな宿題」やテストの勉強を始めるとき，手際が悪い。

最も先延ばしにする人々は，通常，自分の能力を下回っている。重要ではないことに時間をかけすぎていないか？次の場合，先延ばしになる可能性がある。

A)　計画を開始する前に，部屋を完全に掃除したいという衝動を感じる。

B)　レポートの最初の文または段落を何度も書く。

C)　開始する課題があるときに内容を決定するのに時間がかかりすぎる。

D)　本は常に持ち歩くが，実際に本を開いて勉強しない。

E)　両親の一人があなたに「もう始めた？」と尋ねたら怒る。

F)　計画を開始するために座ることを避けるための言い訳を常に見つけている。

あなたはおそらくこれらの状況の少なくとも1つを経験しただろう。しかし，自分に厳しくしてはいけない！これは，あなたが正常であることを意味する。重要なのは，これらの気晴らしが成績に悪影響を与えないようにすることだ。少しの先延ばしは正常だが，多すぎるとあなたを困らせる可能性がある。

〈先延ばしの回避〉

物事を先延ばししたいという衝動のためにあなたは何ができるか？いくつかのコツがある：

1.　私たち全員が，ゲームをしたり，食べたり，テレビを見たりしたほうがいいという小さな声を持っていることを知りなさい。それを聞かないようにする。良い仕事をすることのごほうびについて考えなさい。学習する部屋の周りに思い出させるものを置きなさい。あなたがなりたい人はいるか？おそらく机の上に彼/彼女のポスターを置くとよい。それは最善を尽くすのに役立つ。

2.　両親とごほうびの仕組みを作りなさい。行きたいコンサートがあるとする。始める前に両親と約束をしなさい。目標を達成した場合，コンサートに行く報酬を受け取ることができることに同意する。次に，あなたと両親が約束を守れるかどうかを確認しなさい！

3.　大きな課題に直面している場合は，小さな目標から始めなさい。課題を完了することは素晴らしい気分なので，最初に小さな目標を設定し，少しずつ完了する。必要に応じて，いつでも新しい目標を設定できる。

4.　遊ぶ時間を自分に与えなさい！やりたいことをする時間を作りなさい。その後，おそらく勉強に取り掛かる準備ができていると感じるだろう！

5.　あなたが続けるのを手伝ってくれる勉強のパートナーを見つけなさい。定期的に会って，何をする必要があるかについて話し合う。その後，あなたは友人を失望させたくないので続けることができる。

6. 開始する前に，スペースを掃除するために約10分自分に与えなさい。仕事をする代わりに掃除したいという衝動は一般的だ。私たちの脳は，新たに始める感覚が好きだ。あなたは掃除ができる。あまり時間をかけてはいけない。

問1 “procrastination” については，第2段落第1，2文に書かれている。

問2 “procrastination” は，物事を先延ばしにすることである。先延ばしに当てはまる状況のものを選べばよい。

問3 少しの先延ばしは正常なことであるので，「きわめて普通の学生」である。

問4 “procrastination” を避ける方法は1～6でまとめられている。「ご褒美の仕組みを作る」「小さな目標を設定する」「勉強のパートナーを見つける」などがあげられている。

問5 先延ばしは気分が良くなるが，長期的には困ることになる点や，自分に厳しくするのではなく，遊ぶ時間ややりたいことをする時間を作ることが大切だと書かれている。

4 **（長文読解問題・説明文：指示語，語句補充，要旨把握，内容吟味）**

（大意） ルイス・サッカーは，今日の児童書の最も有名な作家の一人だ。彼は子供，両親，教師，そして評論家に愛されている20冊以上の本の著者だ。サッカーの名前は，Wayside School の本や Marvin Redpost の本のシリーズから認識できるかもしれない。あなたはまた，Holes の作者として彼を知っているかもしれない。それはニューベリー賞を受賞した。

ルイス・サッカーは，若い読者のために面白い，感動的な本を書くのがとても上手だ。しかし，彼は作家になりたいといつも思っていたわけではなかった。サッカーは学校で書くことを楽しんだことを覚えているが，彼はひとりでそれらをするのが好きではなかった。大学時代は経済学を学び，ロシア語でも言語と文学を学んだ。

サッカーは，卒業単位を取得する簡単な方法だと思ったため，大学時代に教師の助手として時間を過ごした。仕事は思ったほど簡単ではなかったが，サッカーは若い人たちと一緒に仕事をすることを本当に楽しんでいることに気づいた。ア実際，Wayside School の本はヒルサイド小学校に触発された。サッカーはそこで助手として働いていた。本の中の子供たちは，サッカーが実生活で一緒に働いた学生の名前さえ与えられた！

彼が子供たちを教え，一緒に働いた後でさえ，サッカーはまだ将来について決めることができなかった。大学卒業後，ロースクールに行くことにした。彼は数年後に法律の学位を取得して卒業した。彼が卒業する前に，サッカーの最初の児童書が出版されたが，彼は作家として働き，生きるイ準備はできていなかった。

約10年後，さらに数冊の本が出版された後，サッカーはついに彼の本が十分に人気があると感じ，執筆をフルタイムの仕事にした。1989年，サッカーは弁護士としての仕事をやめ，作家になった。

サッカーは毎朝約2時間書いている。彼は書くときは一人でいるのが好きだが，彼の2匹の犬，ティッピーとラッキーは加わることができる。生活の中の人々や出来事に基づいて物語を制作する作家もいれば，完全に架空の登場人物や場所を作成する作家もいる。サッカーは 2つの組み合わせを使用する。彼は子供時代の記憶や感情を思い出し，小説でウそれらを使用しようとしている。彼はまた，彼の教育経験と彼の娘の生活を使用している。

サッカーは，新しい本を書き始めるときに，整った計画や下書きを持っていない。エ代わりに，彼はほんの少しのアイデアから始める―多分登場人物の特徴や面白い出来事だ。彼は書き始め，書くことがより多くのアイデアを生み出すことに気づく。その後すぐに，それらのアイデアは他のアイデアにつながり，新しい本がほぼ完成する。

サッカーは，物語を最初から完璧にすることについてあまり心配していない。ア実際，彼は出版社に送る前に，物語を5，6回書き直すかもしれない。それは大変な作業のように思えるかもしれないが，ルイス・サッカーは良い物語を書く方法を知っていることを私たちはわかっている。

問1　後の文は前の文の内容を補足しているので，in fact「実際は」が適切である。

問2　(1)　more than 20 books は子供や両親や教師や評論家に愛された本である。
(2)　法律は，大学ではなくロースクールで学んだ。　(3)　サッカーは出版業者であったことはない。

問3　まだ将来について決めていないので，作家として働く準備ができていなかったのである。be ready to ～「～する準備ができている」

問4　前の部分の memories and feelings like a child を指している。

問5　整った計画や下書きの「代わりに(instead)」，登場人物や出来事についてのアイデアから本を書き始めるのである。

問6　1　サッカーは児童書の最も有名な作家の一人である。　4　サッカーは執筆するときは一人を好むが，二匹の犬だけは加わることができる。

問7　この文章はルイス・サッカーの人生について書かれている。

★ワンポイントアドバイス★

文法問題の割合が比較的大きくなっている。過去問や問題集を用いて，さまざまな問題に触れるようにしたい。

＜国語解答＞《学校からの正答の発表はありません。》

一　1　操縦　2　緩衝　3　包括　4　収拾　5　奮(って)　6　あいせき[あいじゃく]
7　ほご　8　けんお　9　かそ　10　まかな(う)

二　問一　オ　問二　2　オ　4　イ　7　ア　問三　コンサート　問四　Ⅰ　エ
Ⅱ　ア　Ⅲ　イ　問五　どのよ～の個性　問六　オ　問七　イ
問八　複製の体験～からです。　問九　エ

三　問一　1　ウ　2　エ　9　オ　問二　c　問三　イ　問四　青臭いのも
問五　エ　問六　(例)　多くのことを見馴れたこととしてそのまま見すごしてしまうのではなく，驚嘆をもって自分の周囲を眺めようという決意。(55字)　問七　兄弟
問八　ウ　問九　イ

四　問一　エ　問二　ともか～からず　問三　道済　問四　まこと～れじや　問五　ア
問六　オ

○推定配点○

一　各1点×10　二　問二　各2点×3　問四　各1点×3　他　各4点×7
三　問一・問二・問七　各2点×5　問六　5点　他　各4点×5　四　各3点×6
計100点

＜国語解説＞

重要　一　（漢字の読み書き）

1の「縦」を「従」などと間違えないこと。2の「緩衝材」は衝撃をやわらげることを目的とした資材。3は一つに取りまとめること。4は混乱した状態をおさめること。同音異義語で情報や物を集め

るという意味の「収集」と区別する。5の音読みは「フン」。熟語は「奮起」など。6は愛して大切にすること。7はなかったものとして無効にすること。8は強い不快感を持つこと。9は柔らかく形を変えやすいこと。10の音読みは「ワイ」熟語は「収賄」など。

二 （論説文―大意・要旨，内容吟味，文脈把握，指示語，接続語，脱文・脱語補充，語句の意味）

重要 問一　――1前で「複製がオリジナルのまがいもので，価値的に劣る，というのは絶対的で」あるが，「芸術は，実際にそれを愉しめるか……という点では複製は立派に役立っている」と述べているのでオが適切。1前の内容をふまえていない他の選択肢は不適切。

基本 問二　2は人の生き方や考え方に大きな影響を与える幼少期の体験。4は当初の趣旨や意図とは関係なく勝手に動いていくこと。7はある物事を言い訳や言いがかりなどの材料や口実とすること。

問三　――3の理由として「このことは，……」で始まる段落で「コンサートとしてはありえないような特殊な時空間とともに，音の貧しさそのものが想像力を活性化したに相違ありません。」ということを述べている。

問四　Ⅰは直前の内容を言いかえた内容が続いているのでエ，Ⅱは直後の内容を認めながら，「しかし」以降を主張している形になっているのでア，Ⅲは直前の内容より直後の内容である，という意味でイがそれぞれ入る。

問五　――5は日本語の美意識の意味のことで，5前で「Aさん」を例に述べている「どのようなものを美と感ずるのか，その個性（20字）」のことを指し示している。

重要 問六　Xには，「体験の対象がオリジナルであるか，複製であるかは，第二義的な意味しかもたない」ことを補足する内容が入るのでオが適切。第二義的は根本的でないさま，という意味。

やや難 問七　Y前後の文脈は，小説を読んだり，絵画を見つめて没入したりすることがなければ，芸術としての効果をもったとは言えず，Yであるが，その体験ではオリジナルが絶対的な価値をもっていると言うことはできない，ということなのでイが適切。アの「行為のみが」，ウの「個人それぞれの体験の集合体」，「オリジナル」に言及しているエ，オの「積み重ね」「構築される」はいずれも不適切。

問八　――6の理由として6前で「複製の体験の方が，体験としては豊かだ，ということさえあるからです。（33字）」ということを述べている。

やや難 問九　エは「このことは……」で始まる段落で述べている。アは冒頭の一文と合致しない。イの「人間の個性によってのみ」，ウの「人は……喚起される」，オの「多い」もそれぞれ述べていないので合致しない。

三 （小説―情景・心情，内容吟味，文脈把握，脱語補充，語句の意味，品詞・用法）

問一　――1の「慰み」は「気晴らし，楽しみ」，「かたがた」は「～をかねて」という意味。2はうれしさに心が浮き立ち，それが動作に現れている様子。9は本人を目の前にして悪口を言ったり，けなしたりすること。

基本 問二　cのみ連体修飾語をつくる格助詞。他はいずれも体言の代用（準体言）の格助詞。

問三　――3は「父の考え」で蚕を育てることになった「私」，8は種から孵った蚕の半分ちかくを捨てられたことでくやしさ憎さで泣くほど蚕に特別な感情を抱いている「私」なのでイが適切。アの「両親からの勧め」，ウの「協力してくれないのに不満を抱いて」，エの「知らなかった」，オの「愛着が持てず」「個性を自覚し」はいずれも不適切。

問四　――4後で4のように言うことで「私」が「青臭いのも，体のつめたいのも，はじめのうちこそ気味がわるかったが，お姫様だとおもえばなにもかも平気になって，背なかにある三日月がたの斑文を可愛らしい眼だと思うようになった。」ということが描かれている。

問五　――5は，それまで可愛がって世話してきた蚕が脱皮をくり返して繭を織りだし，姿が見えなくなったことで，自分だけが取り残されてしまったように感じているのでエが適切。蚕が繭になったことを説明していないア・イは不適切。ウの「身勝手に」，オの「家の者たち……疎外されている」も不適切。

やや難 問六　残された繭の種からお姫様が可愛らしい姿をあらわしたことを——6のようにしていたということで，蚕が繭に，繭が蝶に，蝶が卵をうむという不可思議の謎の環を理解した経験から，「常にかような子供らしい驚嘆をもって自分の周囲を眺めたい」「人びとは多くのことを見馴れるにつけて，……そのままに見すごしてしまう」と思っていることをふまえ，これらの内容を「私」が決意したこととして指定字数以内でまとめる。

問七　XにはXの段落最後の一文にある「兄弟」が入る。

問八　——7は，裏の畑に捨てられていた蚕を見つけた「私」に，捨てた訳をきかれた家の者たちの様子で，「私」が悲しむのは分かっていながら，えさの桑の木も少なくなり，育てる人手もないため仕方なく捨てたことで7のようになっているのでウが適切。アの「『私』が一人で飼える量ではない」，イの「実際に生糸を生産することではない」，エの「過剰な愛着に不安を感じ」，オの「心配し……取り戻して欲しい」はいずれも不適切。

重要 問九　蚕の世話をしていくにつれ，伯母の言うように蚕をお姫様のように世話をし，兄弟のようにも思っている「私」は，蚕が繭，蝶となり，また卵をうむという生命の不可思議で謎の環に驚嘆している様子も描かれているのでイが適切。アの「母親や伯母が嫌がっている」は不適切。蚕の描写は全体を通じて細やかに描かれているので，ウの「蚕の描写もより詳細になっていく」は不適切。エの「比喩を多用し」，オの「最終段落には，成長した『私』が回想する」も不適切。

四　**(古文—大意・要旨，内容吟味，文脈把握，脱語補充，口語訳，文学史)**

〈口語訳〉(長能)　あられが降る交野の御野で私の狩衣も濡れてしまった。雨宿りできる宿を貸してくれる人もいないので

(道済)　どんなに濡れてもさらに狩りを続けよう。はし鷹の上毛の雪を払い落としながら

この歌は，藤原長能，源道済と申し上げる歌人たちの，鷹狩りを題にした歌である。両方とも，優れた歌で，世間で評判になっていた。その後二人は，我も我も(自分の歌が優れている)と争って，何日か経った時に，やはり，このことを，今日決着をつけようと言って，一緒に連れ立って，四条大納言のもとに参上して，「この歌二つは，お互いに張り合って，いまだに決着がつかない。ぜひともぜひとも，判定なさってくださいと思って，それぞれ参上したのです」と言うと，この大納言は，これらの歌を，何度も口ずさんであれこれ考えて，「本当に申し上げたとしたら，それぞれ腹をお立てにならないだろうか」と申し上げなさったので，「決して，どのようにおっしゃっても，腹を立て申すはずはない。そのために参ったので，すぐに，お聞き申しあげて，退出しましょう」と申し上げたので，それならばと言って，申し上げなさったことは，「交野のみののと言った歌は，趣向を凝らした様子も，言葉の遣い方なども，はるかに優れていると思われる。そうではあるけれど，あれこれ不都合なことがあるのだ。鷹狩りは，雨が降ったくらいで，することができないだろうか。あられが降ったことによって，宿を借りて泊まろうというのは，奇妙なことである。あられなどは，それほどまで，狩衣などが，濡れ通ってもったいないというほどではないだろう。やはり，狩りに行こうと詠んでいらっしゃる歌は，鷹狩りの本来あるべき姿でもあり，実情としても，趣深かっただろうと思われる。歌の品格も，優雅ですばらしい。撰集などにも，これが入るのではないだろうか」と申し上げなさったので，道済は，(喜びで)舞いを舞うように退出した。

問一　——1の「人々」は長能と道済，「あらそひて」は自分の歌が優れていると争って，という意味なのでエが適切。

やや難 問二　——2は，長能と道済に自分たちの歌の判定を頼まれたものの，本当のことを言って二人が

腹を立てないか心配していると,「『ともかくも仰せられむに,腹立ち申すべからず(文字のみ20字)』」と言われたことを受けて,四条大納言は「『それならば』」と二人の歌について話し始めている。

問三　空欄前の四条大納言の言葉を聞いて,直後で喜んでいる様子が描かれているので「道済」が入る。

問四「かの大納言……」の後「案じて,」直後から「……と申されければ」の直前までが,四条大納言が話している言葉になる。

重要　問五「『交野の……』」で始まる言葉で,長能の歌は趣向を凝らし,言葉の遣い方も優れているとしながらも不都合な点も多いのに対し,道済の歌は鷹狩りの本来あるべき姿でもあり,実情としても趣深く,歌の品格も優れている,と四条大納言が話していることから,これらの言葉をふまえたアが適切。イの「題材に対する経験を活かすことは大いに評価されやすい」,ウの「どれだけ客観的に把握しているか」,エの「自分の主張を強調」「全体の雰囲気」,オの「踊りだしたくなるような躍動感」はいずれも不適切。

基本　問六　オの説明は正しい。アの『おくのほそ道』の成立は江戸時代。イの『徒然草』の成立は鎌倉時代。清少納言の代表作は『枕草子』。ウの『竹取物語』の成立は平安時代だが,作者は不明。エの『平家物語』の成立は鎌倉時代で作者は不明。紫式部の代表作は『源氏物語』。

★ワンポイントアドバイス★

小説では,主人公と他の登場人物との関係も含め,どのように物語が展開しているかを読み取っていこう。

2022年度

入　試　問　題

2022年度

横須賀学院高等学校入試問題（Ⅱ期選抜）

【数　学】（50分）〈満点：100点〉

1　次の各問いに答えよ。

(1)　$\frac{1}{5}(3\sqrt{5}-2)-\frac{1}{4}\left(\frac{6}{\sqrt{5}}-3\right)$を計算せよ。

(2)　$(x^2-9)+3(x-3)$ を因数分解せよ。

(3)　2次方程式$6x^2-5x-6=0$を解け。

(4)　$\frac{\sqrt{10}}{2}$の整数部分をa，小数部分をbとするとき，a^2-4b^2の値を求めよ。

(5)　m，nはともに15以下の自然数とし，$m<n$とする。
$\sqrt{mn}$が自然数となるようなm，nの組は何組あるか求めよ。

(6)　関数$y=ax+4$は，xの変域が$-3 \leqq x \leqq 4$のとき，yの変域は$-2 \leqq y \leqq b$である。このとき，定数a，bの値をそれぞれ求めよ。ただし，$a<0$とする。

(7)　3枚の硬貨を同時に投げるとき，2枚が表で1枚が裏になる確率を求めよ。

(8)　中心角72°，半径10のおうぎ形が側面となるような円すいをつくる。
この円すいの高さを求めよ。

(9)　図のような1辺の長さ4の立方体の3つの頂点A，F，Hを結んでできる三角形の面積を求めよ。

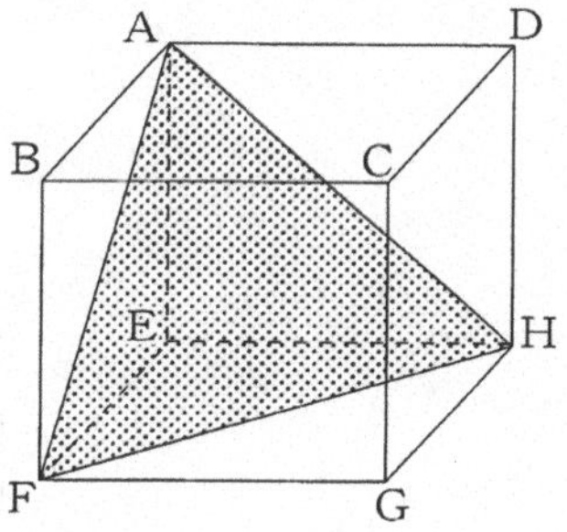

(10)　5人が10点満点の小テストを受け，点数はそれぞれ5，3，8，5，aであり，平均点は5.4点であった。このとき，aの値を求めよ。

2 図のように，関数$y=\dfrac{1}{3}x^2$のグラフ上に3点A，B，Cがあり，それぞれのx座標がa，b，3である。ただし，$a<b<3$とする。

直線BC，ACの傾きがそれぞれ$\dfrac{2}{3}$，-1であるとき，次の各問いに答えよ。

(1) a，bの値をそれぞれ求めよ。

(2) △ABCの面積を求めよ。

(3) △ABCと△APCの面積が等しくなるような点Pを放物線上のAとBの間にとる。このとき，点Pのx座標を求めよ。

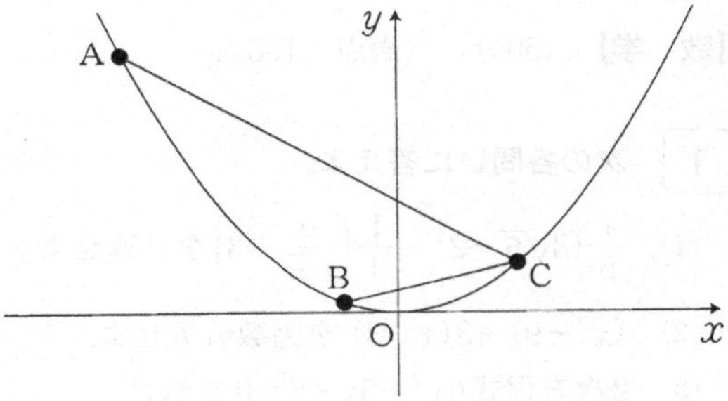

3 5枚のカード[A]，[A]，[B]，[B]，[C]を横一列に並べる。次の各問いに答えよ。

(1) 両端が[A]のカードとなるような並べ方は何通りあるか。

(2) 2枚の[A]のカードが連続しないような並べ方は何通りあるか。

(3) 2枚の[A]のカード，2枚の[B]のカードが，それぞれ連続しないような並べ方は何通りあるか。

4 図のように，ABを直径とする半径5の円Oがある。

円周上に点Cをとり，Cの反対側の円周上に$\overset{\frown}{AC}:\overset{\frown}{BD}=2:1$となるような点Dをとる。ABとCDの交点をE，直線ODと円Oとの交点でDでないほうをF，AC＝8とする。次の各問いに答えよ。

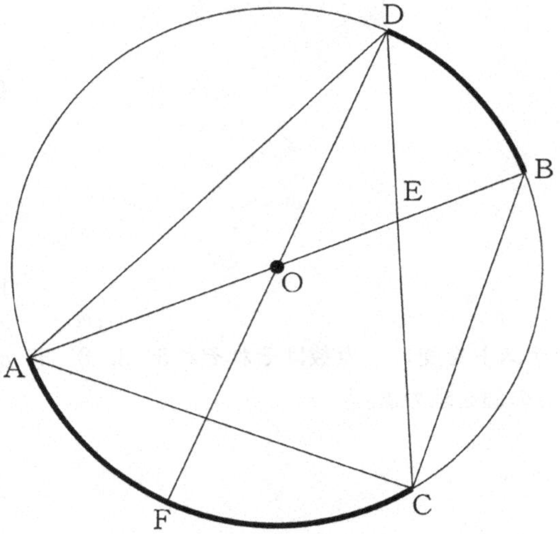

(1) BCの長さを求めよ。

(2) BEの長さを求めよ。

(3) BFとECの交点をGとするとき，△EODと△BCGの面積比を最も簡単な整数の比で表せ。
（途中経過を図や式で示すこと）

【英　語】（50分）〈満点：100点〉

1　1．AとBとの関係がCとDとの関係と同じになるように，（　）内に適当な1語を入れなさい。

	A	B	C	D
(1)	act	actor	music	(　)
(2)	lend	borrow	succeed	(　)
(3)	nation	national	health	(　)
(4)	write	wrote	throw	(　)

2．次の各組の英文の(　)内に共通して入る1語を答えなさい。

(1) You will find the station (　) your right.
I got the information (　) the internet.

(2) She was talking (　) a smile.
Please help me (　) this heavy bag.

(3) Tom said (　) himself, "What shall I do?"
We got (　) the station at nine.

3．次の英文の説明に相当する語を指定されたアルファベットで始め，答えなさい。

(1) something that is used as a source of heat or energy, such as coal, wood, gasoline, natural gas, and so on. [f]

(2) to find an answer to a problem. [s]

(3) a large area covered with a lot of trees and plants. [f]

2　1．次の各文の(　)内に入るものとして最も適当なものを選び，番号で答えなさい。

(1) If I (　) a purse in the street, I would take it to the police.
1．find　2．finds　3．found　4．finding

(2) (　) pretty these dresses are!
1．Where　2．When　3．What　4．How

(3) Where have you been? Have you been (　) tennis?
1．play　2．player　3．playing　4．played

(4) I know I locked the door. I clearly remember (　) it.
1．lock　2．locked　3．to lock　4．locking

(5) Alan was (　) to the hospital after the accident.
1．take　2．took　3．taken　4．taking

(6) The number of factories (　) decreasing these days.
1．is　2．are　3．has　4．have

2．次の各組の英文がほぼ同じ意味を表すように，(　)内に入るものとして最も適当なものを選び，番号で答えなさい。

(1) Tom is the same age as I.
Tom is (　) I.
1．as old as　2．older than　3．the oldest of　4．the oldest in

(2) When the girl saw her father, she stopped crying at once.
As (　　　) as the girl saw her father, she stopped crying at once.
1. early　2. fast　3. soon　4. quickly

(3) The wallet was so big that I couldn't put it in my pocket.
The wallet was (　　　) big for me to put in my pocket.
1. too　2. enough　3. rather　4. very

(4) How about having lunch at that restaurant?
(　　　) have lunch at that restaurant?
1. Shall I　2. Shall we　3. May I　4. May we

3. 日本文の意味に合うように次の英文の(　　)内に入る最も適当な1語を答えなさい。

(1) りんごかオレンジのどちらかをあげます。
I will give you (　　　) an apple or an orange.

(2) 彼は散歩をすることは健康に良いと確信している。
He is sure (　　　) taking a walk is good for his health.

(3) 彼は今まで会った人の中で一番忍耐強い人です。
He is the most patient person that I've (　　　) met.

(4) 彼女は土曜日に働く必要はない。
She (　　　) have to work on Saturdays.

4. 日本文の意味に合うように(　　)内の語句を並べかえ，(　　)内の3番目と5番目にくるものの番号を答えなさい。ただし，文頭にくるものも小文字になっています。

(1) 飛行機は真夜中に，その島に向けて空港を出発した。
(1. the plane　2. the middle　3. the island　4. the airport　5. for　6. in　7. left) of the night.

(2) アンが妹のために買ったドレスは，高価なものだった。
(1. bought　2. her sister　3. the dress　4. expensive　5. for　6. was　7. Ann).

(3) 彼は自分の本を全部学校の図書館に寄付した。
(1. the school library　2. he　3. given　4. to　5. his books　6. all　7. has).

(4) これは答えるのに難しい質問です。
(1. is　2. difficult　3. this　4. answer　5. question　6. to　7. a).

5. それぞれの文の下線部には1つ誤りがあります。その箇所を番号で答えなさい。

(1) I don't know how many words are there in the dictionary.
1　2　3　4

(2) The teacher told for his students not to go there.
1　2　3　4

3 **次の英文を読んで，それぞれの問いに答えなさい。**

"Find a job you love, and you'll never work a day in your life." Do you agree with this old *saying? Joanne Gordon does. She is the author of *Be Happy at Work* and other books about *careers. Gordon thinks that about 30 percent of workers in North America do not like their jobs, and she thinks ①that is terrible. She wants to help people who do not feel *satisfied with their jobs to find work that is good for them. Now, some may say that only a few kinds of jobs can really make someone happy, but the truth is that many different kinds of work can be enjoyable and important. Joanne says, "There are no happy jobs, only happy （ ② ）." She believes that they share three main *characteristics.

First, happy workers enjoy the daily activities of their jobs, and they look forward to the workday. Take Tony Hawk, for example. At age 14, he became a professional skateboarder; at 16, he was the best in the world. Now he is a businessman and working on projects *related to skateboarding-films and video games, for example-but he still （ ア ） every day. He once said, "My youngest son's school class was recently asked what their dads do for work. The answers were things like 'My dad works for a company.' and 'My dad grows vegetables on a farm.' My son said, 'I've never seen my dad do work.' " Tony agrees that his job doesn't look like work, and also it doesn't feel like work. He has found a way to spend each day with a job he enjoys.

Second, happy workers like the people they work with. Sally Ayote says, "I work with the nicest people in the world." She and her *crew cook for almost 1,200 people in Antarctica. Most of these people are scientists who are doing research. Sally loves to sit and talk with them. She says, "There is no television here, no radio, so I get to know the scientists and what they're studying." Sally thinks she has a great job, and the best part about it is the （ イ ）.

Third, happy workers know that their work helps others. Caroline Baron's work helps ③refugees, people who have had to leave their home countries because of war or other dangers. She is a filmmaker who started an organization called *FilmAid, and she shows movies in refugee camps around the world. Caroline believes that movies can be very helpful in these camps. *For one thing, showing movies makes refugees forget their troubles for a little while. Movies can also teach important subjects like health and safety. For example, in one camp, thousands of refugees saw a movie about how to get clean water. Caroline knows that many refugees are glad to have the film program. One refugee said, "FilmAid makes people happy. It makes people come together in peace." Caroline knows that she is helping other people, and ④this makes her feel proud and happy about her work.

Tony Hawk, Sally Ayote, and Caroline Baron all get great *satisfaction from their work.

But is （ ⑤ ） at work really important? Tony Hawk believes it is. He says, "Find the thing you love. If you are doing something you love, there is much more happiness there than being （ ウ ） or famous." Joanne Gordon would agree. She *encourages people to find something they enjoy doing, find people they like to work with, and find ways to help others. Then they can be proud of their work, and they will probably be happy at work, too.

*saying　ことわざ　*career　経歴　*satisfied　満足して　*characteristics　特徴
*related to　～に関連する　*crew　仲間　*FilmAid　映画製作会社の名前　*for one thing　1つには
*satisfaction　満足　*encourage　～を勧める

問１．①thatが表す内容を下から選び，番号で答えなさい。

1．About thirty percent of workers in North America agree with the old saying.
2．About thirty percent of workers in North America want to find other work.
3．About thirty percent of workers in North America don't like their jobs.
4．About thirteen percent of workers in North America like their jobs very much.

問2．（　②　）の箇所に入るものとして最も適当な英語1語を文中から抜き出しなさい。

問3．（　ア　）（　イ　）（　ウ　）の空所に入る語として最も適当なものを下から選び，番号で答えなさい。

（ア）　1．studies　2．skates　3．works　4．plays
（イ）　1．people　2．refugees　3．electricity　4．world
（ウ）　1．poor　2．strong　3．rich　4．positive

問4．③refugeesを説明している箇所の最初と最後の英語1語をそれぞれ答えなさい。

問5．④thisが表す内容を下から選び，番号で答えなさい。

1．Being able to tell refugees about how to get clean water
2．Being able to help other people
3．Being able to teach important subjects like health and safety
4．Being able to show movies in refugee camps

問6．（　⑤　）の箇所に入るものとして最も適当な英語1語を下から選び，番号で答えなさい。

1．health　2．peace　3．happiness　4．money

問7．文中の次の発言をした人物を下から選び，記号で答えなさい。

1．"FilmAid makes people happy."
2．"I've never seen my dad do work."
3．"Find the thing you love."
4．"I work with the nicest people in the world."

ア．Tony Hawk　イ．Joanne Gordon　ウ．Sally Ayote
エ．Caroline Baron　オ．Tony Hawk's son　カ．a refugee

問8．本文の内容と一致するものを1つ選び，番号で答えなさい。

1．Sally Ayote encourages people to find something they enjoy doing.
2．Tony Hawk is a businessman and also a father who has an only son.
3．A lot of refugees can learn important things by watching movies.
4．Joanne Gordon not only writes books about careers but also cooks in a very cold place.
5．Caroline Baron agrees with an old saying, "Find a job you love, and you'll never work a day in your life."

4　**次の英文を読んで，それぞれの問いに答えなさい。**

Where do you go for your salad? You probably go to the supermarket. But soon it may be possible to go up to a roof. In cities, more and more building owners are covering the roofs of their buildings with plants. These are called "green roofs".

There are two types of green roofs, in fact. The first type has a lot of *soil, and can *be planted with vegetables, flowers, or trees. These roofs need regular *watering and care. They are also quite expensive to build since the soil is heavy and needs strong support.

①The second type of green roof is actually more common. It doesn't have as much soil as the first one. There, you can grow only *low-growing plants such as grasses or desert plants that need little soil and water. These roofs are less expensive to build and need less care.

In North America, Toronto is the leader of the green roof movement, with laws that order the owners of *certain types of new buildings to build green roofs on them. You can also see the same movement in Chicago. There is now a green roof park on *City Hall. The workers in City Hall can enjoy lunch there. A green roof on top of a famous restaurant in Chicago is planted with vegetables that are served in the restaurant. In St. Louis, the children's hospital has created a green roof with a pond and *walkways for patients and families.

In other parts of the world, green roofs are also becoming common. In Tokyo, Japan, there are some laws about green roofs. Because of these laws, all larger new buildings have to be covered with green roofs. Some cities in Europe have improved much more. In Zurich, all new buildings with flat roofs must have plants on top.

Green roofs cost more money to build than regular roofs, but in the long term, thanks to these roofs, (2). In many cities, people have to use *air conditioners to keep their houses comfortable in the summer, so building owners pay a large amount of money for electricity. However, if there is a green roof on a building, people living there don't need to use air conditioners very often. Studies have shown that a regular roof can reach a temperature of 82℃ on a summer day. On the other hand, a green roof will reach 30℃ *at most. Therefore, this makes a big difference in the temperature inside the building.

Green roofs also help people in cities in several ways. First, they keep outside temperatures lower in summer. In fact, regular roofs collect heat during the day and release it again in the evening, but, heat doesn't gather on green roofs. Second, green roofs collect up to 70 percent of rainwater during storms. This can make a big difference in cities to avoid *floods and pollution caused by heavy rain.

(3), a green roof creates a new green space. This can have a good influence on both building owners and everyone who lives or works near these buildings. A green roof with vegetables, grass, or trees can provide a green place to visit for people in the middle of cities. Studies have shown, in fact, that spending time in green spaces can help us to (4) stress and make our *blood pressure lower.

Finally, scientists have discovered that green roofs are also good for *wildlife. The roofs provide a home for many kinds of birds and insects, and a place to rest in for birds or butterflies on their flights north or south.

*soil　土　*be planted with ～　～を植える　*watering　水をあげること　*low-growing　背の低い
*certain　特定の　*City Hall　市役所　*walkway　散歩道　*air conditioner　エアコン
*at most　せいぜい　*flood　洪水　*blood pressure　血圧　*wildlife　野生生物

問１．下線部①の理由として最も適当な文を１つ選び，番号で答えなさい。

1．Because it doesn't need soil at all.

2．Because it is cheaper to build than the first type.
3．Because people can enjoy growing any type of plants there.
4．Because it can be built much faster than the first type.

問2．空所（　2　）に入るものとして最も適当なものを次のうちから1つ選び，番号で答えなさい。

1．building owners can live in comfortable rooms
2．building owners don't need to pay any money for air conditioners
3．building owners can get more money from people in their buildings
4．building owners can save money

問3．空所（　3　）に入るものとして最も適当な語(句)を次のうちから1つ選び，番号で答えなさい。

1．However　　2．For example　　3．In addition　　4．On the other hand

問4．空所（　4　）に入るものとして最も適当な語を次のうちから1つ選び，番号で答えなさい。

1．reduce　　2．increase　　3．suffer　　4．feel

問5．本文に関する以下の英文の下線部に入るものとして最も適当なものを選択肢から1つ選び，番号で答えなさい。

(1) Green roofs ________________.
1．have to be built in some cities even if the owners don't want them
2．don't have good effects on our health
3．must be built on all buildings with flat roofs in Europe
4．provide an extra working spaces for workers in the buildings

(2) In Chicago, ________________.
1．some people can have lunch in a green roof park on City Hall
2．it is more expensive to build a green roof than in other cities
3．you can enjoy a meal on a green roof of a famous restaurant
4．there are a pond and walkways in the green roof park on City Hall

(3) On a summer day, a green roof ________________.
1．gets warmer than a regular roof
2．remains much cooler than a regular roof
3．keeps the building drier
4．needs more care than a regular roof

問6．green roofについてあてはまらないことを1つ選び，番号で答えなさい。

1．都会で数が増えている。　　2．日本にも存在する。
3．ペットに遊び場を提供する。　　4．虫や鳥の休憩場所となる。

問7．本文から読み取れるものを2つ選び，番号で答えなさい。

1．It is still more common to buy a salad in the supermarket than to get it from a green roof.
2．Green roofs keep cities warmer.
3．People who don't live in cities should not build green roofs.
4．In some cities, you don't have to pay money to build a green roof.
5．Scientists have studied the wildlife found on green roofs.

ア、確かな教育を受けた者は正しい言葉遣いを知っていると考えられるから。
イ、地方でも中心地であれば都会と同様の情報が得られると考えられるから。
ウ、身分の低いものがいうことは間違っていることが多いと考えられるから。
エ、いろいろな所で一般的に使用されている言葉が正しいと考えられるから。
オ、多くの人々から見聞きしておけば正しく言葉を使えると考えられるから。

問五、この文章の内容として最も適するものを次の中から一つ選び、その記号を答えなさい。

ア、都にのぼってくる人から地方の言葉遣いを調査することで、思わぬ間違いを発見することがある。
イ、教養がありそうに見えるだけの人は、その言葉遣いの中にも隠しきれない卑しさが現れてしまう。
ウ、身分の低い者たちの交わす言葉遣いの中には、かえって上品な言葉遣いが残っていることがある。
エ、言葉の移り変わりをよく調査してみると、昔の言葉遣いの方が正しい場合が多いことが分かった。
オ、世間の人々がその地方独特の方言と古い言葉遣いの違いを区別できないことは、実に嘆かわしい。

※3　あまねく聞きあつめなば…広く聞いて集めたならば。
※4　たえて聞こえぬ…………決して聞くことがない。
※5　なべてかくいふにや………皆このようにいうのだろうか。
※6　ひたぶるのしづ山がつ……まったくの身分の低い者。
※7　訛《よこなま》りながらも…………なまりながらも。
※8　ことえり…………………言葉を選ぶこと。
※9　なまさかしき……………こざかしい。
※10　なかなかに………………かえって。

問一、――1「ゐなかには、いにしへの言の残れること多し」とあるが、それはどういうことか、最も適するものを次の中から一つ選び、その記号を答えなさい。

ア、田舎には、昔ながらの言葉をあえて使おうとする頑固で保守的な人が多いということ。
イ、田舎には、古風な言葉をよく知っていて使いこなせる教養のある人が多いということ。
ウ、田舎には、都では誤りとされ、使用されない言葉が残っている場合が多いということ。
エ、田舎には、古くからその地方独特に伝わる言葉が保存されている場合が多いということ。
オ、田舎には、都では使われなくなった昔の上品な言葉が残っている場合が多いということ。

問二、――2「おもしろきことどもぞまじれる」・4「人しげくにぎはしき里」の解釈として最も適するものを次の中からそれぞれ一つ選び、その記号を答えなさい。

2「おもしろきことどもぞまじれる」…
ア、楽しそうなことが含まれている
イ、興味深いことなどが含まれている
ウ、独特なことなどが含まれている
エ、かえって正しいことも混じっている
オ、大変意義深いことも混じっている

4「人しげくにぎはしき里」…
ア、大勢が一緒になって騒いでいる所
イ、人が多く住んでいて活気のある所
ウ、人々がしきりに出入りしている所
エ、人々が集まり激しく争っている所
オ、大勢が集落を作り生活している所

問三、［　X　］に入る八字を、文中より抜き出して答えなさい。

問四、――3「そをよきことと心得たるなめり」とは、「それをいいことだと思い込んでいるようだ」という意味です。なぜそのように思い込んでしまうのか、最も適するものを次の中から一つ選び、その記号を答えなさい。

とができるだろうということ。

（2）その結果、「私」はどのようなことに気づきましたか。その説明として最も適するものを次の中から一つ選び、その記号を答えなさい。

ア、私が靴に対する想いに自信を持つことができないのと同様に、母も家族を十分に理解しきれないもどかしさを感じているということ。

イ、私は靴をとおして社会とのつながりを実感できるようになった一方、母は家族以外との関係を作ることができなかったということ。

ウ、私はかつて父の店で味わった感情を取り戻すことができた一方、母はその感情を捨てたことを今も後悔しているということ。

エ、私が骨董品《こっとうひん》の鑑賞から離れていたからこそ靴の良さを実感できたように、母も私が実家を出ているからこそ家族のきずなを感じているということ。

オ、私が靴をもっと知りたいという強い靴への想いを持ったのと同様に、母も家族に対して深い愛情を抱き続けてくれていたということ。

四 **次の古文を読んで、後の問いに答えなさい。なお、特に指示がなければ、解答の際、句読点等は字数に含むものとします。**

すべてゐなかには、1いにしへの言の残れること多し。殊《こと》に遠き国人のいふ言の中には、2おもしろきことどもぞまじれる。おのれとしごろ※1心をつけて、遠き国人の、とぶらひきたるには※2、必ずその国の詞《ことば》を問ひ聞きもし、その人のいふ言をも、心とどめて聞きもするを、なほ国々の詞どもを、あまねく※3聞きあつめなば、いかにおもしろきこと多からん。ちかきころ、肥後《ひご》の国人のきたるが、いふことをきけば、世に見える・聞こえるなどいふたぐひを、見ゆる・聞こゆるなどぞいふなる。こは今の世にはたえて※4聞こえぬ、雅《みや》びたることばづかひなるを、その国にては、なべて※5かくいふにやとひければ、ひたぶる※6のしづ山がつは皆、見ゆる・聞こゆる・冴《さ》ゆる・絶ゆる、などやうにいふを、すこしことばをもつくろふほどの者は、多くは［　X　］とやうにいふなり、とぞ語りける。そはなかなか今の世の俗《いや》きいひざまなるを、なべて国々の人のいふから、3そをよきことと心得たるなめり。いづれの国にても、しづ山がつのいふ言は、訛《よこなま》り※7ながらも、おほくむかしの言をいひつたへたるを、4人しげくにぎはしき里などは、他国人も入りまじり、都の人なども、ことにふれてきかよひ※8などするほどに、おのづからここかしこの詞をききならひては、おのれもことえりして、なまさかしき※9今やうにうつりやすくて、昔ざまにとほく、※10なかなかに卑しくなんなりもてゆくめる。

（本居宣長『玉勝間』）

注　※1　としごろ……………長年。

※2　とぶらひきたるには……訪れてきたときには。

ことができる。

イ、いろんな問題を解き、さまざまな出題形式に慣れておくことが必要だ。

ウ、教室の清掃活動にはしっかりと取り組み、きれいな環境を維持しよう。

エ、道に迷ってしまったが、親切な方に目的地まで連れていってもらった。

オ、一組は元気で明るい生徒が多く、にぎやかなクラスだと言われている。

問六、――**4**「中村さんのほうへ向き直る」とあるが、その理由として最も適するものを次の中から一つ選び、その記号を答えなさい。

ア、以前から中村さんに店の靴を試してみるよう提案されていたが、それに従うことなく長い時間が経過してしまった不義理を、まず謝っておこうと思ったから。

イ、中村さんがいずれは自分のものにしようと考えていた靴を選んでしまい、申し訳ない気持ちを持っており、正直な感想を偽りなく伝えることが必要だと思ったから。

ウ、中村さんが試し履きを勧めお気に入りの靴を譲ってくれたおかげで、靴の良さを初めて実感することができたので、感動と感謝を伝えたいと思ったから。

エ、選んだ靴が自分にぴったりであり、そのことを店長も笑顔で認めてくれているので、自信をもって中村さんに譲ってほしいとお願いできると思ったから。

オ、運命の靴に出会うことができたことで店員としての自覚が生まれたが、それは中村さんのおかげであり、感謝の気持ちを是非伝えたいと思ったから。

問七、――**5**「耳のすぐ後ろで、びいどうをぺこぽこ鳴らされたような感じ」とあるが、その内容を端的に言い表している部分を文中より十五字以上二十字以内で抜き出して答えなさい。

問八、――**6**「私の世界を変える」とあるが、これに関して以下の問いに答えなさい。

（1）「私の世界を変える」とはどういうことですか。その説明として最も適するものを次の中から一つ選び、その記号を答えなさい。

ア、以前は靴や靴屋という職に魅力を感じなかったが、今後は靴に愛情を持ち、靴屋としての誇りを持つことができるだろうということ。

イ、以前は靴屋の同僚に何の感情も抱かなかったが、今後は靴のよさを知る素晴らしい先輩や仲間として尊敬できるだろうということ。

ウ、以前はよいものに触れる喜びにしか目を向けなかったが、今後は所有することのできない絶望にも向き合うことができるだろうということ。

エ、以前は靴の値段と販売実績にばかり注目してしまっていたが、今後は靴自体が持つよさや価値を重視していくだろうということ。

オ、以前は靴のよさに気づかず周囲から浮いた存在であったが、今後は同僚やお客さんとの距離が縮まり信頼を得るこそういえば、昔、母※2が言っていた。「知りたい」と「好き」は同義語なのよ。たしかにそうだと思う。でも、母自身は何を知りたいと願っていたんだろう。私が靴を知りたいと思うみたいに母も何かを知りたかったはずだ。今の私の年頃には、母にはもう私がいた。もしかすると、母が知りたいと願って得たものは、私だったのかもしれない。そうして、今も知りたいと願い続けているのかもしれない。父のこと、娘たちのこと、断念してしまった活け花のことも。

（宮下奈都『スコーレNo.4』一部改変があります。）

注　※1　びいどろ…ガラスで作られた器。
　　※2　母………「母」はかつて活け花の師匠であったが、結婚と出産を機にやめたと、「私」は幼いころおばから聞かされていた。

問一、〜〜A「後ろめたい」・B「見所がある」・C「ひなびた」の文中での意味として最も適するものを次の中からそれぞれ一つ選び、その記号を答えなさい。

A「後ろめたい」
ア、心配な
イ、やましい
ウ、油断できない
エ、冷淡な
オ、もったいない

B「見所がある」
ア、信頼できる
イ、安心感のある
ウ、才能があふれる
エ、普通とは異なる
オ、将来が有望な

C「ひなびた」
ア、田舎じみた
イ、こじんまりとした
ウ、古めかしい
エ、品のある
オ、由緒正しい

問二、［a］〜［c］に入る語の組み合わせとして最も適するものを次の中から一つ選び、その記号を答えなさい。

ア、	a　まるで	b　ひどく	c　きわめて
イ、	a　まるで	b　いささか	c　とりわけ
ウ、	a　さして	b　ひどく	c　とりわけ
エ、	a　さして	b　べらぼうに	c　なにしろ
オ、	a　ほとんど	b　いささか	c　なにしろ
カ、	a　ほとんど	b　べらぼうに	c　きわめて

問三、——1「中村さんが何も言わずに目を伏せた」とあるが、その理由を本文に即して三十字以上四十字以内で説明しなさい。

問四、［2］に入る語として最も適するものを次の中から一つ選び、その記号を答えなさい。

ア、疑わしげに　　イ、冷ややかに
ウ、おかしそうに　エ、満足げに
オ、ぞんざいに

問五、——3「見事な」と品詞の**異なるもの**を次の中から一つ選び、その記号を答えなさい。

ア、彼は穏やかな性格であるとともに、冷静沈着に行動する

「こんな靴があるなんて、知りませんでしたから」

店長と中村さんが顔を見あわせて笑う。

「あなたってしあわせねえ。この店、靴好きの間じゃこれでも名の知れた店なのよ。入社するの、けっこう大変なんだから。津川さんみたいに、靴のくの字も知らないで入ってきて、今頃いい靴を知ってよろこんでるなんて、ほんとに、のんきなものよ」

そう言いながら、楽しそうだ。

「その靴を選んだっていうのはB見所があると思う。ねえ、中村さん」

「ちょっと悔しいですけど」

中村さんも笑顔で同意する。

「なんたって、柱の陰に隠しちゃうくらいお気に入りだったんだものね。で、この人に譲ってあげていいのかしら」

中村さんはうなずいた。私は困るはずだった。値段が［ b ］高いのだから。それなのに、やっぱり、ありがとうございます、と答えていた。分割払いもできると聞いていたし、一度足を通してこの靴のよさを知ってしまえば、値段分の価値はあると思った。［ c ］、立っているだけで膝がすっと伸びて、歩けば足が弾むようなのだ。値が張るのもあたりまえだった。――というのは半分嘘だ。後から取って付けた理屈だ。実際には、この靴が自分のものになるうれしさだけで舞い上がっていて、値段のことは頭から吹き飛んでいた。

こうして、初めて足にぴったりの靴が私のものになった。それだけでも私にとっては革命的なことだったのだけど、家に帰って新しい靴5にブラシをかけ、クリーム※1を塗り込むうちに、大事なことに気がついた。耳のすぐ後ろで、びいどろをぺこぽこ鳴らされたような感じがした。

このうれしさを私はすでに知っていた。気に入ったものを見つけ出すこと、それを手に入れるときの胸の高鳴り、大切に愛撫《あいぶ》するときのしみじみとしたよろこびは、すべて幼い頃に体験済みだった。靴を磨く私の脳裏には、川のそばの古い小さな店の情景が浮かんできて、いくら振り払っても消えなかった。

Cひなびた店の奥には父がすわっている。父が目をかけ、愛情をかけた品々が棚でのびのびと手足を伸ばしている。呼吸をしているようにも見える。薄暗い店先でほのぼのと光を放つものがある。呼び寄せられるようにお客が来る。品物を売る側と、買う側、それに品物そのものとが、それぞれの立場を超えて交わろうとしている。

私はずっと知っていた。知っているからこそ忘れたいと願った、閉じ込めたはずの記憶だった。ほんとうによいものに触れるよろこびと、それを最も深く受けとめることができるのは自分ではないと知ってしまった絶望。それらをあの古い家にすべて置いて出てきたはずだ。

それなのに今、アパートの小さな玄関にすわって靴を磨きながら私は、自分の中の何かが流れ出すのを感じている。もしかしたら、と祈るような気持ちで左手の靴を見つめている。私の足にぴったりの靴が、封印を解く。私にも、愛せるかもしれない。捉えようのなかった靴屋という仕事が初めてこちらを振り返り、次の角あたりで待っていてくれそうな気配がしている。

たった一足の靴が、6私の世界を変える。靴に対する見方がぐるりと回転し、同時に私も回転したのだろう。違う場所からのぞく世界は、ちゃんとそれにふさわしい、今まで見たこともなかったような顔を向けてくる。靴をもっと、もっともっと知りたいと思った。

段が高いので、自分には関係のない靴だと思っていた。でも、履いてみるだけなら、あれがいい。奥の棚の陰で私が指した靴を見て、店長は口許《くちもと》をゆるめた。

「ああ、それはね、誰かさんがすごく気に入ってる靴よね」

視線を追って振り返ると、[1]中村さんが何も言わずに目を伏せた。

「そのブランドは本国でももともと数をつくらないのね。この店には、シーズンごとに一足とか二足とか、それくらいしか入ってこない。でも、品物は素晴らしいから、私としてはもっと目立つところに置きたいんだけど──たしかミーティングでもそうすることに決めたはずなんだけど──どうしてだかいつも柱の陰なんかにひっそり移動してるのよね」

店長は［2］笑った。

「いいかしら、中村さん。津川さんに履かせてあげても」

中村さんは目を上げ、しっかりとうなずいた。

「サイズはだいじょうぶそうね。あなたの足は[3]見事な標準サイズだから──いけると思うわ」

中村さんは背が高く足も長いから、きっとこの靴は小さすぎるのだろう。それにしても、そんなに気に入っている人の目の前で、当の靴に足を入れるのは緊張する。別の靴にします、と言いたい気持ちをなんとか抑えた。数ある靴の中から一足だけ選び出された靴が自分のいちばん気に入っている靴だとしたら、私なら、うれしい。たとえそれが靴に関してまったく素人の、お洒落《しゃれ》にさえ［a］興味のない、冴《さ》えない新人だったとしても。

私は気持ちを奮い立たせて靴に足を入れた。靴べらを使って踵《かかと》を落とす。

「あ、ちょっときついみたいです」

ほっとして、私は言った。サイズがぴったりだったら、中村さんに[A]後ろめたいような気がしたし、なにより、鼻の頭に汗をかくくらい高い靴を買う羽目になる恐れがある。

店長は動じなかった。

「ほんとうにきつい？　踵はきっちり包み込まれるようにできているのよ、少しきつく感じるくらいでちょうどいいの」

そうして私の足の入った靴を踵、爪先、と指で押し、指の付け根のあたりを両側からつかんでみて、うん、いいみたい、と言った。

「指の先の捨て寸も理想的だと思うわ」

ほら、と背中を押され、そのまま二、三歩歩いてみる。あ。あ。あ。歩くたびに声が出そうだった。

足の動きに靴が完全についてくる。この靴、ただ者ではない。土踏まずにぴたりと吸いつくような感じは、今までに味わったことのない感触だ。重いのに軽い。存在感はあっても歩く邪魔にならない。それどころか、裸足《はだし》よりも気持ちがいいくらいだ。どこまででも歩いていける気がした。自然に笑みがこぼれた。

売り場を一周し、店長と中村さんの前に戻った。どう？　というように笑みを浮かべた店長に黙礼し、[4]中村さんのほうへ向き直る。

「中村さん、これ、すごいです。こんな靴、初めてです」

中村さんは笑って、それはよかった、と言った。

「ありがとうございます」

「どうしてあなたがお礼を言うの」

な判断が下せなくなること。

イ、恐怖やストレスから周囲で大量に発信され続ける情報を受けとめられなくなること。

ウ、急激な環境の変化から科学的には存在しないはずの幽霊を目にしてしまうこと。

エ、苦しみを前に心に決着をつけるため、無批判に手近な情報を信じるようになってしまうこと。

オ、苦しみを前に自分の経験したことへのストーリーを必要とする場合があること。

（２）本文と資料を比較して読み取ることのできる内容として最も適するものを次の中から一つ選び、その記号を答えなさい。

ア、本文では、「懐疑する心」を養うことの重要性を訴え、あくまでも疑似科学への理性的対応を訴えているが、資料では、一切の理性的対処は無駄であることを示唆し、疑似科学への異なった関わり方を提示している。

イ、本文では、先行きの不透明な社会のあり方が人々を疑似科学に向かわせている可能性が指摘されており、資料では、人間の医学的な健康状態の悪化だけが疑似科学への関与を引き起こすと結論づけられている。

ウ、本文では、教育的な態度で説明が述べられており、「疑う」教育の重要性が説かれているが、資料では、疑似科学につながる可能性のあるストレスを抱えた当事者に寄り添う姿勢の大切さが論じられている。

エ、本文では、疑似科学に傾倒する人々は教育の不徹底による非科学的思考の産物であると指摘されており、資料では、困難な状況では誰もが疑似科学へとひきこまれる当事者となる可能性が説明されている。

オ、本文では、知識優先で子どもたちの思考力を育む機会が不足しているという日本の学校教育が批判され、資料では、人々の善意こそが疑似科学をうみだす根源である可能性が示唆されている。

三

次の文章を読んで、後の問いに答えなさい。なお、特に指示がなければ、解答の際、句読点等は字数に含むものとします。

「私」（津川麻子）は骨董品《こっとうひん》店の子として育ち、幼いころは店の品物を鑑賞することが大好きだった。大学卒業後貿易会社に就職し、今は販売の現場を経験するため靴屋に出向しているが、靴に興味を持てず、職場にもうまく溶け込めずにいた。ある日の帰り、同僚の中村さんに店の靴を試してみるよう勧められ、店長に合わせてもらうことになった。

「それで、どんな靴がお望みなのかしら」

特に望みはない。靴には特に望みなどない。私は困った。中村さんは私を店長に引き渡したら帰るものかと思っていたのに、黙ってそばについている。

「じゃあ、履いてみたい靴は？　言葉ではうまく言えなくても、実物を見ればピンと来るでしょ」

店長が私を促す。それで、ひとつ、靴を思い出した。あまりにも値

エ、悪意　オ、頭痛

問五、――4「私はそのルールさえいったん疑い、納得の上で信じるというふうに変わるべきだと思っている」とあるが、その理由として最も適するものを次の中から一つ選び、その記号を答えなさい。

ア、子どもたちが、ルールを決める主体は自分たちであるという意識を養うことが大切だから。

イ、子どもたちが、ルールの順守によって、世の中が円滑に回るのだと学ぶことが大切だから。

ウ、社会は、民主主義の芽を摘み取るおかしなルールばかりで、変革しなければならないから。

エ、社会は、時代とともにルール違反への罰則の内容を効果的なものに見直す必要があるから。

オ、人間は、ルールの存在に対する正しい理解によってはじめて社会生活を営める存在だから。

問六、［5］にあてはまる語として最も適するものを次の中から一つ選び、その記号を答えなさい。

ア、感情　イ、理性　ウ、能動

エ、受動　オ、伝統

問七、筆者は「『なぜ』の教育」の推進によって、どのような人間を育成することができると考えているか。文中から十字以上十五字以内で抜き出し、最初と最後の三字を答えなさい。

問八、「疑似科学」について本文とは異なった指摘を示す次の資料を読み、後の問いに答えなさい。

（疑似科学を）信じこんだ親にいくら「科学的根拠はない」と訴えても伝わらないことが多いですよね。当事者は急激な身体変化や、我が子が死ぬのではないかと言う恐怖、疲労や睡眠不足などに直面しています。そこへ、周囲から「善かれと思って」大量に発信される危険情報がなだれこみます。正常な思考ができなくなる環境が整ってしまっているのです。彼らに必要なのは説教ではなく、まず手助けだと思います。

私自身の話をすると出産時には無痛分娩《ぶんべん》を選択しました。「痛みを味わわないで産んだら親になれない」と言ってくる人がいたら反論してやるとメリットもリスクも調べあげて待ち構えていたんですが、面倒な気配を感じたのか誰からも言われませんでした。ただ、そんな私にも非科学的なものを信じなければ立っていられない時はありました。

東日本大震災のあと、亡くなった身内の幽霊を見た人がいる、という話がテレビで特集されていました。身近な人を突然失った人たちがどうやったら苦しみを乗り越え、自分の心に決着をつけられるのか。科学ではないもののストーリーを必要とすることが人生には何度かあるのだと思います。

科学を信じる人たちも、科学者でさえも、人間である以上はそこ（X）からは逃れられないはず。かと言って、似《え》非《せ》科学をこれが本物の科学だと偽って売ることが許されるわけではありません。

（朱野帰子「なぜ人はエセ科学的に惹《ひ》かれるのだろう」一部改変があります。）

（1）――X「そこ」の指示する内容として最も適するものを次の中から一つ選び、その記号を答えなさい。

ア、恐怖やストレスから疲労や睡眠不足などに直面して正常

ることができるのだ。むろん、これは学校の先生の対応だけでなく、子どもを取り巻くすべての大人が採るべき態度である。「なぜ」の教育は学校現場だけではないからだ。

現在の学校教育は、知識を教えることが優先され、子どもたちには教えられることをひたすら信じ覚え込むことを優先させているのが実情だろう。それも、合理的であると認定されたものばかりで、非合理はあり得ないかのように隠されている。それでは自分の頭で考える癖が身につかないだけでなく、「胡散臭さや危うさを感じる心」を養うことができないのだ。怪しげな物事に対して脆《もろ》い人間、つまり疑似科学に嵌《はま》りやすい人間を量産しているようなものである。

（池内了『疑似科学入門』一部改変があります。）

注　※1　道徳律……道徳の基準となる法則のこと。
※2　わんさと…ありあまるほど、たくさん。
※3　神懸《かみがか》り……本文では、神さまによって教えが説かれるようなこと。

問一、[A]～[C]にあてはまる語として最も適するものを次の中からそれぞれ一つ選び、その記号を答えなさい。ただし、同じものを繰り返し用いてはいけません。

ア、そもそも　イ、しばしば
ウ、あえて　エ、まさに
オ、むろん　カ、かえって

問二、――1「心のゆらぎ」とあるが、その説明として最も適するものを次の中から一つ選び、その記号を答えなさい。

ア、論理的な合理と非合理の判断の不可能性を前に混乱する人間の心の動きのこと。
イ、非合理を売り物にする哲学を信奉するか決めかねている人間の心の動きのこと。
ウ、疑似科学を巧《うま》く操った商売で利益を得ようとし葛藤する人間の心の動きのこと。
エ、科学には答えられない問題があることを知って動揺する人間の心の動きのこと。
オ、社会の不透明さを前に手っ取り早い答えを求めてしまう人間の心の動きのこと。

問三、――2「小中学の教育」とあるが、その説明として**不適切なもの**を次の中から一つ選び、その記号を答えなさい。

ア、知識を教えることが優先され、子どもたちには教えられたことを覚え込むことが求められる教育。
イ、合理的であると認定された事柄だけを扱い、非合理はあり得ないかのように扱われている教育。
ウ、疑ってばかりいると何もできないと子どもたちに訴えかけ、思考よりも迅速な行動を求める教育。
エ、科学的に解明されていない事柄に関する子どもたちの問いへの応答や指導が不十分である教育。
オ、自分の頭で考える癖が身につかず、「胡散《うさん》臭さや危うさを感じる心」が養われることのない教育。

問四、――3「忌避」と同じつくりの熟語を次の中から一つ選び、その記号を答えなさい。

ア、読書　イ、愛好　ウ、進退

もっとも、今の子どもたちはテレビやゲーム遊びが中心となってしまったから、疑問を持ったり質問したりする癖を失っている。与えられた情報をいかに使いこなすかが関心事になっているからだ。「疑う」のはかったるい、そのまま信じる方が楽なのに、と思う習性が身についている。そのような場合には、「疑う技術」を教えねばならない。「疑う」方が世界が広がり、もっと面白いことが隠れていることを実感させれば、子どもたちは「疑う」ことに夢中になると請け合える。

「疑う技術」を教えるためには、大人が子どもを挑発する必要がある。次々と質問を発してアレコレ考える楽しみを味合わせるのだ。それによって子どもたちはいかに多くの不思議に取り囲まれているかがわかってくる。周囲の大人が「疑う心」を持っておれば、子どもも自然に同調するものなのだ。

［C］、世の中が円滑に回るためには、共通に定められたルールを「信じる」ということが欠かせないのは事実である。ルールそのものを信じ、みんながルールを守ることを信じ、ルール違反には罰則が科せられることを信じる、それがあってはじめて社会生活が営めるからだ。しかし、4私はそのルールさえいったん疑い、納得の上で信じるというふうに変わるべきだと思っている。ルールは神懸《かみがか》り※3的に上から与えられるものではなく、社会を構成する人間が一致して決めるべきものであるという観念を養う必要がある。選挙の際の戸別訪問禁止などのような草の根民主主義の芽を摘み取るおかしなルールもあるし、民営化ばやりで規制が緩和されるように時代とともに変化するルールもある。ルールを決める主体者は自分であるという意識を養うためにも、まずルールを疑うことは大切なことなのだ。

「疑う」ばかりで、「信じる」が後回しになるのは心配だと思われるかもしれない。私が言いたいことは、「疑った上で納得すれば信じる」ということである。そうであれば、何を信じ、何を信じられないかの区別がつくだろう。信じることをいったん留保して、疑い続けねばならない場合もあることを学ぶ必要もある。単純なルールであっても、いろんな側面があることを知ることは人生にとって大切であると教えるのだ。ルールだけではない。自然界の現象について「なぜそうなるの？」と疑問を持ち、機械や道具の仕組みに「どんな仕掛けになっているの？」と考え、世の中の風習に「なぜそうしなければならないの？」と不審に思う。そのように疑い続けることが自然や社会の実相をつかむ根源の力になると思うのだ。単純に信じる方が時間がかからず手っ取り早いが、それでは社会に従属するだけになってしまう。疑似科学は［5］的な生き方しか選べない人に入り込みやすいのである。

疑ってばかりいると何もできないと言われそうである。事実、「なぜ」ばかりを連発する子どもを相手にしていると話が進まないこと夥《おびただ》しい。また、すべてに解答があるわけでもなく、まだ科学によって解明されていないこともあるから、対応がむつかしくなってしまう。「なぜ」への対応は一律にいかないのだ。しかし、わかっていること、わかっているが知らないだけのこと、わかっていないこと、それらをきちんと区別して話し、それなりに理解して（知らないことは次までに調べておき、わかっていないことはわかっていないとはっきりさせて）次に進むという段取りを採るべきだろう。そのような習慣を幼い頃から身につけることにより、何事も鵜呑《うの》みにしない人間に育て

【国　語】〈五〇分〉〈満点：一〇〇点〉

一 **次の1から5の――のカタカナは漢字に直して書きなさい。また6から10の――の漢字の読みをひらがなで答えなさい。**

1、その画家は人物のインエイを巧みに描いている。
2、彼はキャプテンとしての役割を懸命にツトめた。
3、あの寺院は平安時代にコンリュウされたそうだ。
4、今日の試合はテイコウも空しく敗れてしまった。
5、立ち入って他人にカンショウをすべきではない。
6、彼の運動能力に比肩する選手は極めて少ない。
7、恩師の造詣の深さにはいつも感心させられる。
8、思わず他人を罵るような発言をしてしまった。
9、戦国時代には新たな勢力の勃興が繰り返された。
10、固体から液体へと融解していく様子を撮影した。

二 **「科学を装った非合理」である「疑似科学」について論じた次の文章を読んで、後の問いに答えなさい。なお、特に指示がなければ、解答の際、句読点等は字数に含むものとします。**

人間には[1]心のゆらぎがあり、非合理ではあってもそれを選びたい心理になってしまう。社会には非合理がゴロゴロあるのに、そう簡単には変わる気配がない。非合理を売り物にする哲学だってある。［A　合理と非合理を分ける基準なんて存在するのだろうか。疑似科学を巧《うま》く操って商売とする人間は次々と巧妙な手口を考え出すし、科学には答えられない問題が沢山《たくさん》あって明確に答えてくれそうにない。科学と疑似科学の間にはグレーゾーンがあって見分けるのも困難である。何を頼りにすればいいのだろう。そんな時代なら、とにかく手っ取り早く答を出してくれる方を選ぶのに何が悪い、それが疑似科学だって構わないではないか、となってしまう。人間という生き物は、過去に何らかの悔恨を持ち、現在の閉塞感を重く感じ、未来が決定できないのだから、怪しげであっても癒しの気分で疑似科学に近づきたくなるものである。このような心の動きがある限り、疑似科学は永遠に廃れないと言えよう。（中略）

［B］処方箋を書くとすれば、懐疑する精神を、いかに育て、いかに保つかにあるだろう。それには、幼い頃からの教育しかないと思われる。「三つ子の魂百まで」という言葉があるように、小さい頃に叩《たた》き込まれた懐疑精神は忘れないものだ。「正義を守る」とか「正直であれ」というような道徳律※1は生まれながらに持っており、教育によってさらに鍛えてゆくものであるのに対し、「直感的に何らかの胡《う》散《さん》臭さや危うさを感じる心」は、教育によって自覚させ意識的に育成しなければならない。人間は合理性を自然のうちに学ぶのだが、非合理性は矛盾と向き合うことによってのみ体得できるからだ。

だから、[2]小中学の教育の眼目の一つは、「懐疑する心」を養うことだろう。「疑う」ことをまず推奨するのは、合理と非合理が共に存在することを認識させるためである。「疑う」中で、合理的な形態や仕組みについて学び納得するとともに、非合理なものもわんさと※2あることを知ることができる。合理的精神とは、不合理を発見して[3]忌避する心のことでもあるのではないだろうか。それは「疑う」ことからしか芽生えないのである。

Ⅱ期選抜

2022年度

解　答　と　解　説

《2022年度の配点は解答欄に掲載してあります。》

＜数学解答＞ 《学校からの正答の発表はありません。》

1　(1)　$\frac{3}{10}\sqrt{5}+\frac{7}{20}$　(2)　$(x+6)(x-3)$　(3)　$x=-\frac{2}{3}$，$\frac{3}{2}$　(4)　$4\sqrt{10}-13$

(5)　5組　(6)　$a=-\frac{3}{2}$，$b=\frac{17}{2}$　(7)　$\frac{3}{8}$　(8)　$4\sqrt{6}$　(9)　$8\sqrt{3}$

(10)　$a=6$

2　(1)　$a=-6$，$b=-1$　(2)　30　(3)　$x=-2$

3　(1)　3通り　(2)　18通り　(3)　12通り

4　(1)　6　(2)　$\frac{30}{11}$　(3)　100：99（途中経過は解説参照）

○推定配点○

1～4 (2)　各5点×18　4 (3)　10点　計100点

＜数学解説＞

基本　1　（平方根の計算，因数分解，2次方程式，式の値，平方根，1次関数の変域，確率，空間図形の計量問題，統計）

(1)　$\frac{1}{5}(3\sqrt{5}-2)-\frac{1}{4}\left(\frac{6}{\sqrt{5}}-3\right)=\frac{3\sqrt{5}}{5}-\frac{2}{5}-\frac{3}{2\sqrt{5}}+\frac{3}{4}=\frac{3\sqrt{5}}{5}-\frac{3\sqrt{5}}{10}-\frac{2}{5}+\frac{3}{4}=\left(\frac{6}{10}-\frac{3}{10}\right)\sqrt{5}-\frac{8}{20}+\frac{15}{20}=\frac{3}{10}\sqrt{5}+\frac{7}{20}$

(2)　$(x^2-9)+3(x-3)=(x+3)(x-3)+3(x-3)=(x+3+3)(x-3)=(x+6)(x-3)$

(3)　$6x^2-5x-6=0$　$(3x+2)(2x-3)=0$　$3x+2=0$から，$x=-\frac{2}{3}$　$2x-3=0$から，$x=\frac{3}{2}$　よって，$x=-\frac{2}{3}$，$\frac{3}{2}$

(4)　$9<10<16$から，$3<\sqrt{10}<4$　$\frac{3}{2}<\frac{\sqrt{10}}{2}<2$　よって，$a=1$　$b=\frac{\sqrt{10}}{2}-1$　$a^2-4b^2=(a+2b)(a-2b)=\left\{1+2\left(\frac{\sqrt{10}}{2}-1\right)\right\}\left\{1-2\left(\frac{\sqrt{10}}{2}-1\right)\right\}=(\sqrt{10}-1)(3-\sqrt{10})=3\sqrt{10}-10-3+\sqrt{10}=4\sqrt{10}-13$

(5)　$mn=k^2$（kは自然数）となるmとnの組を考える。m，nは15以下の自然数で，$m<n$から，$(m, n)=(1, 4)$，$(1, 9)$，$(2, 8)$，$(3, 12)$，$(4, 9)$の5組

(6)　$y=ax+4$…①　$a<0$から，①は$x=-3$のとき$y=b$となり，$x=4$のとき$y=-2$となる。$-2=a\times4+4$　$4a=-6$　$a=-\frac{3}{2}$　$b=-\frac{3}{2}\times(-3)+4=\frac{17}{2}$

(7)　3枚の硬貨の表裏の出方は，$2\times2\times2=8$（通り）　そのうち，2枚が表で1枚が裏になる場合は，（表，表，裏），（表，裏，表），（裏，表，表）の3通り。よって，求める確率は，$\frac{3}{8}$

(8)　底面の円の半径をrとすると，$2\pi r：20\pi=72°：360°$　$r：10=1：5$　$r=2$　円すいの

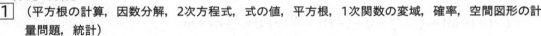

高さをhとすると，$h=\sqrt{10^2-2^2}=\sqrt{96}=4\sqrt{6}$

(9)　AF＝FH＝HA＝$4\sqrt{2}$　△AFHは一辺の長さが$4\sqrt{2}$の正三角形になる。よって，求める面積は，$\frac{1}{2}\times4\sqrt{2}\times4\sqrt{2}\times\frac{\sqrt{3}}{2}=8\sqrt{3}$

(10)　$\frac{5+3+8+5+a}{5}=5.4$　$21+a=5.4\times5=27$　$a=6$

2 （図形と関数・グラフの融合問題）

(1)　$y=\frac{1}{3}x^2$…①　①に$x=3$を代入して，$y=\frac{1}{3}\times3^2=3$　C(3, 3)　$A\left(a,\ \frac{1}{3}a^2\right)$　直線ACの傾きが-1であることから，$\left(3-\frac{1}{3}a^2\right)\div(3-a)=-1$　$3-\frac{1}{3}a^2=a-3$　$\frac{1}{3}a^2+a-6=0$　$a^2+3a-18=0$　$(a+6)(a-3)=0$　$a<3$から，$a=-6$　$B\left(b,\ \frac{1}{3}b^2\right)$　直線BCの傾きが$\frac{2}{3}$であることから，$\left(3-\frac{1}{3}b^2\right)\div(3-b)=\frac{2}{3}$　$3-\frac{1}{3}b^2=2-\frac{2}{3}b$　$\frac{1}{3}b^2-\frac{2}{3}b-1=0$　$b^2-2b-3=0$　$(b+1)(b-3)=0$　$b<3$から，$b=-1$

重要 (2)　①に$x=-6$，-1を代入して，$y=\frac{1}{3}\times(-6)^2=12$，$y=\frac{1}{3}\times(-1)^2=\frac{1}{3}$　A(−6, 12)，$B\left(-1,\ \frac{1}{3}\right)$　直線ACの式を$y=-x+c$として点Cの座標を代入すると，$3=-3+c$　$c=6$　よって，直線ACの式は，$y=-x+6$　点Bを通りy軸に平行な線と直線ACの交点をDとする。$y=-(-1)+6=7$から，D(−1, 7)　$DB=7-\frac{1}{3}=\frac{20}{3}$　△ABC＝△ABD＋△CBD＝$\frac{1}{2}\times\frac{20}{3}\times\{-1-(-6)\}+\frac{1}{2}\times\frac{20}{3}\times\{3-(-1)\}=\frac{10}{3}(5+4)=\frac{10}{3}\times9=30$

重要 (3)　点Bを通り直線ACに平行な直線を$y=-x+d$として点Bの座標を代入すると，$\frac{1}{3}=-(-1)+d$　$d=-\frac{2}{3}$　$y=-x-\frac{2}{3}$…②　①と②の交点をPとすると，△ABC＝△APCとなる。①と②からyを消去すると，$\frac{1}{3}x^2=-x-\frac{2}{3}$　$x^2=-3x-2$　$x^2+3x+2=0$　$(x+1)(x+2)=0$　$x\neq-1$から，$x=-2$　よって，点Pのx座標は-2

3 （場合の数）

基本 (1)　ABBCA，ABCBA，ACBBAの3通り。

(2)　ABABC，ABACB，ABCAB，ABCBA，ABBAC，ABBCA，ACABB，ACBAB，ACBBA，BABAC，BABCA，BACAB，BACBA，BBACA，BCABA，CABAB，CABBA，CBABAの18通り。

(3)　(2)の中から，2枚のBのカードが連続しないものを選ぶと，ABABC，ABACB，ABCAB，ABCBA，ACBAB，BABAC，BABCA，BACAB，BACBA，BCABA，CABAB，CBABAの12通り。

4 （平面図形の計量問題―円の性質，三平方の定理，平行線と線分の比の定理，三角形の相似，面積比）

基本 (1)　ABは円Oの直径なので，∠ACB＝90°　△ACBにおいて三平方の定理を用いると，$BC=\sqrt{AB^2-AC^2}=\sqrt{10^2-8^2}=\sqrt{36}=6$

(2)　∠BOD＝aとする。$\overset{\frown}{AC}:\overset{\frown}{BD}=2:1$から，∠AOC：∠BOD＝2：1　∠AOC＝$2a$　対頂角から，∠AOF＝∠BOD＝a　∠COF＝$2a-a=a$　円周角の定理から，$\angle CDF=\frac{\angle COF}{2}=\frac{a}{2}$，

$\angle BCD=\frac{\angle BOD}{2}=\frac{a}{2}$　よって，錯角が等しいので，DF//BC　平行線と線分の比の定理から，BE：EO＝BC：DO＝6：5　よって，BE＝$5\times\frac{6}{11}=\frac{30}{11}$

重要 (3)　DF//BCから，DE：EC＝DO：BC＝5：6…①　△EOD∽△EBCで相似比は5：6だから，△EOD：△EBC＝5^2：6^2＝25：36　△EOD＝$\frac{25}{36}$△EBC…②　DG：GC＝DF：BC＝10：6＝5：3…③　①と③から，DE：EC＝5：6＝40：48　DG：GC＝5：3＝55：33　EC：GC＝48：33＝16：11　△BCG＝$\frac{11}{16}$△EBC…④　②と④から，△EOD：△BCG＝$\frac{25}{36}$：$\frac{11}{16}$＝400：396＝100：99

★ワンポイントアドバイス★

③(2)は，5枚のカードの並べ方は全部で$\frac{5\times4\times3\times2\times1}{2\times2}$＝30より30通りあり，2枚のAのカードが連続する並べ方は$\frac{4\times3\times2\times1}{2}$＝12より12通りあるので，求める場合の数は30－12＝18(通り)と計算して求めることもできる。

＜英語解答＞《学校からの正答の発表はありません。》

1　1 (1) musician　(2) fail　(3) healthy　(4) threw
2 (1) on　(2) with　(3) to　3 (1) fuel　(2) solve　(3) forest

2　1 (1) 3　(2) 4　(3) 3　(4) 4　(5) 3　(6) 1
2 (1) 1　(2) 3　(3) 1　(4) 2　3 (1) either　(2) that　(3) ever
(4) doesn't　4 (1) (3番目，5番目) 4，3　(2) (3番目，5番目) 1，2
(3) (3番目，5番目) 3，5　(4) (3番目，5番目) 7，5　5 (1) 3　(2) 3

3　問1 3　問2 work　問3 (ア) 2　(イ) 1　(ウ) 3
問4 (最初) people　(最後) dangers　問5 2　問6 3
問7 1 カ　2 オ　3 ア　4 ウ　問8 3

4　問1 2　問2 4　問3 3　問4 1　問5 (1) 1　(2) 1　(3) 2　問6 3
問7 1，5

○推定配点○
各2点×50(③問7各完答)　計100点

＜英語解説＞

基本 **1** (単語・前置詞)

1 (1) music「音楽」－ musician「音楽家」
(2) succeed「成功する」⇔ fail「失敗する」
(3) health「健康(名詞)」－ healthy「健康な(形容詞)」
(4) throw － threw(過去形)

2 (1) on your right「あなたの右側に」 on the Internet「インターネットで」

（2） with a smile「微笑んで」〈help 人 with 物〉「人の物を手伝う」

（3） say to oneself「心の中で思う」 get to ～「～に到着する」

3 （1）「石炭や木材，ガソリンや天然ガスなどの熱やエネルギーの源として使われるもの」＝「燃料」

（2）「問題の答えを見つけること」＝「解決する」

（3）「多くの木や植物に覆われた広い地域」＝「森林」

2 1 **（適語選択：仮定法，感嘆文，現在完了，動名詞，受動態，進行形）**

やや難 （1） 〈If 主語＋過去形～，主語 would …〉「もし～ならば，…なのに」 仮定法過去の文である。

（2） 感嘆文は〈How ＋形容詞＋主語＋動詞～！〉の語順になる。

（3） 現在完了進行形は〈have been ＋ ～ing〉という形になる。

重要 （4） remember ～ing「～したことを覚えている」

（5） 受動態は〈be動詞＋過去分詞〉の語順になる。

（6） 主語は the number で単数形なので，is を用いる。

2 **（書きかえ：比較，接続詞，不定詞，助動詞）**

（1） 〈as ～ as …〉「…と同じくらい～」

（2） as soon as ～「～するとすぐに」

（3） too ～ to …「…するには～すぎる」〈so ～ that 主語 can't …〉と書きかえが可能。

（4） How about ～ing?「～するのはどうですか」＝ Shall we ～?

重要 3 **（適語補充：接続詞，現在完了，助動詞）**

（1） either A or B「AかBのどちらか」

（2） be sure that ～「～を確信している」

（3） ever「今まで」

（4） don't have to ～「～する必要はない」

重要 4 **（語句整序：熟語，関係代名詞，現在完了，不定詞）**

（1） The plane left the airport for the island in the middle (of the night.) leave A for B「Bに向かってAを出発する」

（2） The dress Ann bought for her sister was expensive(.) Ann bought for her sister は前の名詞を修飾する接触節である。

（3） He has given all his books to the school library(.) give A to B「BにAを与える」

（4） This is a difficult question to answer(.) to answer は前の名詞を修飾する不定詞の形容詞的用法である。

5 **（正誤問題：関係代名詞，不定詞）**

（1） 間接疑問文は〈how many words ＋主語＋動詞〉の語順になる。したがって are there → there are が正しい。

（2） 〈tell ＋人＋ to ～〉「人に～するように言う」 したがって，for が不要である。

重要 **3** **（長文読解問題・説明文：指示語，語句補充，語句解釈，要旨把握，内容吟味）**

（大意）「好きな仕事を見つければ，人生で一日たりとも働かないだろう」あなたはこの古いことわざに同意するか？ジョアン・ゴードンは同意する。彼女は Be Happy at Work やキャリアに関する他の本の著者だ。ゴードンは，北米の労働者の約30％が自分の職業を好まないと考えており，①それはひどいことだと考えている。彼女は自分の職業に満足していない人々が自分にとって良い仕事を見つけるのを助けたいと思っている。数種類の職業だけが誰かを本当に幸せにすることができると言う人もいるかもしれないが，真実は多くの異なる種類の仕事が楽しくて重要であるということだ。ジョアンは「幸せな職業はなく，幸せな②仕事しかない」と言う。

第一に，幸せな労働者は仕事の日々の活動を楽しんでおり，仕事の日を楽しみにしている。トニー・ホークを例にとろう。14歳で，彼はプロのスケートボーダーになった。16歳の時，彼は世界一になった。現在は実業家で，映画やビデオゲームなど，スケートボードに関連するプロジェクトに取り組んでいるが，今でも毎日(ア)スケートをしている。「最近，末の息子の学校の授業で，お父さんが仕事で何をしているのかと聞かれました。答えは『父は会社で働いている』『父は農場で野菜を育てている』といったものでした。息子は『お父さんが仕事をしているのを見たことがない』と言いました」トニーは，自分の仕事が仕事のようには見えないし，仕事のようにも感じられないことに同意している。彼は自分が楽しむ仕事で毎日を過ごす方法を見つけた。

第二に，幸せな労働者は，一緒に働く人々が好きだ。サリー・アヨーテは「私は世界で最も素敵な人々と仕事をしています」と言う。彼女たちは，南極大陸で約1,200人の人々のために料理をしている。これらの人々のほとんどは，研究をしている科学者だ。サリーは座って彼らと話すのが大好きだ。「ここにはテレビもラジオもないから，科学者たちと彼らが何を勉強しているのかが分かる」と彼女は言う。サリーは自分には素晴らしい仕事があると思っているが，それについての最も良い部分は(イ)人々だ。

第三に，幸せな労働者は，自分の仕事が他人を助けることだと知っている。キャロライン・バロンの仕事は，戦争やその他の危険のために母国を離れなければならなかった③難民を助けている。彼女は フィルムエイドという組織を立ち上げた映画製作者で，難民キャンプで映画を上映している。キャロラインは，映画がこれらのキャンプで非常に役立つと信じている。一つには，映画を上映すると，難民はしばらくの間，悩みを忘れる。映画はまた，健康や安全のような重要なことを教えることができる。例えば，あるキャンプでは，難民がきれいな水を得る方法についての映画を見た。キャロラインは，多くの難民が映画プログラムを持っていることを喜んでいることを知っている。ある難民は「フィルムエイドは人々を幸せにします。それは人々を平和に集めさせます」と言う。キャロラインは自分が他の人を助けていることを知っており，④これは彼女に自分の仕事に誇りと幸せを感じさせている。

トニー・ホーク，サリー・アヨーテ，キャロライン・バロンは皆，仕事から大きな満足を得ている。

しかし，仕事の⑤幸せは本当に重要なのか？トニー・ホークはそう信じている。彼は「あなたが愛するものを見つけなさい。あなたが好きなことをしているなら，そこには(ウ)金持ちや有名であることよりもはるかに多くの幸せがあります」と言う。ジョアン・ゴードンも同意するだろう。彼女は，人々が楽しんでいることを見つけ，一緒に働きたい人を見つけ，他の人を助ける方法を見つけるよう勧めている。そうすれば，自分の仕事に誇りを持つことができ，おそらく仕事でも幸せになるだろう。

問1　that は前の文の「北米の労働者の30%が職業を好まない」を指している。

問2　職業で幸せになるのではなく，仕事によって幸せになるのである。

問3　(ア)　スケートボードに関連するプロジェクトに取り組んでいることから，スケートボードをしていると判断できる。　(イ)　サリー・アヨーテは仕事で大切なのは人だと言っている。
(ウ)　好きなことをすることは，金持ちや有名になることよりも幸せであるとなる。

問4　refugee は「難民」のことであり，この後にその説明が書かれている。

問5　前の部分の「他の人を助ける」ということを指している。

問6　トニー・ホークがそう信じていると続くので，仕事での幸せが大切かどうかであると判断できる。

問7　1「フィルムエイドは人を幸せにする」は，ある難民の発言である。2「お父さんが働いているのを見たことがない」はトニー・ホークの末の息子の発言である。3「好きなことを見つけなさい」はトニー・ホークの発言である。4「世界で最も素敵な人々と働いています」はサリー・アヨーテの発言である。

問8　1「サリー・アヨーテは，人々が楽しんでいることを見つけることを奨励している」第6段落第5文参照。これはサリー・アヨーテではなく，ジョアン・ゴードンが奨励しているので不適切。　2「トニー・ホークは実業家であり，一人息子がいる父親でもある」第2段落第5文参照。「末の息子」という表現をしているので，一人息子ではないため不適切。　3「多くの難民は映画を見て大切なことを学ぶことができる」第4段落第6文参照。映画によって健康や安全など大切なことを学べるので適切。　4「ジョアン・ゴードンはキャリアに関する本を書いているだけでなく，非常に寒い場所で料理をしている」第3段落参照。寒い場所で料理をしているのは，サリー・アヨーテなので不適切。　5「キャロライン・バロンは，『好きな職業を見つければ，人生で一日も働かない』という古いことわざに同意する」第1段落第1文～3文参照。このことわざに同意しているのはジョアン・ゴードンなので不適切。

4　**（長文読解問題・説明文：内容吟味・要旨把握・語句補充）**

（大意）　サラダのためにどこへ行くか？おそらくスーパーマーケットに行くだろう。しかし，すぐに屋根に上がることができるかもしれない。都市部では，多くのビル所有者が建物の屋根を植物で覆っている。これらは「緑の屋根」と呼ばれている。

実際，緑の屋根には2種類ある。最初のタイプは土が多く，野菜，花，または木を植えることができる。これらの屋根は定期的な散水と世話が必要だ。また，土が重く，強力な支えが必要なため，建設するのにも非常に高価である。

①緑の屋根の2番目のタイプは，より一般的になっている。それは最初のものほど多くの土がない。そこでは，芝生や砂漠の植物など，土や水をほとんど必要としない背の低い植物しか育たない。これらの屋根は建設費が安く，手入れも必要ない。

北米では，トロントは緑の屋根運動の先駆者であり，特定のタイプの新しい建物の所有者に緑の屋根をつくるよう命じる法律がある。シカゴでも同じ動きが見られる。現在，市役所には緑の屋上公園がある。市役所の職員はそこで昼食を楽しむことができる。シカゴのレストランの上にある緑の屋根には，レストランで出される野菜が植えられている。セントルイスでは，病院は患者と家族のための池と歩道を備えた緑の屋根を作った 。

世界の他の地域では，緑の屋根も一般的になりつつある。東京では，緑の屋根に関する法律がある。これらの法律により，すべての大きな新しい建物は緑の屋根で覆われなければならない。ヨーロッパのいくつかの都市ははるかに改善された。チューリッヒでは，平らな屋根を持つすべての新しい建物は，上に植物がある必要がある。

緑の屋根は通常の屋根よりも建設に多くの費用がかかるが，長期的にはこれらの屋根のおかげで，⑵ビル所有者はエアコンにお金を払う必要がない。多くの都市では，夏場は家を快適に保つためにエアコンを使わなければならないため，ビル所有者は電気代に多額のお金を払うことになる。しかし，建物に緑の屋根がある場合，そこに住む人はエアコンをあまり使用する必要はない。研究によると，通常の屋根は夏の日に82℃の温度に達することがある。一方，緑の屋根はせいぜい30℃にしか達しない。そのため，建物内の温度に大きな違いが生じる。

緑の屋根は，いくつかの方法で都市の人々を助ける。まず，夏には外気温を低く保つ。実際，通常の屋根は日中には熱を集め，夕方には再びそれを放出するが，緑の屋根には熱が集まらない。第二に，緑の屋根は嵐の間に雨水の最大70％を集める。これは，大雨による洪水や汚染を避けるために，都市に大きな違いをもたらす可能性がある。

(3)加えて，緑の屋根が新しい緑地を創り出す。これは，ビル所有者と，これらの建物の近くのすべての人に良い影響を与える可能性がある。野菜，草，または木々のある緑の屋根は都市の人々に訪れるべき緑の場所を提供することができる。研究によると，緑地で時間を過ごすことは，ストレスを(4)軽減し，血圧を下げるのに役立ちます。

最後に，科学者たちは緑の屋根が野生生物にも適していることを発見した。屋根は多くの種類の鳥や昆虫の家を提供し，北または南の飛行中の鳥や蝶のために休む場所を提供する。

問1　2番目のタイプの屋根は，建設費が安く手入れも必要ないからである。

問2　緑の屋根のおかげで，涼しく保つことができるので，エアコンをあまり使わずお金を節約できるのである。

問3　in addition「加えて」

問4　reduce「減らす」

問5　(1)　緑の屋根は法律により義務付けられているところもある。　(2)　シカゴの市役所の屋上には緑の庭園があり，市役所の職員は昼食を楽しめるのである。　(3)　夏は普通の屋根は82℃になるが，緑の屋根はせいぜい30℃なので，室内も涼しく保てるのである。

問6　緑の屋根はペットの遊び場になるとの記述はない。

問7　1「緑の屋根からサラダを手に入れるよりも，スーパーマーケットでサラダを買う方がまだ一般的だ」　第1段落第2文参照。「屋根に上がることができるかもしれない」とあるので，まだスーパーマーケットに行く方が一般的であるので適切。　2「緑の屋根は都市を暖かく保つ」　第7段落第2文参照。外の気温を低く保つので不適切。　3「都市に住んでいない人は，緑の屋根を建てるべきではない」　都市部以外の内容は記述されていないので不適切。　4「一部の都市では，緑の屋根を建てるためにお金を払う必要はない」　第6段落第1文参照。普通の屋根よりもお金がかかるため不適切。　5「科学者たちは緑の屋根で見つかった野生生物を研究した」　第9段落第1文参照。「緑の屋根が野生生物にも適していることを発見した」ので適切。

★ワンポイントアドバイス★

問題数が多いため，文法問題をすばやく処理しなければならない。過去問を用いて同じような問題に慣れるように繰り返し解こう。

＜国語解答＞《学校からの正答の発表はありません。》

一　1　陰影　2　努(めた)　3　建立　4　抵抗　5　干渉　6　ひけん
7　ぞうけい　8　ののし(る)　9　ぼっこう　10　ゆうかい

二　問一　A　ア　B　ウ　C　オ　問二　オ　問三　ウ　問四　イ　問五　ア
問六　エ　問七　何事も～い人間　問八　(1)　オ　(2)　ウ

三　問一　A　イ　B　オ　C　ア　問二　エ　問三　(例)　お気に入りの靴を購入されないように柱の陰に隠していたことを店長は知っていたから。(40字)　問四　ウ
問五　イ　問六　ウ　問七　ほんとうによいものに触れるよろこび(17字)
問八　(1)　ア　(2)　オ

四　問一　オ　問二　2　イ　4　イ　問三　見える・聞こえる　問四　エ　問五　ウ

○推定配点○
一　各1点×10　　二　問一・問四　各2点×4　　問六　3点　　他　各4点×6　　三　問三　5点
問四　3点　　問六～問八　各4点×4　　他　各2点×5　　四　問二・問三　各3点×3
他　各4点×3　　　計100点

＜国語解説＞

重要 一　(漢字の読み書き)

1は光の当たらない，暗い部分。2は努力すること。同音異義語で会社などで働く意味の「勤める」，役目などを果たす意味の「務める」と区別する。3は寺院などを建てること。4の「抵」は「扌(てへん)」であることに注意。5は自分の考えを押し付けようとすること。6は同等であること。7は深い理解やすぐれた技量。8の音読みは「バ」。熟語は「罵倒」など。9は急に勢力を得て盛んになること。10は物体が熱を受けて液体になること。

二　(論説文―大意・要旨，内容吟味，文脈把握，指示語，脱語補充，熟語)

問一　空欄Aはいったい，だいたいという意味で「そもそも」，空欄Bはわざわざするという意味で「あえて」，空欄Cは言うまでもなくという意味で「むろん」がそれぞれ入る。

問二　――1は「科学と疑似科学の間にはグレーゾーンがあって見分けるのも困難」な時代において「手っ取り早く答を出してくれる方を選ぶ」という心の動きなのでオが適切。「手っ取り早く答を出してくれる方を選ぶ」ことを説明していない他の選択肢は不適切。

重要 問三　――2について「疑ってばかりいると何もできないと言われそうである」と述べているが，ウの「疑ってばかりいると何もできないと子どもたちに訴えかけ」とは述べていないので不適切。他はいずれも最後の2段落で述べている。

基本 問四　――3とイは似た意味をもつ漢字を重ねた構成になっている。アは下の字が対象や目的を示す構成，ウは反対の意味をもつ漢字を重ねた構成，エは上の字が下の字を修飾している構成，オは主語・述語の構成。

問五　――4後で「ルールを決める主体者は自分であるという意識を養うためにも，まずルールを疑うことは大切なことなのだ」と述べているのでアが適切。4後の説明を踏まえていない他の選択肢は不適切。

問六　空欄5は「疑う」ことをせずに「単純に信じ」「社会に従属するだけ」の生き方なので，他から働きかけられること，受け身という意味のエが入る。

重要 問七　「疑ってばかりいると……」で始まる段落で，なぜへの対応は一律にはいかないが，わかっていることやわかっていないことを区別して話し，それなりに理解して次に進むという段取りを採る習慣を幼い頃から身につけることで「何事も鵜呑みにしない人間(12字)」に育てることができる，と述べている。

やや難 問八　(1)　――Xは直前の内容から，苦しみを乗り越えるために科学ではないストーリーを必要とするということを指しているのでオが適切。「ストーリー」について説明していない他の選択肢は不適切。　(2)　本文では，「疑う」という懐疑する精神を育て，保つには，幼い頃からの教育しかないということを現在の学校教育の問題点とともに述べている。資料では，疑似科学を必要とすることはどのような人間でも逃れられないので，そのような人を手助けすることが必要だと述べているので，ウが適切。本文が教育的な立場から「疑う」教育を述べていること，資料が疑似科学を必要とする当事者に寄り添い，手助けすることの大切さを述べていることを説明していない他の選択肢は不適切。

三 (小説一情景・心情，内容吟味，文脈把握，脱文補充，語句の意味，品詞・用法)

基本 問一　――Aは自分にやましいところがあるので気がとがめるという意味。――Bの「見所」は今後を期待できる優れた点，将来性があるという意味。――Cはいかにも田舎らしい感じを表す。

問二　空欄aはそれほど特別にはという意味を表わす「さして」，空欄bは程度がはなはだしいさまを表す「べらぼうに」，空欄cはとにかくという意味で「なにしろ」がそれぞれ入る。

やや難 問三　――1は「『……誰かさんがすごく気に入ってる靴よね』」と店長に言われたときの中村さんの様子で，この後でも「『……柱の陰に隠しちゃうくらいお気に入りだったんだものね』」と言われていることを踏まえ，お気に入りの靴を購入されないように柱の陰に隠していたことを店長が知っていたために1のようになっていることを説明する。

問四　空欄2は，中村さんが靴を移動していることを知っていながら，中村さんをからかうようにとぼけたことを話している店長の様子なのでウが適切。

問五　イのみ連体詞。――3とイ以外は「な」を「だ」に置き換えられるので形容動詞。

問六　――4直後で「『……これ，すごいです。こんな靴初めてです』『ありがとうございます』」と「私」は中村さんに話しているので，靴の良さを実感できた感動と中村さんへの感謝を説明しているウが適切。4直後の「私」のせりふを踏まえていない他の選択肢は不適切。

重要 問七　――5は直後で描かれているように「私」がすでに知っている「うれしさ」のことで，「私はずっと……」で始まる段落で，この「うれしさ」と同様のこととして「ほんとうによいものに触れるよろこび(17字)」を「ずっと知っていた」ことが描かれている。

重要 問八　(1)　――6は，興味を持てなかった靴や靴屋の仕事に対する見方が「私にも，愛せるかもしれない」「靴屋という仕事が初めてこちらを振り返り……待っていてくれそうな気配がしている」というものに変わったということなので，これらの描写を踏まえたアが適切。6前の「私」の心情を踏まえていない他の選択肢は不適切。　(2)　最後の2段落で，靴をもっと知りたいと思ったことともに，「知りたい」と「好き」は同義語だと言っていた母が知りたいと願って得たものは，「私」や父のことだったかもしれない，という「私」の心情が描かれているので，このことを踏まえたオが適切。母の思いに対する最後の段落の「私」の心情を踏まえていない他の選択肢は不適切。

四 (古文一大意・要旨，内容吟味，文脈把握，脱語補充，口語訳)

〈口語訳〉 総じて田舎には，昔の言葉が残っていることが多い。特に遠い国の人の話す言葉の中には，興味深いことなどが含まれている。私は長年気をつけて，遠い国の人が，訪れてきたときには，必ずその国の言葉を尋ね聞きもし，その人の話す言葉にも，気をつけて聞いてもいるが，さらに各国の言葉をも，広く聞いて集めたならば，どんなにおもしろい言葉が多いだろうか。最近，肥後の国の人が来たが，話す言葉を聞くと，世の中で見える・聞こえるなどと言う種類の言葉を，見ゆる・聞こゆるなどというのである。これは今の世では決して聞くことがない，上品な言葉遣いであるが，その国では，皆このようにいうのだろうかと尋ねると，まったくの身分の低い者は皆，見ゆる・聞こゆる・冴ゆる・絶ゆる，などのように言いますが，少し教養のあるような者は，多くは見える・聞こえるというように言います，と語った。それはむしろ今の世の下品な言い方なのに，皆その国の人々が言うので，それをいいことだと思い込んでいるようだ。どの国でも，山里で暮らす身分の低い者が話す言葉は，なまりながらも，多くは昔の言葉を言い伝えているが，人が多く住んでいて活気のある所などは，他の国の人も入り交じり，都の人なども，何かにつけて行き来などするので，自然にあちこちの言葉を聞き覚えて，自分も言葉を選んで，こざかしい今風(の言葉)に染まりやすくて，古風な言葉にうとくなり，かえって下品になってゆくようだ。

問一　――1の例である「肥後の国人」の「見ゆる・聞こゆる」といった言葉遣いが「今の世には

たえて聞こえぬ，雅びたることばづかひ」であることを述べているのでオが適切。

問二　――2の「おもしろき」は興味深いという意味。――4の「しげく」は多い，「にぎははしき」はにぎやかで活気があるという意味。

基本　問三　空欄Xは「今の世の俗きいひざま」なので「見える・聞こえる(8字)」が入る。

重要　問四　――3の「そ(それ)」は「今の世の俗きいひざま」を「なべて国々の人のいふ」ことなので，このことを踏まえたエが適切。

やや難　問五　問一での考察，また「肥後の国の人」の「ひたぶるのしづ山がつは皆，見ゆる・聞こゆる……などやうにいふ」という話からウが適切。言葉遣いの「間違い」や「正しい」ことを説明しているア，エは不適切。「言葉遣いの中にも隠し切れない卑しさが現れてしまう」とは述べていないのでイも不適切。オの「地方独特の方言と古い言葉遣いの違い」も述べていないので不適切。

★ワンポイントアドバイス★

論説文では，テーマについて筆者がどのように考えているかを具体的に捉えていこう。

2021年度

入　試　問　題

2021年度

2021年度

横須賀学院高等学校入試問題（Ⅱ期選抜）

【数　学】（50分）〈満点：100点〉

1　次の各問いに答えよ。

(1)　$\dfrac{a-2b}{3}-\dfrac{3a-b}{2}$ を計算せよ。

(2)　$\left(-\dfrac{2}{3}ab\right)^2\div\dfrac{8}{3}a\times\left(-\dfrac{1}{6}b\right)$ を計算せよ。

(3)　$3x^2y+9xy-54y$ を因数分解せよ。

(4)　$a=\sqrt{6}+2$，$b=\sqrt{6}-2$ のとき，a^2+b^2+ab の値を求めよ。

(5)　連立方程式 $\begin{cases}\dfrac{2}{3}x-5y=-1\\ 4y-x=-2\end{cases}$ を解け。

(6)　関数 $y=ax+1\,(a<0)$ の x の変域が $-4\leqq x\leqq 3$ のとき，y の変域は $b\leqq y\leqq 3$ である。このとき，定数 a，b の値を求めよ。

(7)　2つの製品A，Bがある。製品Aを4個と製品Bを5個合わせた9個の平均の重さは2.4 kgであった。製品Aの1個の重さが1.4 kgのとき，製品Bの1個の重さを求めよ。

(8)　$\sqrt{\dfrac{756}{n}}$ が整数になるような自然数 n のうち，最も小さいものを求めよ。

(9)　中心角144°，半径10のおうぎ形が側面となるような円すいをつくる。この円すいの高さを求めよ。

(10)　図のような1辺の長さが6である正方形ABCDがあり，点Mは辺ADの中点である。図の斜線部分の面積を求めよ。

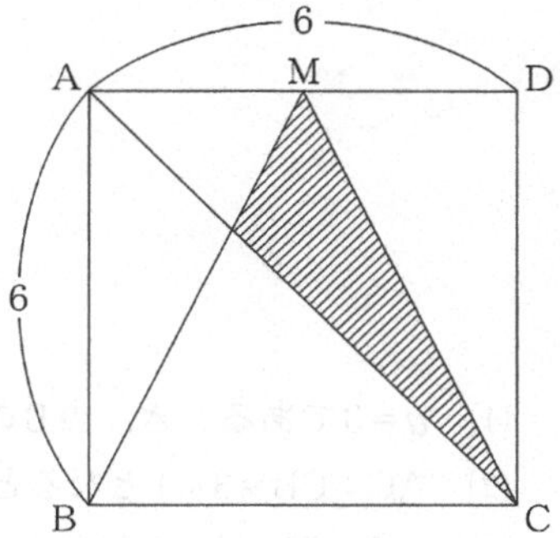

2 AB＝CD＝3，AD＝BC＝2の長方形ABCDを図のように対角線ACで折り曲げ，点Dが移動した点をE，ABとCEの交点をFとする。このとき，次の各問いに答えよ。

(1) BFの長さを求めよ。

(2) AFとCFを折り曲げて，点Eと点Bが重なった点をGとする。このとき，三角形GACの面積を求めよ。

(3) (2)のとき，四面体GACFの点Gから三角形ACFに垂線を下ろして交わる点をHとする。GHの長さを求めよ。

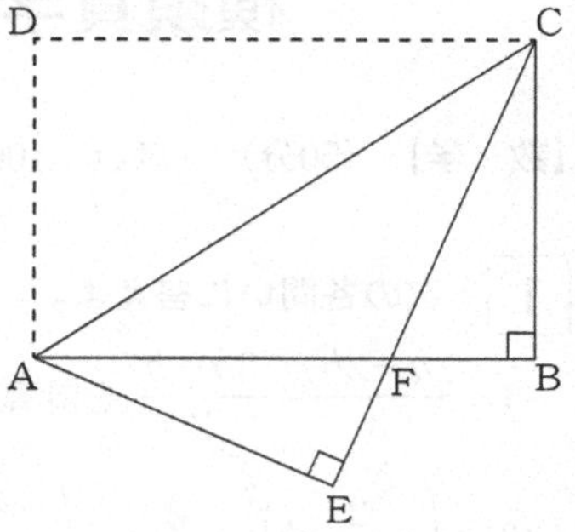

3 大小2個のさいころを投げて，出た目をそれぞれa，bとし，直線$y=\dfrac{b}{a}x+3$とx軸，y軸との交点をそれぞれ点A，Bとする。このとき，次の各問いに答えよ。

(1) 直線の傾きが整数になる確率を求めよ。

(2) 直線が点(4，5)を通る確率を求めよ。

(3) 原点Oと点A，Bを結んだ三角形OABの面積が整数になる確率を求めよ。

4 図のように，放物線$y=2x^2$…①上の点A(3，18)を通り，傾きaの直線ℓを考える。ただし，$0<a<6$とする。放物線①と直線ℓとの交点のうち，Aでない方の点をBとし，直線ℓとy軸との交点をCとする。このとき，次の各問いに答えよ。

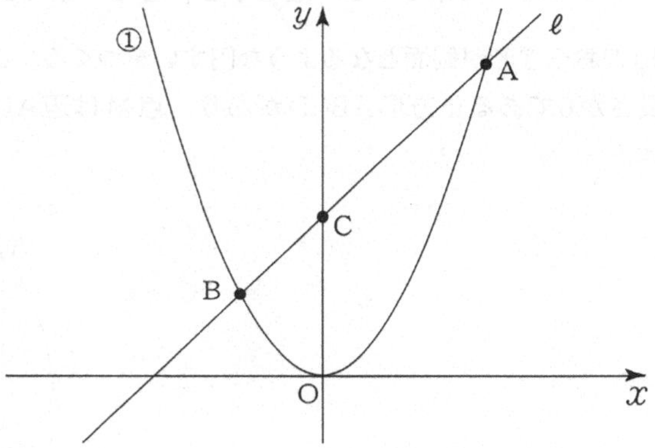

(1) $a=3$であるとき，点Bの座標を求めよ。

(2) AC：CB＝3：1となるとき，aの値を求めよ。

(3) AC：CB＝k：1とする。
a，kがともに自然数となるようなkの値をすべて求めよ。
(途中経過を図や式で示すこと)

【英　語】（50分）〈満点：100点〉

1

1．各組の語の中で，下線部の発音が違うものを１つ選び，番号で答えなさい。

(1)　1．third　2．though　3．theater　4．throw

(2)　1．listen　2．city　3．interest　4．five

(3)　1．team　2．head　3．meal　4．beach

2．CとDの関係がAとBの関係と同じになるように，（　）内に入る適当な語を解答欄に書きなさい。

	A	B	C	D
(1)	long	longest	busy	(　　)
(2)	one	first	three	(　　)
(3)	play	player	visit	(　　)

3．次の英文の説明に相当する語を指定されたアルファベットで始め，答えなさい。

(1) the meal which people usually eat in the evening.［d］

(2) the number which comes after 11 and before 13.［t］

(3) the eighth month on the calendar.［A］

(4) someone who lives next door to you or near you.［n］

2

1．次の各文の（　　）内に入るものとして最も適当なものを選び，番号で答えなさい。

(1) He doesn't like watching videos on YouTube,（　　）he?

　1．does　2．doesn't　3．shall　4．is

(2) I really thank you for（　　）me with my homework.

　1．to help　2．help　3．helped　4．helping

(3) The city（　　）from this tower is very beautiful.

　1．see　2．saw　3．seen　4．seeing

(4) I won't be able to master Spanish（　　）two years.

　1．in　2．on　3．by　4．during

(5) Which girl is Lucy? Is she the（　　）of the two?

　1．tall　2．taller　3．tallest　4．most tall

2．次の各組の文がほぼ同じ内容になるように，（　）に適する語を書きなさい。

(1) My son went to school and isn't here now.

My son（　　）（　　）to school.

(2) We couldn't play baseball because it rained.

We couldn't play baseball because（　）the（　）.

(3) She speaks French very well

She is a very（　）（　）of French.

(4) Lisa was sad when she heard the news.

Lisa was sad（　）（　）the news.

(5) My brother bought me a baseball glove.
My brother bought a baseball glove (　　　)(　　　).

3．日本文の意味に合うように，次の英文の(　　)内に適する語を書きなさい。

(1) あなたは何か書くものを持っていますか？
Do you have anything to write (　　　)?

(2) さとみは，私より英語を話すのが上手です。
Satomi is (　　　) at speaking English than me.

(3) 彼女がどこへ行こうとしていたのか私は知っていた。
I knew where she (　　　) go.

(4) 彼女は私にドアを開けないように言った。
She told me (　　　)(　　　) open the door.

(5) なぜ怒っているのですか？
(　　　) makes you angry?

4．日本語の意味に合うように(　　)内の語句を並べ替え，(　　)内の2番目と5番目にくるものの番号を答えなさい。ただし，文頭にくるものも小文字になっています。

(1) 横須賀駅までの道を教えていただけませんか？
（1．to　2．would　3．mind　4．you　5．me　6．the way　7．telling）Yokosuka Station?

(2) この動物は英語では何と呼ばれますか？
（1．is　2．in　3．this　4．English　5．animal　6．what　7．called）?

(3) できるだけ多くの人と話してください。
Please（1．as　2．with　3．talk　4．people　5．many　6．as possible）.

(4) 私が子供の頃，ここには学校がありました。
When I was a child,（1．a school　2．here　3．used　4．be　5．there　6．to）.

(5) 私が買いたかった本は，売り切れだった。
（1．wanted　2．was　3．I　4．the book　5．buy　6．to　7．which）sold out.

3 次の英文を読み，設問に答えなさい。

Which people can you call true friends, or enemies? Some people are easy to answer. If you have a person who has played together since you were 8, and he or she does anything for you, that person is an easy one: friend. But if that person makes bad stories about you and talks to other people about it, we can say it is an enemy.

Years ago, I had a partner who helped me when I was new on the job. She sometimes made jokes about me and looked unhappy to talk about anything private. ①I had a sad feeling and didn't understand her. Which group did she belong to? Friends are very important to our *physical and *mental health, and enemies may often be bad for it. So it is a good idea to know which kind of relationship you have with your partner. *Psychologists have found quite sure ways to find real friends, enemies, and "frenemies"— who are somewhere in between friends and enemies.

It is said that true friendship has certain *positive *emotions and acts. Each other's liking, care, and same feelings are necessary, but true friendship needs not only certain things but also an emotional *link: same level position. True friendship is never one-sided. People who always take and don't give so often, or who think of themselves better than you, are not really your friends.（　②　）is probably necessary for another important part of our friendship: trust. Friends can tell each other their problems and secrets. Dr. Paul Dobransky, the psychologist, says that ③a real friend is always on our side, but they also try to offer hard advice. Friends will tell you that you have to stop playing computer games and finish your homework by tomorrow. But, because they care about you, they will do it in a way that does not hurt your pride. If there are people in your life who have all these points, you have to thank them. And keep them by yourself.

If friends are people who care about each other and who want each other to get better, enemies are the ones who hate each other and won't（　④　）that you make mistakes. There is an important difference between a kind of enemy and a real one. The less serious kind of enemy relationship is often said as ⑤a "personality difference." You do not feel comfortable with that person. He or she is also quite often a *rival. But when this type of relationship does not give damage, it is enough to keep this kind of enemy at a distance.

Last are the *in-between relationships — our frenemies, or our "bad" friends. They may have some parts of friendship and some of *hostility. My partner was in this type of relationship. She didn't trust me and sometimes made me sad. Anyway, the feelings which you have for a frenemy are not positive and different from ⑥the ones which friendship brings.

So, what should you do? First, decide which is brought to you by friendship, hope or a hopeless feeling. The person may give you advice that is hard to accept but it might be good advice for your future. If so, you should try to save this friendship. If you think the problem is deeper, it is probably best to keep yourself away from your frenemy.

（　A　）give our lives happiness because they care about and support us.（　B　）give us damage and（　C　）may do both of them. I finally decided that true friendship with my frenemy partner was not going to happen. What kind of relationships are there in your own life? Your health may depend on it.

*physical　身体の　*mental　精神の　*psychologist　心理学者　*positive　前向きの
*emotion　感情　*link　つながり　*rival　競争相手　*in-between　中間の　*hostility　敵意

問１．筆者が下線部①のように感じた理由として最も適当なものを次の中から選び，番号で答えなさい。

１．新しい職場で働き始めたばかりで，経験不足だったため。
２．職場の同僚に注意を受けたため。
３．自分のプライベートなことが彼女に知られてしまったから。
４．仕事を助けてくれることもあったのにプライベートなことは話そうとしないから。

問２．空欄②に入れる最も適当なものを選び，番号で答えなさい。

１．The same position of friendship

2．The one-sided position of friendship
3．Our physical and emotional health
4．Positive feelings toward us

問３．下線部③の行動として本文の内容に適さないものを１つ選び，番号で答えなさい。

1．対等な立場を保つ
2．個人的な情報を話す
3．批判をしない
4．共感してくれる

問４．空欄④に入れる最も適当なものを選び，番号で答えなさい。

1．mind
2．like
3．keep
4．understand

問５．下線部⑤の説明として最も適当なものを選び，番号で答えなさい。

1．とても不快な存在で，害がある
2．友情とその逆が混ざったものである
3．不快な存在ではあるが，ほぼ無害である
4．人が豊かになるために欠かせないものである

問６．下線部⑥が指すものとして最も適当なものを選び，番号で答えなさい。

1．the relationships
2．the feelings
3．the acts
4．the troubles

問７．空欄(A)～(C)に入るものの組み合わせとして最も適当なものを選び，番号で答えなさい。ただし，文頭に来る語も小文字になっています。

1．(A)frenemies　(B)friends　(C)enemies
2．(A)friends　(B)enemies　(C)frenemies
3．(A)enemies　(B)frenemies　(C)friends

問８．次の英文の内容が本文の内容と合致する場合は○を，異なる場合は×を，それぞれの解答欄に記入しなさい。

1．Psychologists say that there is only one type of friendship.
2．Hard advice from friends does not hurt people.
3．We can have true friendship with frenemies.

4 **次の英文を読み，それぞれの問いに答えなさい。**

We often think that *intelligence and *talent are the keys to success, but it may be that future success depends more on *grit than intelligence and talent. Researchers at *the University of Pennsylvania find that people with grit are often successful in school, work and other areas — perhaps because their *passion helps them to accept *failures that they will *face in any *long-term effort.

In fact, experts often speak of the "10-year rule"— that it takes at least ten years of hard work or practice to become successful in most areas. The ability to keep working when you are in difficult situations is important and necessary for big success. The good news: Perhaps much more than talent, grit can be encouraged and developed.

To encourage children to keep trying, parents and other adults working with young people should *praise them for their （　1　）, not for their intelligence. In their studies, *Stanford University *psychologist Carol Dweck and her team members found that "when you praise kids' intelligence and then they aren't successful, they think they're not smart anymore, and they lose interest in their work." On the other hand, kids praised for effort don't show negative effects and often work harder in difficult situations.

In addition, there are other things that people can do to help children to develop grit.

(2) Possible ways to develop grit include:

・**Help children to find their passion.** It's impossible to be excellent at everything. There simply aren't enough hours in a day for the necessary practice. Give children the chance to try many activities to find the things which they are good at and the things which they love to do. It's easier to *overcome difficulties if you love the things which you are doing.

・**Teach children to *deal with *criticism.** A few words of criticism can quickly break a child's *enthusiasm. Teach children how to receive and give *constructive criticism so that they won't give up just because somebody says something negative.

・**Be a model of a person who has grit.** Adults who show grit in their own lives may encourage it in children because children copy and learn the actions of those around them.

・**Offer challenges.** *In general, it's best to give challenges that are possible and need a lot of effort.

・**Teach children to take, and learn from, failure.** From Abraham Lincoln to Steve Jobs, almost every successful person has failed at some point in their lives. Especially for people in competitions, such as sports, it's important to learn early to accept hard lessons.

・**Encourage *optimism.** At least one study has found that grit and a positive *attitude are related to each other. It's hard to set goals and keep trying without a positive sense of the future.

*intelligence　知能　*talent　才能　*grit　やりぬく力
*the University of Pennsylvania　ペンシルヴェニア大学　*passion　情熱
*failure　失敗　*face　直面する　*long-term　長期的な　*praise　～を褒める
*Stanford University　スタンフォード大学　*psychologist　心理学者
*overcome　克服する　*deal with　対処する　*criticism　批判
*enthusiasm　熱意　*constructive　建設的な　*in general　一般的に
*optimism　楽観主義　*attitude　態度

問１．（　１　）に入る最も適当な語を下から選び，番号で答えなさい。

１．expression　２．effort　３．presentation　４．parents

問２．下線部(2)とあるが，その内容として正しいものを一つ選び，番号で答えなさい。

１．子どもたちにたくさんのことに挑戦する機会を与えること。

２．子どもたちに一方的な批判の仕方を教えること。

３．決して失敗しないように教えること。

４．困難な状況でも心を落ち着かせる方法を教えること。

問３．次の英文の(　　)内に入れるのに最も適当なものを選び，番号で答えなさい。

Adults who have grit may encourage it in children to grow it because (　　　　　　　　　　　　).

１．children follow the actions of those around them

２．children don't want to copy the actions of those around them

３．adults want children to follow those around them

４．adults must hope for children's success

問４．次の英文の(　　)内に入れるのに最も適当なものを選び，番号で答えなさい。

Grit (　　　　　　　　　　　　).

１．is not as important as intelligence and talent

２．can be encouraged and developed

３．will be broken by making mistakes

４．doesn't need to be challenged

問５．次の英文が本文の内容と一致する場合は○を，異なる場合は×を，それぞれ解答欄に記しなさい。

１．Future success may depend more on grit than intelligence and talent.

２．When you praise kids' intelligence and then they don't succeed, they will try again because they are smart.

３．A child's enthusiasm may be lost because of a few negative opinions.

４．Successful people have never failed at any point in their lives.

５．If you don't have optimism, you will not be able to set goals and keep trying.

問６．本文のタイトルとして最も適当なものを選び，番号で答えなさい。

１．Grit, the Key to Talent

２．Grit, the Key to Failure

３．Grit, the Key to Success

４．Grit, the Key to Intelligence

5「これよきものか見て給れ」…

ア、これがよいものかどうか見定めてください。
イ、これはよいものだが買っていただけないか。
ウ、これはよいものなのでぜひ受け取ってくれ。
エ、これをよいものだと誰が言ってくれるのか。
オ、これはどう見てもよいものではありえない。

問三、～～A～Dの中から、他と主語の異なるものを一つ選び、その記号を答えなさい。

問四、――3「この宮ゐにあかさんとおもひ」とあるが、それはなぜか、最も適するものを次の中から一つ選び、その記号を答えなさい。

ア、旅を続けてきたが、そのような生活にも疲れ果て、宿に泊まる金もなかったから。
イ、旅を続けてきたが、辛いことばかりが続き、すっかり意気消沈してしまったから。
ウ、旅を続けているうちに、一人旅にも疲れ果て、神社なら誰かがいると思ったから。
エ、旅を続けているうちに、日が暮れかかっているのに、泊まる宿さえなかったから。
オ、旅を続けているうちに、すっかり日が暮れて神社に身を寄せるしかなかったから。

問五、――4「ゆくゑ」とあるが、「ゑ」を含む行として正しいものを次の中から一つ選び、その記号を答えなさい。

ア、あゐうゑを　イ、やゐゆゑよ　ウ、わゐうゑを
エ、やいゆゑよ　オ、わゐうゑお

問六、この文章の内容として最も適するものを次の中から一つ選び、その記号を答えなさい。

ア、この旅人は、ある人に出会うまで自分のそばにいる座頭が蜘蛛《くも》だとは気がつかなかった。
イ、この旅人は、偶然にもある人が神社に立ち寄り蜘蛛を退治してくれたおかげで助かった。
ウ、この旅人は、香箱がわなだと気がづかずに触れてしまったことで捕らえられてしまった。
エ、この旅人は、座頭が自分と同じ故郷の出身者だと思い、つい気を許して何もかも話した。
オ、この旅人は、命を長らえることができたことで、人々に注意をするように話をはじめた。

問七、右の古文の出典『御伽《おとぎ》物語』は、江戸時代の成立です。これと同じ時代に成立した作品を次の中から一つ選び、その記号を答えなさい。

ア、『万葉集』　イ、『枕草子』　ウ、『古今和歌集』
エ、『徒然草』　オ、『おくのほそ道』

四

次の古文を読んで、後の問いに答えなさい。なお、特に指示がなければ、解答の際、句読点等は字数に含むものとします。

1ある人、まだ※1朝まだき、宮へまいりて、※2みづがきのほとりうそぶくに、拝殿の天井に、※3こちたくもうめくものあり。2いぶかしかりければ、あがりてこれを見るに、大きなる土蜘蛛《つちぐも》、をのがいとにて人をまき、くびすぢにくいつきてゐたり。あがるとそのまま蜘蛛はにげぬ。やがてたちより、取りまく蜘蛛のいとすぢをとりて、「さて、いかなる人ぞ」といへば、「さればとよ、是《これ》は旅いたすものに侍《はべ》るが、きのふのたそがれ、此《この》ところにAきたり。求むべきやどしなければ、3この宮ゐにあかさんとおもひ、4ゆくゑもしらぬたびの空、うさもつらさも身を※4かこちて、※5つれづれに侍りしに、またあとより※6座頭、これもつかれがほの※7をちかた人とみえてきたる。ともにより※8ゐてあだくらべの旅の物がたりなどするにぞ、『我にひとしき人もあめり』とBおもふに、かの琵琶《びは》法師、香箱の※9やさしきをとりだし、5『これよきものか見て給《たも》れ』とて、わがかたへCなげたり。さらばとて、右の手にとるに、とりもちのごとくしてはなれず。左にておさふるにも又《また》とりつく。左右のあしにてふみおとさんとDせしに、足もはなれず。とかくとする内に、かの座頭くもと現じて、我をまとひて天井へのぼり、ひたもの血をすひくらふ。いたくたへがたふして、命もきゆべきにきはまりしに、ふしぎにすくひ給ふ。命の親なり」とかたり侍りしとなり。

（『御伽《おとぎ》物語』）

注
※1　朝まだき……………………朝早く。
※2　みづがきのほとりうそぶくに、…神社の周囲に設けた垣根のそばで詩歌を口ずさんでいると、
※3　こちたく……………………たいそう。
※4　かこちて……………………何かにかこつけて恨み嘆く。
※5　つれづれに侍りしに、………なんとなくぼんやりとしていましたところ、
※6　座頭……………………ここでは「琵琶《びは》法師」のこと。
※7　をちかた人……………………ここでは旅人のこと。
※8　あだくらべ……………………はかないことを比べ合うこと。
※9　やさしき……………………細身の小ぶりのもの。

問一、――1「ある人」とあるが、同じ人物を示す表現を文中から五字以内で抜き出して答えなさい。

問二、――2「いぶかしかりければ」・5「これよきものか見て給《たも》れ」の解釈として最も適するものを次の中からそれぞれ一つ選び、その記号を答えなさい。

2「いぶかしかりければ」……
ア、興味がわいたので、
イ、不審に思ったので、
ウ、恐怖を感じたので、
エ、救助が必要なので、
オ、誰か知りたいので、

エ、世間から評価されない絵。

オ、作者の主義主張を表した絵。

カ、人気があり、高く売れる絵。

問六、――6「かぜをひいた犬みたいに、黙っているのとはちがうんだ」の部分に用いられている修辞法として最も適するものを次の中から一つ選び、その記号を答えなさい。

ア、倒置法　イ、換喩法　ウ、隠喩法

エ、直喩法　オ、擬人法

問七、 7 に入る語として最も適するものを次の中から一つ選び、その記号を答えなさい。

ア、つかんで　イ、巻いて　ウ、振って

エ、立てて　オ、出して

問八、――8「時代の主人」とあるが、黒田はどのような人間のことを「時代の主人」と言っているのか、最も適するものを次の中から一つ選び、その記号を答えなさい。

ア、世の中の中心に立って、強いリーダーシップで時代を動かしていく人間。

イ、世の風潮や権力に屈することなく、自分の信念を主張し続ける人間。

ウ、過激な行動や主張をして世間の注意をひき、脚光を浴びている人間。

エ、偉大な功績をあげて名を残し、時代を超えて人々から評価される人間。

オ、財力や権力をつかんで、自分の思い通りに多くの人を使用できる人間。

問九、――9「さかなの骨のようなものが、ごそりと彼の腹にささった」とは、どのようなことを表しているか、最も適するものを次の中から一つ選び、その記号を答えなさい。

ア、ポンチの意味が自分に対する手痛い忠告だとわかったということ。

イ、ポンチに何か深い意味がありそうで心にひっかかったということ。

ウ、ポンチの意味を自分は理解しきれていないと痛感したということ。

エ、ポンチにこめられた自分への励ましを、深く心に刻んだということ。

オ、いくら考えてもポンチの意味がわからず、不愉快に感じたということ。

問十、――10「これからは、もう『へえ。』なんて卑屈な返事は、断然やめようと思った」とあるが、

（1）、これは吾一のどのような決意の表れと言えるか、「～ことはやめようという決意。」につながるように、文中から十字以上十五字以内で抜き出して答えなさい。

（2）、また、この決意が行動となって表れている一文を文中から抜き出し、その最初の五字を答えなさい。

関やトイレ、風呂などは共同で、食事は大家が準備した。

※4　書生……学生のこと。明治、大正期の呼び方。

※5　ポンチ……風刺《ふうし》をこめた滑稽《こっけい》な絵。漫画。

※6　起き上がり小ぼうし…だるまなどの形をした人形の底におもりをつけて、倒してもすぐ起きあがるようにしたおもちゃ。起き上がり小法師。

※7　ましゃくに合わない…割に合わない。損になる。

※8　加藤清正……安土桃山～江戸時代初期の武将。

※9　へえ……奉公をしていた少年が、返答の際に使った、へりくだった言葉。

問一、〜〜a〜eの中から、他と品詞の異なるものを一つ選び、その記号を答えなさい。

問二、――1「ダルマさん、ダルマさん、お足をお出し。自分のお足で歩いてごらん。」とは、どのようなことを言おうとしているのか、次の語群の中から四つの語を用いて、二十字以上二十五字以内で説明しなさい。

語群
〔過去の境遇　現在の境遇　感謝　意志
執着　安心　目標　抵抗　反省
生きがい　働け　生きろ　見つけろ〕

問三、――2「おまえはこのダルマさんと、にらめっこをするんだな」とあるが、「ダルマさんとにらめっこをする」とはどういうことか、最も適するものを次の中から一つ選び、その記号を答えなさい。

ア、ポンチというものの芸術的価値を見つけ出すこと。
イ、ポンチというもののおもしろさを理解すること。
ウ、ポンチの与えてくれるユーモアを味わうこと。
エ、ポンチの伝えようとしている意味を見つけ出すこと。
オ、ポンチもほんとうの絵だということを理解すること。

問四、――3「もったいをつけ」・4「ちゃかされた」のここでの意味として最も適するものを次の中からそれぞれ一つ選び、その記号を答えなさい。

3「もったいをつけ」
ア、文句を言う。
イ、説教する。
ウ、条件をつける。
エ、言いがかりをつける。
オ、重々しい態度をとる。

4「ちゃかされた」
ア、ごまかされた。
イ、からかわれた。
ウ、見下された。
エ、いい加減なことを言われた。
オ、暇つぶしの相手にされた。

問五、――5「ほんとうの絵」とあるが、吾一と黒田は、それぞれどのような絵を「ほんとうの絵」だと考えているか、最も適するものを次の中からそれぞれ一つ選び、その記号を答えなさい。

ア、誰が見ても美しいと感じる絵。
イ、何が描いてあるかすぐにわかる絵。
ウ、専門家にしかわからない難解な絵。

りを言うんだ。皮肉を言うんだ。そのどら声が、あてっこすりが、それがすなわち、ポンチってものさ。」

「……」

「ははは、小僧、目を白くろさせているな、かわいそうに。――だが、まあ、聞け。ポンチってものは、時代の声だ。だれがなんと言ったって、ほえずにはいられねえものなんだ。6かぜをひいた犬みたいに、黙っているのとはちがうんだ。金もちや書画の前で、しっぽを［ 7 ］いる手あいとはちがうんだぜ。下宿やの払いはとどこおらせているが、おかみにだって、だれにだって、かみつくんだ。いや、おかみなんて、ちっぽけなものが目あてじゃない。時代の声をほえるんだ。おれたちは番犬じゃねえ、飼い犬じゃねえ。8時代の主人として、ほえようって言うんだ。」

「時代の主人」ってことばが、吾一の胸にぴいんときた。はっきりした意味はわからないが、年中、こき使われてばかりいる彼は、なんとかして、一度「主人」というものになってみたいと、猛烈に思った。

「ポンチって、おもしろいんですね。」

「ははは。おもしろいんですねか。まあ、おもしろいんですねでもいいだろう。――」

「わたしはポンチって、ただ、いたずらがきをするもんだとばかり思ってました。」

吾一はさっき書いてもらった起きあがり小ぼうしの絵を、もう一度、取りあげて見かえした。9さかなの骨のようなものが、ごそりと彼の腹にささった。

「どこへ行っちまったんだろう。しようがないやつね。――ちょいと、どこへ行っているの。」

おかみが、台どころのほうで、大きな声を出していた。

吾一は、返事もしないで、一生懸命に自分の似がお絵を見つめていた。

「おい、探しているようだから、早く行かないと、また、うるさいぞ。」

※9「へえ。」

今までの習慣で、吾一はつい「へえ。」と言ってしまった。が、10これからは、もう「へえ。」なんて卑屈な返事は、断然やめようと思った。

夕がたのこまこました用をすませると、彼はいつものように、おゼンを持って、二階にあがらねばならなかった。不器用な手つきで、足のついたおゼンをささげながら、彼はギシギシ鳴るハシゴ段をのぼっていった。

ハシゴ段の途中で、彼はふと、立ちどまった。

いま歩いているのは、こりゃいったいだれの足なのだ。

階段をのぼりきると、吾一は自分の足で、トーンと板のまを踏みしめた。おゼンがゆれて、しるが少しこぼれた。

彼はそのまま、へやの中へ持っていった。

「おい、小僧。つゆをこぼしちゃだめじゃないか。」

吾一はなんにも言わずに、スタスタと、ハシゴ段をおりてしまった。

（山本有三『路傍の石』一部改変があります）

注　※1　中学……………旧制中学のこと。小学校卒業後、一三歳～一七歳の男子に高等普通教育を授けた五年制の男子中等学校。

※2　奉公……………他家に雇われて、その家事・家業に従事すること。

※3　下宿……………期間を決めて、部屋代（および食費）を払って他人の家に部屋住みすること。またその家。多くの場合、玄

いものではない。

「おまえにやるから、これ、持って行ってもいいよ。」

向こうでは、さも大事なものでもくれるようなことを言っているが、吾一は自分のポンチ絵なんかもらったって、しかたがないと思っていた。

「はははは。わから[b]ないんだな、おまえには。――それじゃしようが[c]ない。声を入れておいてやるかな。」

黒田は筆をとって、絵の上のあいたところに、もじを書いた。

[1]ダルマさん、ダルマさん、お足をお出し。

自分のお足で　歩いてごらん。

「どうだ。今度はいくらかわかったろう。」

そう言われても、吾一にはさっぱりわからなかった。「ダルマさん、ダルマさん。」は、そこらでだれでも言っていることだし、「自分のお足で。」もべつにむずかしいことばではない。だが、こんな歌みたいなものを書かれても、なんのことか通じなかった。

「なんだ。まあだわからないのか。あいにく、もう書くところがなくなっちゃったから、これでやめておくが、まあ、二、三日、[2]おまえはこのダルマさんと、にらめっこをするんだな。」

ダルマさんに、こう[3]もったいをつけられては、吾一はどうももらわないわけにはいかなかった。[4]ちゃかされたうえに、お礼を言ったりするのは、少々ましゃく※7に合わないと思ったが、しかたがなしに、彼は「ありがとうございます。」と、あたまをさげた。

「ですが、黒田さんは、どうしてこういう絵ばかり書いて、ほんとうの絵を書か[d]ないんです。」

吾一は自分のポンチ絵をひざの上にのせたまま、もっともらしい顔をして言った。

「ほんとうの絵か。――はははは、[5]ほんとうの絵はまいった※8な。」

「だって、たいていの絵かきさんは、富士山や、加藤清正みたいなのを書くじゃありませんか。ああいうのを書いたほうが……。」

「はははは、金になるっていうのかい。――どうも下宿代を払わないと、おまえにまでバカにされるな。」

「そうじゃないんですけど……。」

「あのな、小僧、世の中には、声を出す絵と出さない絵とあるんだ。普通には、『無声の詩』なんて言って、絵は声を出さないものとされているが、今の絵を見ろ。ただ絵の具をなすりつけているだけで、詩なんかどこにもありゃし[e]ない。『無声の詩』じゃなくって、『無声の無』だ。おれはそれがしゃくにさわるから、絵の中から声を出させようと思っているのだ。」

「……。」

「いまの日本画家は、みんなかぜをひいていやがって、声の出るやつは、ひとりもないんだ。声を出さないことが、立派な絵かきだと思っているんだから、あきれ返るよ。」

「……。」

「『無声の詩』はいいが、無声にばかり力を入れやがって、詩なんてものは、そっくり、どこかへ置き忘れてきちゃっているんだ。詩とはなんだ。一つの声じゃないか。――しかしな、おれには詩なんて、やさしい、味のある声は出せねえから、おれはしゃがれ声を張りあげて、どなるんだ。透き通った、奇麗《きれい》な声は出せねえから、あてっこすうに見えるが、実は、それこそＡＩの進化に不可欠な要素であると認識を改めること。

イ、人々に突発的な危機や劇的な変動をもたらす出来事が収束した後は、一見それ以前と変わらない日常を取り戻したかに見えるが、実は、人々の思考や価値観は変化しているということ。

ウ、人々に突発的な危機や劇的な変動をもたらす出来事が収束した後は、一見人間社会のもろさを露呈したかに見えるが、実は、人間本来の強さを証明したという事実は歴史に残るということ。

エ、人々に突発的な危機や劇的な変動をもたらす出来事が収束した後は、一見それ以前と変わらない経済活動が営まれているように見えるが、実は、次の危機につながりうる経済活動を営んでいるということ。

オ、人々に突発的な危機や劇的な変動をもたらす出来事が収束した後は、一見人々がもつ未来へのヴィジョンが誤っていたと認識されるが、実は、それすらも過去のデータとして蓄積されるということ。

三

次の文章を読んで、後の問いに答えなさい。なお、特に指示がなければ、解答の際、句読点等は字数に含むものとします。

> 家が貧しかったために、中学[※1]への進学をあきらめ、呉服屋に奉公[※2]に出た吾一は、その仕打ちのつらさに店を逃げ出し、父親を頼って上京する。しかし父親は、住んでいたはずの下宿[※3]から姿をくらましており、吾一はその下宿に住ませてもらって父親の帰りを待ちながら、女中代わりに雑用をさせられていた。その下宿には、二階に書生[※4]たちが住み、一階には黒田という貧しい画家が住んでいた。

「どうだ、一つ、おまえのことを書いてやろうか。」

その日の午後、黒田は吾一をつかまえて言った。

「やっぱり、ポンチ[※5]ですか。」

吾一はあたまの上に手をやって、あまりありがたくない顔をした。

「ポンチですか、ってやつがあるか。どれどれ、少しじっとしていてごらん。」

黒田はしばらく吾一の顔を見つめていたが、やがて紙の上に、ちょこちょこと鉛筆を走らせた。

何を書くのかしら、と見ているうちに、やがて、起きあがり小ぼうし[※6]の、ちいさなダルマが一つ、地べたに引っくり返っているところができあがった。ダルマは無論、吾一の顔になっていた。

「どうだ。」

黒田はにこにこしながら、それを吾一に突きつけた。ポンチを書く人はおもしろいかもしれ[a]ないが、書かれた当人は、そんなにおもしろ

オ、① すなわち　② ほとんど　③ たしかに

問四、[X]に入る語として最も適するものを次の中から一つ選び、その記号を答えなさい。

ア、変動性　イ、普遍性　ウ、偏向性

エ、同一性　オ、必然性

問五、[Y]に入る語句として最も適するものを次の中から一つ選び、その記号を答えなさい。

ア、熟達した防災専門家　イ、研究者の専門的知恵

ウ、高く評価される科学者　エ、日本古来の伝統的技術

オ、将来有望な実業家

問六、[Z]に入る語として最も適するものを次の中から一つ選び、その記号を答えなさい。

ア、混同　イ、一致　ウ、矛盾

エ、断絶　オ、変化

問七、――3「AIには歴史の大きな危機を突破する力が根本的にないということです」とあるが、これに関して以下の問いに答えなさい。

（1）、傍線部の理由を説明した次の文の[　]にあてはまる部分を、文中から二十五字以上三十字以内で抜き出し、最初と最後の三字を答えなさい。

AIは[　]であるから。

（2）、次の文は、「歴史の大きな危機」に対して、問題解決に向けて対応する人間について述べた文である。次の文の[①]～[③]にあてはまる語句を、文中からそれぞれ指示された字数で抜き出して答えなさい。

問題解決の際、私たち人間がおかれている現実は[①（九字）]ため、AIが既存のデータに基づいた[②（五字）]を用いて解決策を講ずる場合と異なり、人間は[③（七字）]を用いることによって、劇的な変化や想定外の事態に対応する。

問八、――4「命がけの跳躍」とあるが、その説明として最も適するものを次の中から一つ選び、その記号を答えなさい。

ア、過去の実績から信頼を獲得したリーダーが、その信頼を自信に変え、他の人々を未来へと導くこと。

イ、研究力の優れたリーダーが、AIと共働することによって、過去のデータから優れた未来を創造すること。

ウ、仕事への責任感の強いリーダーが、過去のデータを綿密に調べ上げ、他の人々を未来へと導くこと。

エ、交渉力に長《た》けたリーダーが、周囲の現状と過去の資料をもとに、対話によって問題解決を図ること。

オ、未来へのヴィジョンを創造するリーダーが、自らの犠牲をも省みずに、他の人々を未来へと導くこと。

問九、――5「その後の世界はそれまでの世界と、何かが決定的に変化し始めていることもまた事実です」とあるが、ここで筆者はどのようなことを言おうとしていますか。本文全体の内容を踏まえて最も適するものを次の中から一つ選び、その記号を答えなさい。

ア、人々に突発的な危機や劇的な変動をもたらす出来事が収束した後は、一見過去のデータの不完全さが強調されたよ

ん。なぜならばＡＩは機械だからです。しかも、過去のデータに見えないパターンを見出す才能に特化した機械です。ですからそれは、膨大な資料を溜《た》め込んで処理できないか、処理してもミスだらけの官僚に比べればはるかに有能になれても、未来へのヴィジョンを創造し、そこに向けて人々を導いていくようなリーダーにはなれません。突発的な危機が社会を襲ったり、歴史が危機の中で劇的な変動を迎えたりするときも、ＡＩは過去との連続性にこだわり続けます。

しかし実際、私たちの歴史も社会も、実は非連続に満ちているのです。歴史的な非連続としては、すでに触れた大災害や大恐慌、革命、戦争などが分かりやすい例でしょう。二〇一一年に東日本大震災で、私たちの社会の何かが非連続的に変化したように、一九二三年の関東大震災も歴史の非連続点でした。二〇〇八年のリーマンショック※5を、グローバル資本主義の非連続点として理解することも可能です。これらの場合、必ずしもすべてが非連続になったわけではなく、その直後のパニックのような状態が収束すると、一面ではまた何もなかったかのような日々が始まっています。しかし、5その後の世界はそれまでの世界と、何かが決定的に変化し始めていることもまた事実です。

（吉見俊哉『知的創造の条件　ＡＩ的思考を超えるヒント』一部改変があります）

注　※1　ＡＩ…………人工知能（artificial intelligence の略）。
※2　フレイム…………物事の枠組み。
※3　指数関数的…………値が大きくなるにつれて程度や量が飛躍的に増すような状態。増加のペースをますます早めていくような様子。
※4　稠密《ちゅうみつ》…………一つのところに多く集まっていること。
※5　リーマンショック…米国の大手投資銀行・証券会社リーマンブラザーズの経営破綻とその副次的な影響により、世界の金融市場と経済が危機に直面した一連の出来事をさす。

問一、——1「未曾有の災害」・2「甚大な被害」の文中での意味として最も適するものを次の中からそれぞれ一つ選び、その記号を答えなさい。

1「未曾有の災害」
ア、対応が不十分だった災害。
イ、歴史の転換点をあらわした災害。
ウ、政治的信頼を失った災害。
エ、今までに一度もなかった災害。
オ、莫大な損害をもたらした災害。

2「甚大な被害」
ア、経済的損害が大きな被害。
イ、制御不能なまでに大きな被害。
ウ、人類史上まれにみる被害。
エ、世界規模に発展した被害。
オ、能力の限界を超えた被害。

問二、次の文が入る箇所を［イ］～［ホ］の中から一つ選び、その記号を答えなさい。
しかし人間は、責任感からしばしばそうした行動や決断をするのです。

問三、［①］～［③］に入る語の組み合わせとして最も適するものを次の中から一つ選び、その記号を答えなさい。

ア、①　すなわち　②　まったく　③　たしかに
イ、①　たしかに　②　ほとんど　③　むしろ
ウ、①　すなわち　②　まったく　③　むしろ
エ、①　たしかに　②　まったく　③　むしろ

う。そうする間にも事態は変化し、最初の答えと次の答えが[Z]することも頻繁に生じるでしょう。さらに恐慌だけでなく、暴動やデモ、二〇一九年の香港での市民運動のような大規模な社会変化が起きていくと、AIがそれまでのデータに基づいて前提としていたことが成り立たなくなります。[ロ]

さらに、二〇二〇年二月以降、中国から世界に急拡大した新型コロナウィルスのような感染症の大流行に対しても、AIは有効な解決策を示せたわけではありません。今日、中国はAI技術では米国と覇権を競うほどの大躍進を誇っていますが、武漢におけるこの感染症拡大には[②]無力でした。感染症の流行は、いくつかの条件下で典型的な※3指数関数的拡大のパターンをとるので、十分な過去のデータと予防体制があれば対策を立てられます。しかし、中国国内にそのような体制はまるでなく、甚大な被害が発生したのです。中国政府は、インターネットを流れる情報に対して徹底した監視体制を敷いていますが、街中で広がる病原菌をまったく制御できなかったのです。感染症は、韓国、イタリア、イラン、米国と広がっていきましたが、その拡大の速度や経路をAIが予測できたわけではありません。[ハ]

他方、AIは未来の戦争の有力な手段ですが、和平交渉を進めていく有力な手段にはなりません。和平のためには、戦争状態にある両陣営の権力状況や地域内の複雑な社会秩序、国際情勢に配慮し、タイミングを選んで針に糸を通すような繊細さで交渉を進めていかなければなりません。それに何よりも、関係者間の信頼関係の構築が前提になります。つまり、そこでの根本は、データではなく信頼なのです。同じように、AIはある土地の不動産価格の変化を、データさえ十分ならば正確に予測するでしょうが、その地域がどんな街になっていくべきなのか、街づくりの指針は示しません。仮に示したとしても、それは似たような諸要素の統計的分布に基づくものですから、創造的なプランにはなりません。要するに、AIが理念や執念を持つことはなく、信義のために己を犠牲にすることもありません。[ニ]

つまり、その事象の発生回数が少なかったり、突発的であったりする場合や、複雑な文脈において、総合的な判断力が必要とされるような場合には、AIは決して問題の有力な解決手段とはならないのです。[③]AIは、※4稠密《ちゅうみつ》で連続的なデータ空間の中で起こる事象については、有効な解決策を示せます。しかし、その空間が隙間だらけで、断裂が入り、様々な非連続線が走っているような場合には、AIは要素の配置や位置づけを測る地となる空間を構成できず、諸要素の識別も未来の予測も信頼度の低いものとならざるを得ません。[ホ]

やや違う言い方をすると、AIには歴史の大きな危機を突破する力が根本的にないということです。膨大な過去のデータの中に人間では気づけないパターンを発見し、その延長線上で未来を予測する点で、AIは本当にパワフルで有用なのですが、それだけなのです。そのような「延長線上」ということが成り立たない非連続局面を、AIは跳躍することができません。

そして、AIが戦争兵器になれても平和交渉の担い手にはなれないということは、AIは特定分野で有能な官僚にはなれても、人々をまとめるリーダーにはなれないということです。なぜならリーダーは、強い責任感を持って他の人々の思いや期待を引き受け、命がけの跳躍をしなければならないからです。そのようなことは、AIはしませ

【国　語】（五〇分）〈満点：一〇〇点〉

一　次の1から5の――のカタカナは漢字に直して書きなさい。また6から10の――の漢字の読みをひらがなで答えなさい。

1、昆虫類は巧みなギタイによって身を守っている。
2、祖母は日々のケンヤクに心がけるように戒めた。
3、翼を広げた鳥が空にコを描きながら飛んでいる。
4、古くから伝承されてきた習慣をミンゾクという。
5、その戦国武将はフクシンの家臣から裏切られた。
6、彼が無事に帰国して、今までの不安が和らいだ。
7、成功には、まさに克己して努力する必要がある。
8、彼の横柄な態度には、思わず閉口してしまった。
9、サバンナを疾走する動物達の映像に圧倒された。
10、試合の総合結果は僅差で私たちの勝利となった。

二　次の文章を読んで、後の問いに答えなさい。なお、特に指示がなければ、解答の際、句読点等は字数に含むものとします。

医療や農業、犯罪捜査や監視、金融、雇用、消費者動向、交通システムというように、ＡＩ※1導入で大変化がもたらされる領域はかなりの範囲に及び、産業界がこの技術に色めき立つのも理解できます。そして、これらの領域にはいくつかの共通の特徴があります。［①］、病気の進行にしても、金融の変化にしても、雇用や消費者動向にしても、予測はある一定の連続的な変化の先を見通します。突発的に状況が大きく変化することは、あまり起こりそうにもありません。犯罪捜査にしても、犯人にはある［Ｘ］があって、その人の行動パターンや体格が急に変わってしまうことは、まずないでしょう。

逆に言えば、これらの条件が満たされないと、ＡＩはその弱点を露呈させることになります。たとえば、東日本大震災のような未曾有[1]の災害に対し、ＡＩは果たして有効に対応できたでしょうか？　関東大震災や神戸の大震災があったにしろ、先行するケースはわずかですから、震災についての大量のデータが集まっていたわけではありません。被害状況も実に多様で、そのそれぞれに応じ、迅速かつ総合的な対応が求められました。［Ｙ］ならば、こうした際には経験知に基づき確度の高い判断をします。

同じことは、二〇一九年秋の台風災害のような場合にも言えて、長野や千葉、神奈川で多くの川が氾濫して思わぬ被害がもたらされました。巨大台風が来ることはデータから正確にわかっていましたが、その結果、突然、想定外の事態が生じたのです。このプロセスには複雑に諸要因が絡まりあっており、ＡＩの射程を超えます。そして、これに対処できるのは、ＡＩではなく責任感のある人間です。ＡＩは大規模な既存データに基づいた統計的な知ですので、そのようなフレイム※2を超えてしまう事態には無力なのです。［イ］

同じように、ＡＩは想定を超える社会の突発的な変化にも無力であるように思います。ＡＩは、既存の経済データに基づいて、投資判断はかなり正確にするでしょうが、突然の恐慌は予測できません。バブル経済が危険な水準にあることは示せても、それがいつ、どのように破綻していくかまでは予測不能なのです。ですから一度恐慌が生じると、劇的な変化にとりあえずの対応策しか示すことができないでしょ

MEMO

大切なことはメモしておこうネ！

Ⅱ期選抜

2021年度

解答と解説

《2021年度の配点は解答欄に掲載してあります。》

＜数学解答＞ 《学校からの正答の発表はありません。》

1 (1) $\dfrac{-7a-b}{6}$　(2) $-\dfrac{ab^3}{36}$　(3) $3y(x+6)(x-3)$　(4) 22　(5) $x=6$，$y=1$

(6) $a=-\dfrac{1}{2}$，$b=-\dfrac{1}{2}$　(7) 3.2kg　(8) $n=21$　(9) $2\sqrt{21}$　(10) 6

2 (1) $\dfrac{5}{6}$　(2) $\dfrac{\sqrt{39}}{4}$　(3) $\dfrac{5\sqrt{39}}{52}$

3 (1) $\dfrac{7}{18}$　(2) $\dfrac{1}{12}$　(3) $\dfrac{2}{9}$

4 (1) $\left(-\dfrac{3}{2},\ \dfrac{9}{2}\right)$　(2) $a=4$　(3) 2，3，6

○推定配点○

1～4(2)　各5点×18　4(3)　10点　計100点

＜数学解説＞

基本 1 （式の計算，因数分解，式の値，連立方程式，一次関数，方程式の応用問題，平方根，三平方の定理，面積）

(1) $\dfrac{a-2b}{3}-\dfrac{3a-b}{2}=\dfrac{2(a-2b)-3(3a-b)}{6}=\dfrac{2a-4b-9a+3b}{6}=\dfrac{-7a-b}{6}$

(2) $\left(-\dfrac{2}{3}ab\right)^2\div\dfrac{8}{3}a\times\left(-\dfrac{1}{6}b\right)=\dfrac{4a^2b^2}{9}\times\dfrac{3}{8a}\times\left(-\dfrac{b}{6}\right)=-\dfrac{ab^3}{36}$

(3) $3x^2y+9xy-54y=3y(x^2+3x-18)=3y(x+6)(x-3)$

(4) $a^2+b^2+ab=(a+b)^2-ab=(\sqrt{6}+2+\sqrt{6}-2)^2-(\sqrt{6}+2)(\sqrt{6}-2)=(2\sqrt{6})^2-\{(\sqrt{6})^2-2^2\}=$ $24-(6-4)=24-2=22$

(5) $\dfrac{2}{3}x-5y=-1$　両辺を3倍して，$2x-15y=-3$…①　$4y-x=-2$　$-x+4y=-2$…②　①＋②×2から，$-7y=-7$　$y=1$　これを②に代入して，$-x+4\times1=-2$　$x=6$

(6) $a<0$から，右下がりのグラフになるので，$x=-4$のとき$y=3$，$x=3$のとき$y=b$　$3=-4a+1$から，$4a=-2$　$a=-\dfrac{2}{4}=-\dfrac{1}{2}$　$b=-\dfrac{1}{2}\times3+1=-\dfrac{1}{2}$

(7) 製品Bの1個の重さを$x$kgとすると，$\dfrac{1.4\times4+5x}{9}=2.4$　$5.6+5x=21.6$　$5x=16$　$x=3.2$

(8) $\sqrt{\dfrac{756}{n}}=\sqrt{\dfrac{2^2\times3^3\times7}{n}}=\sqrt{\dfrac{2^2\times3^2\times3\times7}{n}}$　よって，$n=3\times7=21$

(9) 底面の円の半径をrとすると，$\dfrac{2\pi r}{2\pi\times10}=\dfrac{144}{360}$　$r=\dfrac{144}{360}\times10=4$　円すいの高さをhとすると，$h=\sqrt{10^2-4^2}=\sqrt{100-16}=\sqrt{84}=2\sqrt{21}$

(10) 線分ACとMBの交点をOとする。AO：OC＝AM：BC＝1：2　$\triangle\mathrm{MOC}=\dfrac{2}{3}\triangle\mathrm{MAC}=\dfrac{2}{3}\times$

$\frac{1}{2}$△DAC＝$\frac{1}{3}\times\frac{1}{2}\times$(正方形ABCD)＝$\frac{1}{6}\times6\times6=6$

2 (平面・空間図形の計量問題－三平方の定理，面積，体積)

(1) 折り曲げた図形なので，∠DCA＝∠ECA　平行線の錯角から，∠DCA＝∠CAF　よって，∠FCA＝∠CAF　△ACFは二等辺三角形なので，CF＝AF　BF＝xとすると，CF＝AF＝$3-x$　△CFBにおいて三平方の定理を用いると，$x^2+2^2=(3-x)^2$　$x^2+4=9-6x+x^2$　$6x=5$　$x=\frac{5}{6}$

(2) △ABCにおいて三平方の定理を用いると，AC＝$\sqrt{3^2+2^2}=\sqrt{13}$　GA＝GC＝2　点GからACへ垂線GIを引くと，AI＝$\frac{\sqrt{13}}{2}$　GI＝$\sqrt{2^2-\left(\frac{\sqrt{13}}{2}\right)^2}=\sqrt{4-\frac{13}{4}}=\sqrt{\frac{3}{4}}=\frac{\sqrt{3}}{2}$　よって，△GAC＝$\frac{1}{2}\times$AC$\times$GI＝$\frac{1}{2}\times\sqrt{13}\times\frac{\sqrt{3}}{2}=\frac{\sqrt{39}}{4}$

重要 (3) AF＝$3-\frac{5}{6}=\frac{13}{6}$　△ACF＝$\frac{1}{2}\times$AF$\times$BC＝$\frac{1}{2}\times\frac{13}{6}\times2=\frac{13}{6}$　四面体GACFの体積の関係から，$\frac{1}{3}\times\frac{13}{6}\times$GH＝$\frac{1}{3}\times\frac{\sqrt{39}}{4}\times\frac{5}{6}$　GH＝$\frac{5\sqrt{39}}{24}\times\frac{6}{13}=\frac{5\sqrt{39}}{52}$

3 (関数・グラフと確率の融合問題)

基本 (1) 大小2個のさいころの目の出方は全部で，6×6＝36(通り)　そのうち，$\frac{b}{a}$が整数となる場合は，$(a,\ b)$＝(1，1)，(1，2)，(1，3)，(1，4)，(1，5)，(1，6)，(2，2)，(2，4)，(2，6)，(3，3)，(3，6)，(4，4)，(5，5)，(6，6)の14通り　よって，求める確率は，$\frac{14}{36}=\frac{7}{18}$

(2) $y=\frac{b}{a}x+3$に(4，5)を代入して，$5=\frac{b}{a}\times4+3$　$\frac{b}{a}\times4=2$　$\frac{b}{a}=\frac{1}{2}$　$\frac{b}{a}=\frac{1}{2}$となる場合は，$(a,\ b)$＝(2，1)，(4，2)，(6，3)の3通り　よって，求める確率は，$\frac{3}{36}=\frac{1}{12}$

重要 (3) $y=\frac{b}{a}x+3$に$y=0$を代入して，$0=\frac{b}{a}x+3$　$\frac{b}{a}x=-3$　$x=-\frac{3a}{b}$　A$\left(-\frac{3a}{b},\ 0\right)$，B(0，3)　△OAB＝$\frac{1}{2}\times\frac{3a}{b}\times3=\frac{9a}{2b}$　$\frac{9a}{2b}$が整数となる場合は，$(a,\ b)$＝(2，1)，(2，3)，(4，1)，(4，2)，(4，3)，(4，6)，(6，1)，(6，3)の8通り　よって，求める確率は，$\frac{8}{36}=\frac{2}{9}$

4 (図形と関数・グラフの融合問題)

基本 (1) 直線ℓの式を$y=3x+b$として点Aの座標を代入すると，$18=3\times3+b$　$b=18-9=9$　$y=3x+9$…②　①と②からyを消去すると，$2x^2=3x+9$　$2x^2-3x-9=0$　$(2x+3)(x-3)=0$　$x=-\frac{3}{2}$，3　$x=-\frac{3}{2}$を②に代入して，$y=3\times\left(-\frac{3}{2}\right)+9=-\frac{9}{2}+\frac{18}{2}=\frac{9}{2}$　よって，B$\left(-\frac{3}{2},\ \frac{9}{2}\right)$

(2) 点Bのx座標の絶対値は，3÷3＝1　よって，点Bのx座標は－1だから，①に$x=-1$を代入して，$y=2\times(-1)^2=2$　B(－1，2)　よって，$a=\frac{18-2}{3-(-1)}=\frac{16}{4}=4$

重要 (3) 点Bの座標を$(b,\ 2b^2)$とする。$a=\frac{18-2b^2}{3-b}=\frac{2(9-b^2)}{3-b}=\frac{2(3+b)(3-b)}{3-b}=2(3+b)$　$2(3+b)=a$　$3+b=\frac{a}{2}$　$b=\frac{a}{2}-3$…①　$0<a<6$でaは自然数から，a＝1，2，3，4，5　これ

らを①に代入すると，$b=\frac{1}{2}-3=-\frac{5}{2}$，$b=\frac{2}{2}-3=-2$，$b=\frac{3}{2}-3=-\frac{3}{2}$，$b=\frac{4}{2}-3=-1$，$b=\frac{5}{2}-3=-\frac{1}{2}$…②　AC：CB$=k$：1から，3：$(-b)=k$：1　$-bk=3$　$k=-\frac{3}{b}=-3\times\left(\frac{1}{b}\right)$…③　③に②の$b$の値を代入して，$k=-3\times\left(-\frac{2}{5}\right)=\frac{6}{5}$，$k=-3\times\left(-\frac{1}{2}\right)=\frac{3}{2}$，$k=-3\times\left(-\frac{2}{3}\right)=2$，$k=-3\times(-1)=3$，$k=-3\times(-2)=6$　よって，a，kがともに自然数となるようなkの値は，2，3，6

★ワンポイントアドバイス★

2 (3)において，四面体GACFの面GACを底面としたときの高さは，BFとなる。問題の流れがヒントになっていることに気づこう。

＜英語解答＞《学校からの正答の発表はありません。》

1　1 (1) 2　(2) 4　(3) 2　2 (1) busiest　(2) third　(3) visitor
3 (1) dinner　(2) twelve　(3) August　(4) neighbor

2　1 (1) 1　(2) 4　(3) 3　(4) 1　(5) 2
2 (1) has gone　(2) of, rain　(3) good speaker　(4) to hear
(5) for me　3 (1) with　(2) better　(3) would　(4) not to
(5) What　4 (1) (2番目，5番目の順) 4，5　(2) (2番目，5番目の順) 1，7
(3) (2番目，5番目の順) 2，4　(4) (2番目，5番目の順) 3，1
(5) (2番目，5番目の順) 7，6

3　問1 4　問2 4　問3 3　問4 1　問5 3　問6 2　問7 2
問8 1 ×　2 ○　3 ×

4　問1 2　問2 1　問3 1　問4 2
問5 1 ○　2 ×　3 ○　4 ×　5 ×　問6 3

○推定配点○
各2点×50　計100点

＜英語解説＞

基本 **1** (発音・単語)

1 (1) 2のみ[ð]，それ以外は[θ]と発音する。
(2) 4のみ[ai]，それ以外は[i]と発音する。
(3) 2のみ[e]，それ以外は[iː]と発音する。

2 (1) busy の最上級は busiest である。
(2) three の序数は third である。
(3) visit を「～する人」にすると，visitor となる。

3 (1) 「たいてい晩に食べる食事」＝「夕食」
(2) 「11の後にきて13の前に来る数字」＝「12」

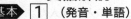

(3) 「カレンダーの8番目の月」＝「8月」
(4) 「あなたの隣や近くに住む人」＝「近所の人」

2 1 **(適語選択：付加疑問文，動名詞，分詞，前置詞，比較)**

(1) 否定文中の付加疑問は肯定の形になる。
(2) for は前置詞であるため，後には名詞か動名詞を置く。
(3) seen from this tower は前の名詞を修飾する分詞の形容詞的用法である。
(4) in ～「～すれば，～たつと」
やや難 (5) 〈the ＋比較級＋ of the two〉「2つ(2人)のうち，より～」

2 **(書きかえ：現在完了，接続詞，名詞，不定詞，前置詞)**

(1) have gone to ～「～に行ってしまった(今はここにいない)」
(2) because of ～「～のせいで」
(3) a good speaker of French「フランス語の上手な話し手」
(4) be sad to ～「～して悲しい」
(5) 動詞 buy の場合には，前置詞 for を用いて書きかえる。

重要 3 **(適語補充：不定詞，比較，助動詞，文型)**

(1) something to write with「何か書くもの」 不定詞の形容詞的用法である。
(2) be good at ～ing「～するのが上手だ」 比較級を用いた文なので good を better にする。
(3) 時制の一致のため，will を would にする。
(4) 「～しないように」とあるため，不定詞を打ち消す not to ～ の形にする。
(5) 「なぜ怒っているのですか」＝「何があなたを怒らせたのか」 〈make ＋A＋B〉「AをBにする」を用いる。

やや難 4 **(語句整序：動名詞，受動態，比較，助動詞，関係代名詞)**

(1) Would you mind telling me the way to (Yokosuka Station?) Would you mind ～ing?「～してくれませんか」
(2) What is this animal called in English(?) 受動態の疑問文なので〈疑問詞＋be動詞＋主語＋過去分詞〉の語順になる。
(3) (Please) talk with as many people as possible(.) as ～ as possible「できるだけ～」
(4) (When I was a child,) there used to be a school here(.) used to ～「かつては～だった」
(5) The book which I wanted to buy was (sold out.) which I wanted to buy は the book を修飾する目的格の関係代名詞である。

3 **(長文読解問題・説明文：語句補充，要旨把握，内容吟味，指示語)**

(大意) どの人々をあなたは本当の友人，または敵と呼ぶことができるか？あなたが8歳のときから一緒に遊んでいる人がいて，彼または彼女があなたのために何でもするなら，その人は友人だ。しかし，その人があなたについて悪い話をし，それを他の人と話すならば，敵であると言うことができる。

何年も前に，私は仕事で新人のときに助けてくれたパートナーがいた。彼女は時々私について冗談を言い，私的なことを何でも話すと嬉しくなさそうに見えた。①私は悲しい気持ちで，彼女を理解していなかった。彼女はどのグループに属していたか？友人は私たちの肉体的および精神的健康にとって重要であり，敵はそれに悪いかもしれない。だから，あなたのパートナーとどのような関係を持っているのかを知ることは良い考えだ。心理学者は，本当の友人，敵，そして友人や敵の間のどこかにいる「フレネミー」を見つける確実な方法を持っている。

真の友情は，一定の肯定的な感情と行為を持っていると言われる。お互いの好みや同じ感情が必要だが，真の友情は感情的なつながりを必要とする。真の友情は決して一方的ではない。いつも受け取り，与えない人，もしくは自分のことを考える人は，本当の友人ではない。②私たちへの確信のある感情は，おそらく友情のもう一つの重要な部分のために必要だ。つまり信頼である。友人はお互いに自分の問題や秘密を伝えることができる。心理学者のポール・ドブランスキー博士は，③本当の友人は私たちの味方だが，彼らは厳しい助言を与えようともする。友達は，あなたがコンピュータゲームをやめて，宿題を終えなければならないと教えてくれる。しかし，彼らはあなたを気にしているので，プライドを傷つけない方法でそれを行う。あなたの人生にこれらの点を持っている人がいる場合，彼らに感謝する必要がある。

友人がお互いを気遣い，お互いに良くなってほしいと思う人ならば，敵は互いに憎み合う者であり，あなたが間違えるのを④気にしない者である。一種の敵と実際の敵の間には違いがある。深刻でない種類の敵関係は，しばしば「⑤性格の違い」と言われる。あなたはその人といると落ち着かない。彼または彼女は競争相手でもある。しかし，この種の関係がダメージを与えない場合，距離を置くだけで十分だ。

最後は中間の関係，つまりフレネミーまたは「悪い」友人だ。彼らは友情と敵意を持っている。私のパートナーはこの関係にいた。彼女は私を信用せず，時々私を悲しませた。とにかく，あなたのフレネミーに対する感情は肯定的ではなく，友情がもたらす⑥感情とは異なる。

あなたは何をすべきか？まず，友人によって，希望か希望のない感情のどちらがあなたにもたらされるかを決めなさい。その人はあなたに受け入れるのが難しい忠告を与えるかもしれないが，将来のための良い忠告かもしれない。もしそうなら，この友情を守ろうとするべきだ。問題が深いなら，自分自身をフレネミーから遠ざけるのが最善だろう。

私たちを気にし，支えてくれるので，A友情は私たちの人生に幸せを与える。B敵は私たちにダメージを与え，Cフレネミーは両方を行う。私は，フレネミーであるパートナーと友情は起こらないと決めた。あなた自身の人生にはどのような関係があるか？あなたの健康はそれによるかもしれない。

問1　私についての冗談を言い，プライベートについて話すことはうれしそうではなかったからである。

問2　この後に書かれている「信頼」を言いかえたものが，この文の主語になる。

問3　「本当の友達」は，厳しい忠告をしてくれる者である。

問4　「本当の友達」はあなたが間違えないように忠告をしてくれるが，「敵」はあなたが間違えることを気にしないのである。

問5　不快な存在で競争相手でもあるが，害を与えない場合，距離を取るだけで十分な存在である。

問6　前に書かれている the feelings を指している。

問7　友情は私たちを幸せにし，敵は害を与え，フレネミーは友情と敵の両面を持ち合わせているのである。

問8　1 「心理学者は友情は1種類しかないと言っている」 フレネミーという関係もあるため不適切。 2 「友達からの厳しい助言は人々を傷つけない」 友達は気遣いながらアドバイスをするので傷がつかないため適切。 3 「我々はフレネミーと真の友情を持つことができる」 フレネミーとは真の友情が起きないとあるため不適切。

4 (長文読解問題・説明文：内容吟味・要旨把握・語句補充)

(大意) 知能と才能が成功の鍵だと思うことがあるが，成功は知能や才能よりもやりぬく力に依存しているかもしれない。研究者は，やりぬく力を持つ人は，学校，仕事，その他の分野で成功していることを発見した。おそらく彼らの情熱は，長期的な努力で直面する失敗を受け入れるのに役立つ。

専門家は，成功するために少なくとも10年間の努力や練習が必要である「10年ルール」について話す。困難な状況にあるときに仕事を続ける能力は，大きな成功のために重要かつ必要だ。才能よりもはるかに多く，やりぬく力は促進され，開発することができる。

子供たちが挑戦し続けることを促進するために，若者と一緒に働く両親や他の大人は，(1)知能ではなく，努力によって彼らを賞賛する必要がある。研究では，心理学者キャロル・ドウェックとチームメンバーは，「子供たちの知能を賞賛し，その後彼らは成功しておらず，もはや賢くないと思うと，彼らは仕事に興味を失う」ことを発見した。一方，努力を称賛される子供たちは悪影響を及ぼさず，しばしば困難な状況でも一生懸命働く。

さらに，子供たちがやりぬく力を開発するのを助けるために人々ができることがある。(2)やりぬく力を開発する可能な方法は次のとおりである。

・子供たちが自分の情熱を見つけるのを助ける。何でも優秀になることは不可能だ。必要な練習のために1日に十分な時間がないだけだ。子供たちに，得意なことや，好きなことを見つけるために，多くの活動に挑戦する機会を与えてほしい。あなたがしていることを愛するなら，困難を克服することは簡単だ。

・子供たちに批判に対処するように教える。批判の言葉は，子供の熱意を壊すことができる。誰かが否定的なことを言ったからといってあきらめないように，子供たちに建設的な批判を受け取り，与える方法を教えてほしい。

・やりぬく力を持っている人のモデルになる。子供は自分の周りの人々の行動をコピーして学ぶので，自分の生活の中でやりぬく力を示す大人は，子供の中でやりぬく力を促進するかもしれない。

・課題を提示する。一般的には，可能で多くの努力が必要な課題を与えるのが最善だ。

・失敗をして，そこから学ぶことを子供たちに教える。エイブラハム・リンカーンからスティーブ・ジョブズまで，ほぼすべての成功者は人生のある時点で失敗している。特にスポーツなどの競技をする人にとっては，厳しいレッスンを受け入れるために，早めに学ぶことが重要だ。

・楽観主義を奨励する。ある研究では，やりぬく力と肯定的な態度が互いに関連していることを発見した。目標を設定し，将来の積極的な感覚なしに努力し続けるのは難しい。

問1　この後，知能が称賛された子供たちと，努力を称賛された子供たちについて触れられていることから判断する。

問2　方法が6つ示されているが，1番目の方法に「多くの活動に挑戦する機会を与える」とある。

問3　子供たちは周りの人の行動をコピーするため，やりぬく力を持つ大人は子供たちのやりぬく力を促進するかもしれないのである。

問4　第2段落最終文参照。やりぬく力は促進され，開発することができる。

問5　1「将来の成功は，知能や才能よりもやりぬく力によるかもしれない」　第1段落第1文参照。成功は知能や才能よりもやりぬく力に依存しているかもしれないとあるので適切。　2「あなたが子供の知能を称賛し，成功しなかったとき，子供たちは賢いので再び挑戦するだろう」　第3段落第2文参照。知能を称賛された子供たちは，仕事について興味を失うとあるので不適切。

3「子供の熱意は，いくつかの批判的な意見で失われるかもしれない」　第7段落第2文参照。批判の言葉は，子供の熱意を壊すとあるので適切。　4「成功した人は人生のどの時点でも，決して失敗したことがない」　第10段落第2文参照。成功した人は人生のある時点で失敗をしているので不適切。　5「あなたがもし悲観的でなければ，目標を設定し，挑戦し続けることはできないだろう」　第11段落最終文参照。悲観的でなければ，目標を設定し，挑戦し続けることができるのので不適切。

問6　この文章は，成功とやりぬく力の関係についての話である。

★ワンポイントアドバイス★

英文法に関する問題は，教科書をこえた内容となっている。問題集や過去問を用いて，同じような難易度の問題を数多く解きたい。

＜国語解答＞ 《学校からの正答の発表はありません。》

一　1　擬態　2　倹約　3　弧　4　民俗　5　腹心　6　やわ(らいだ)
7　こっき(して)　8　おうへい(な)　9　しっそう(する)　10　きんさ

二　問一　1　エ　2　イ　問二　ニ　問三　ア　問四　エ　問五　ア　問六　ウ
問七　(1)　過去の　～　た機械　(2)　①　非連続に満ちている　②　統計的な知
③　総合的な判断力　問八　オ　問九　イ

三　問一　c　問二　(例)　現在の境遇に抵抗して，自分の意志で人生を生きろ。(24字)
問三　エ　問四　3　オ　4　イ　問五　(吾一)　カ　(黒田)　オ　問六　エ
問七　ウ　問八　イ　問九　エ　問十　(1)　年中，こき使われてばかりいる(14字)
(ことはやめようという決意。)　(2)　吾一はなん

四　問一　命の親(3字)　問二　2　イ　5　ア　問三　C　問四　エ　問五　ウ
問六　ウ　問七　オ

○推定配点○

一　各1点×10　二　問一・問三　各2点×3　問八・問九　各4点×2　他　各3点×8
三　問二　4点　問三・問八～問十　各3点×5　他　各2点×7
四　問一・問四・問六　各3点×3　他　各2点×5　計100点

＜国語解説＞

一　**(漢字の読み書き)**

1は，他の物に様子を似せること。2は，むだを省いて出費を少なくすること。3は，まるい曲線の形になること。4は，言語や文化，生活様式などを共有し，帰属意識によって結ばれている人々の集団という意味の「民族」と区別する。5は，深く信頼すること。6の訓読みは他に「なご(む，やか)」。7は，自分の欲望や邪念にうちかつこと。8は，いばって人を無視した態度をとること。9は，非常に速く走ること。10は，わずかの差や違いのこと。

二　**(論説文一大意・要旨，内容吟味，文脈把握，接続語，脱文・脱語補充，語句の意味)**

問一　傍線部1の「未曾有(みぞう)」は，今までに一度もなかったこと，という意味なのでエが適切。傍線部2の「甚大」は，物事の程度がきわめて大きいという意味なのでイが適切。

問二　抜けている一文の文脈から，直前で，人間とは対照的なAIとして，AIは責任感から行動や決断をしない，というような内容を述べていることが読み取れる。ニ直前で「AIが理念や執念を持つことはなく，信義のために己を犠牲にすることもありません」と述べていることから，ニに入る。

問三　空欄①は，直前の「共通の特徴」を詳しく言い換えた内容が続いているので「すなわち」が入る。空欄②は，完全にという意味で「まったく」が入る。傍線部③は，「たしかに～だ。しか

し…だ。」という形で「～」を認めつつ「…」を主張する，という文脈になっているので「たしかに」が入る。

問四　空欄Xは「急に変わってしまうことは，まずない」行動パターンのことなので，同じであるさまという意味のエが適切。アは，動きがあって変化するさま。イは，すべての物事に通じる性質。ウは，考え方がかたよっているさま。オは，必ずそうなると決まっていて，それ以外にはありえないという要素や性質。

問五　空欄Yは，AIは有効に対応できない「未曾有の大災害」に対して，「経験知に基づき確度の高い判断を」することができる人のことなので，アが適切。大災害に対して「経験知に基づき」＝熟達していること，「確度の高い判断を」する＝災害に対する専門家，ということを踏まえていない他の選択肢は不適切。

基本　問六　空欄Zのある段落では，「AIは想定を超える社会の突発的な変化にも無力である」ことを説明しているので，Zには，つじつまが合わないという意味の「矛盾」が入る。

重要　問七　(1)　傍線部3は，直前の段落で述べているように「AIは未来の戦争の有力な手段ですが，和平交渉を進めていく有力な手段にはなりません」ということの説明で，さらに直後の段落で「AIが戦争兵器になれても平和交渉の担い手にはなれないということ」の理由として，AIは「過去のデータに見えないパターンを見出す才能に特化した機械(28字)」だからであり，人々を導いていくようなリーダーにはなれない，と述べている。　(2)　空欄①は「私たち人間が置かれている現実」のことで，最後の段落で，実際の私たちの歴史も社会も「非連続に満ちている(9字)」と述べている。空欄②は，既存のデータに基づいたAIが講ずる解決策のことで，「同じことは，……」で始まる段落で，AIは大規模な既存データに基づいた「統計的な知(5字)」であることを述べている。「他方，……」から続く2段落で，データではなく関係者間の信頼関係の構築が前提になる和平交渉ではAIは有力な手段にならず，事象が突発的な場合や複雑な文脈で総合的な判断力が必要とされる場合には，AIは決して問題の有力な解決手段とはならないと述べており，このことを空欄③では人間の立場から説明しているので，「総合的な判断力(7字)」が入る。

重要　問八　傍線部4は「人々をまとめるリーダー」に必要なことで，同段落で，人々をまとめるリーダーは「強い責任感を持って他の人々の思いや期待を引き受け，」 4をしなければならないこと，「未来へのヴィジョンを創造し，そこに向けて人々を導いていく」ことであり，そうしたことをAIはできないということを述べている。また「他方，……」で始まる段落で，データに基づき，創造的なプランにはならないAIは信義のために己を犠牲にすることもない，とも述べていることから，オが適切。これらの内容を踏まえ，AIにはなれない，人々をまとめるリーダーを説明していない他の選択肢は不適切。

やや難　問九　傍線部5の「その後の世界」「それまでの世界」は，「大災害や大恐慌，革命，戦争など」といった「非連続」の後と前，ということである。二〇一一年の東日本大震災や一九二三年の関東大震災のような非連続点で「私たちの社会の何かが非連続的に変化し」，直後のパニックのような状態が収束し，何もなかったかのような日々が始まるが，5である，と述べているので，イが適切。非連続点の前後で，人々の思考や価値観といった社会の変化があることを説明していない他の選択肢は不適切。

三　**（小説一情景・心情，内容吟味，文脈把握，脱語補充，品詞・用法，表現技法）**

基本　問一　cのみ形容詞，他は打消しの助動詞。

やや難　問二　傍線部1後で，1のようなもじとダルマを書いたポンチ絵を書くのは，絵の中から声を出させようと思っているからであること，「『ははははは……』」で始まる言葉で，ポンチは時代の声で，時代の主人としてほえずにはいられない，ということを黒田が話していることから，1の「お足をお出し」＝「現在の境遇」をそのまま受け入れずに「抵抗」して,「自分のお足で／歩いてごらん。」＝自分の「意志」で人生を「生きろ」,ということを言おうとしていることが読み取れる。

問三　傍線部2は,もじが添えられたダルマのポンチ絵の意味が「さっぱりわからなかった」吾一に対するものなので,エが適切。ポンチ絵の意味がわからない吾一に対するものであることを説明していない他の選択肢は不適切。

問四　傍線部3の「もったいをつける」は,いかにも重々しく,また,ものものしく見せるという意味。傍線部4の「ちゃかされる」は,冗談のようにしてからかわれること。

問五　傍線部5前後で,「たいていの絵かきさん」のように「富士山」や,当時人気のあった武将である「加藤清正」みたいなのを書いたほうが……と言う吾一に「金になるっていうのかい」と黒田が話していることから,吾一が考えている「ほんとうの絵」は,カが適切。「『あのな……』」から始まる吾一との会話の中で,「絵の中から声を出させようと思っている」こと,あてっこすりや皮肉を言うポンチ絵は時代の声であり,時代の主人としてほえようって言うんだ,ということを黒田は話しているので,黒田が考えている「ほんとうの絵」は,オが適切。

問六　傍線部6は「みたいに」を用いてたとえているので,エが適切。アは,主語と述語を入れ替えるなど,普通の順序とは逆にする修辞法。イは,ある事物を表現するのに,それと深いつながりのあるもので置き換える修辞法。ウは「～みたいに」「～のような」などの言葉を用いずに直接他のもので表現する修辞法。オは,人ではないものを人に見立てて表現する修辞法。

問七　「しっぽを振る」は,力のある者などにこびへつらって取り入る,気に入られるように振る舞う,という意味。

重要　問八　「『無声の詩』……」で始まる言葉と次の言葉で,黒田がポンチ絵を書くのは,あてっこすりや皮肉といった時代の声をほえずにはいられないからであり,金もちや書画の前でしっぽを振っている手あい(連中の軽蔑した言い方)とはちがって,下宿代をとどこおらせているおかみにだって,誰にだってかみつき,時代の声をほえるんだ,と話していることから,イが適切。「番犬」や「飼い犬」ではなく「時代の主人」として,自分の信念を声に出していくことを説明していない他の選択肢は不適切。

重要　問九　傍線部9は,「さかなの骨のようなもの」＝黒田がポンチ絵に書いた言葉の意味,「ごそりと彼の腹にささった」＝その言葉を黒田からの励ましとして心に刻まれた,ということなのでエが適切。「さかなの骨」をポンチ絵の言葉の意味,「彼の腹にささった」を吾一は心に刻んだという意味で説明していない他の選択肢は不適切。

やや難　問十　(1)　傍線部10は,黒田からのポンチ絵の意味を理解したことで,「卑屈な返事は,断然やめよう」という吾一の決意の表れである。「『時代の主人』ってことばが……」で始まる段落で,「年中,こき使われてばかりいる(14字)」吾一は,黒田の言う「時代の主人」という言葉にぴいんときて,なんとかして「主人」というものになってみたいと,猛烈に思ったことが描かれているので,10の決意は,「年中,こき使われてばかりいる」ことはやめようという決意,ということである。　(2)　傍線部10後の場面で,足を踏みしめたためにおゼンがゆれて,しるがこぼれたことを注意されたが,謝ることもせず「吾一はなんにも言わずに,スタスタと,ハシゴ段をおりてしまった。」ことが描かれており,このことが(1)の決意が行動となって表れている。

四　**(古文―大意・要旨,内容吟味,文脈把握,仮名遣い,口語訳,文学史)**

〈口語訳〉　ある人が,朝早くに,神社にお参りして,神社の周囲に設けた垣根のそばで詩歌を口ずさんでいると,拝殿の天井に,たいそううめいている者がいた。不審に思ったので,(拝殿に)上がってこれを見てみると,大きな土蜘蛛が,自分の糸で人を巻き,首すじに食らいついていた。(ある人が)上がってくると土蜘蛛は(気配に気づいて)そのまま逃げて行った。すぐに近寄り,取り巻いていた蜘蛛の糸を取り去り，「ところで，(あなたは)どのような方ですか」と言うと，「そのことですが，私は旅をいたす者でございますが，昨日の夕刻に，この場所にやってまいりました。一夜の宿を求めようにもなかったので，この神社で夜を明かそうと思い，行き先も定めない旅先で眺める空は，心細さ辛さで何かにかこつけて恨み嘆き，なんとなくぼんやりとしていましたところ，私の後から座頭が，この人も疲れた旅人の様子でやって来るのが見えました。(一夜の宿を)共に過ごしてはかないことを比べ合う旅の思い出を語り合ったりしておりますと，『自分と同じような身の上の人もあるのだなあ』と思っていると，その琵琶法師が，細身の小ぶりな香箱を取り出して，『これがよいものかどうか見定めてください』と言って，私の方へ投げて寄越しました。それならばと，右手で取ると，まるでとりもちのように(手から)離れない。左手で押さえてもまた取り付いてしまう。左右の足で踏みつけて落とそうとしましたが，足も離れなくなる。色々と試すうちに，その座頭が蜘蛛の正体を現し，私を糸に絡めて天井へのぼり，ひたすら(私の首筋から)血を吸い始めたのです。これに耐え難く，このまま命も消えてしまうのだと諦めておりましたところ，思いがけず(あなたが)助けてくださったのです。あなたは私の命の恩人です」と語ったのでございます。

問一　傍線部1は，土蜘蛛の糸に巻かれた人＝旅人を助けた人物で，助けられた旅人が助けてくれた「ある人」のことを最後に「命の親なり」と話している。

問二　傍線部2の「いぶかし」は「不審である，疑わしい」という意味。傍線部5の「見て」は「見て判断する」，「給れ」は「～てください」という意味。

重要　問三　波線部Cのみ，「座頭」＝「琵琶法師」が香箱を「投げた」ということ。他は，土蜘蛛の糸に巻かれた旅人が主語。

重要　問四　旅人は「求むべきやどしなければ(一夜の宿を求めようにもなかったので)」という状況だったため，神社で夜を明かそうと思ったので，エが適切。泊まる宿がなかったことを説明していないア，イ，ウは不適切。神社に来たのは「たそがれ」すなわち夕方の薄暗い時なので，「すっかり日が暮れて」とあるオも不適切。

問五　「ゑ」が含まれるのは，わ行「わゐうゑを」である。表記は異なるが，発音があ行「あいうえお」と重複する「ゐ・ゑ・を」に注意。

やや難　問六　旅人は，土蜘蛛の糸に巻かれてしまったのをある人に助けてもらったので，アは不適切。ある人が近づいたことで土蜘蛛は逃げたので，「退治してくれた」とあるイも不適切。ウは旅人が話しているので適切。「我にひとしき人もあめり」は，旅の思い出を語り合っている座頭に対して「自分と同じような身の上の人もあるのだなあ」と思っているということなので，「同じ故郷の出身者」とあるエは不適切。旅人はある人に助けてもらったことで，土蜘蛛の糸に巻かれたいきさつを話しているので，オも不適切。

基本　問七　他の成立は，アは奈良時代，イ・ウは平安時代，エは鎌倉時代。

★ワンポイントアドバイス★

小説では，何をきっかけに主人公の心情が変化したかを読み取っていくことも重要だ。

2020年度

★★★★★★★★★★★★★★★★★★★★★★★★

入　試　問　題

2020年度

横須賀学院高等学校入試問題（Ⅱ期選抜）

【数　学】（50分）〈満点：100点〉

1　次の各問いに答えよ。

(1)　$\frac{\sqrt{2}}{\sqrt{5}}\left(6-\frac{15}{\sqrt{10}}\right)-\sqrt{3}(\sqrt{30}-\sqrt{3})$を計算せよ。

(2)　$(x^2+5x)^2+5(x^2+5x)-6$　を因数分解せよ。

(3)　連立方程式 $\begin{cases} 3x+\frac{2}{y}=5 \\ 2x+\frac{1}{y}=4 \end{cases}$　を解け。

(4)　不等式 $\frac{3-\sqrt{30}}{2}<x<\frac{5+\sqrt{17}}{3}$　を満たす整数xすべてを求めよ。

(5)　２次方程式 $(x+3)(x-2)=6$ を解け。

(6)　関数$y=\frac{12}{x}$について，xの変域が$a \leqq x \leqq b$，yの変域が$2 \leqq y \leqq 6$であるとき，a，bの値を求めよ。

(7)　Y中学校の生徒10人が，それぞれクイズ10問に答えた。下の資料は，そのときの正解数を記録したものである。この資料についての説明で正しいものを，次のア～エからすべて選べ。

資料　クイズの正解数

10	2	2	3	5
7	4	7	9	2

ア　正解数の，平均値は５問より少ない。
イ　正解数の，最頻値（モード）は２問である。
ウ　正解数の，中央値（メジアン）は５問である。
エ　正解数の，範囲は８問である。

(8)　大，中，小の３つのさいころを投げたとき，出た目の積が15となる確率を求めよ。

(9)　図のような三角形ABCがある。辺ABの中点Mを通り，直線CMに垂直な直線が辺ACと交わる点をNとする。このとき，ANの長さを求めよ。

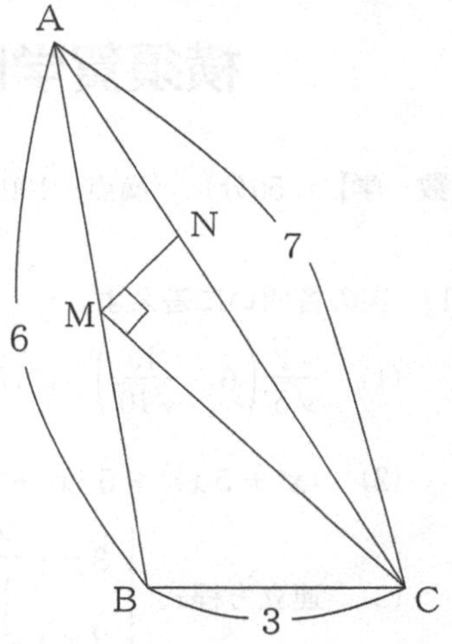

(10)　図は正四角すいの展開図であり，底面BDFHの１辺の長さは６，側面の二等辺三角形の等しい２辺の長さは８である。この展開図を組み立ててできる正四角すいの高さを求めよ。

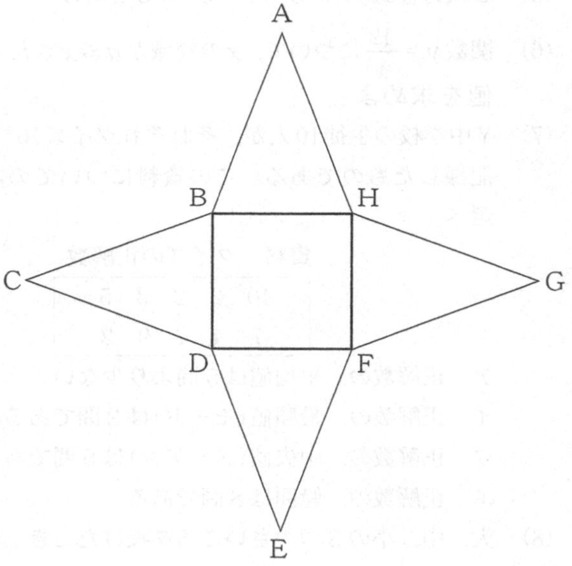

2　図は，関数$y=\dfrac{4}{x}$…①，$y=ax^2$（aは正の定数）・・・②のグラフである。

点A，Bは曲線①上にあり，直線ABとy軸との交点をPとするとAP：PB＝１：２で点Aのx座標は－２である。点Aを通りy軸に平行な直線と曲線②の交点をC，点Bを通りy軸に平行な直線と曲線②の交点をDとする。

このとき，次の各問いに答えよ。

(1)　$a=\frac{1}{2}$ のとき，点Dの座標を求めよ。

(2)　四角形ABDCが平行四辺形となるときの a の値を求めよ。

(3)　四角形ABDCが平行四辺形となるとき，対角線AD，BCの交点を点Eとする。曲線①上の x 座標が正の部分に点Fをとるとき，△CEFの面積が平行四辺形ABDCの面積の $\frac{1}{2}$ になるような点Fの x 座標を求めよ。

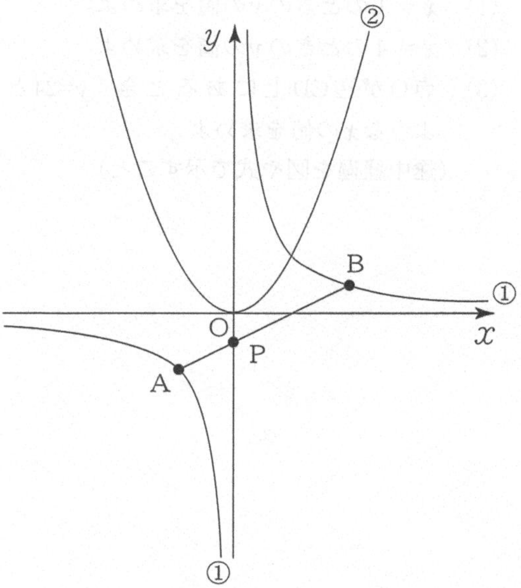

3　AさんとBさんはグー・チョキ・パーの図柄が1つずつ描かれた3つの玉が入った袋をそれぞれ持っており，次のようなルールで2回ジャンケン勝負をし，毎回勝ち・負け・引き分けを決める。

> ①1回目のジャンケンは，それぞれが持っている袋の中から無作為に1つずつ玉を取り出し，それぞれの玉に描かれた図柄で勝負をする。使用した玉は袋に戻さない。
> ②2回目のジャンケンは，それぞれ残りの2つの玉の入った袋の中から無作為に1つずつ玉を取り出し，それぞれの玉に描かれた図柄で勝負をする。

このとき，次の各問いに答えよ。

(1)　1回目にAさんが勝つ確率を求めよ。

(2)　1回目も2回目も引き分けになる確率を求めよ。

(3)　Aさんが2連勝する確率を求めよ。

4　次のページの図のように，一辺の長さが6の正方形がある。
点Pは点Aを出発して，毎秒1の速さで辺ADを点Dまで動く。
点Qは点Bを出発して，毎秒2の速さで辺BC上を点Cまで動き，
その後，辺CD上を点Dまで動く。
点Pと点Qは同時に出発し，出発してから x 秒後の
四角形ABQPの面積を y とする。また，$0<x<6$ とする。
このとき，次の各問いに答えよ。

(1)　$x=1$のときのyの値を求めよ。

(2)　$x=4$のときのyの値を求めよ。

(3)　点Qが辺CD上にあるとき，y=24となるようなxの値を求めよ。
（途中経過を図や式で示すこと）

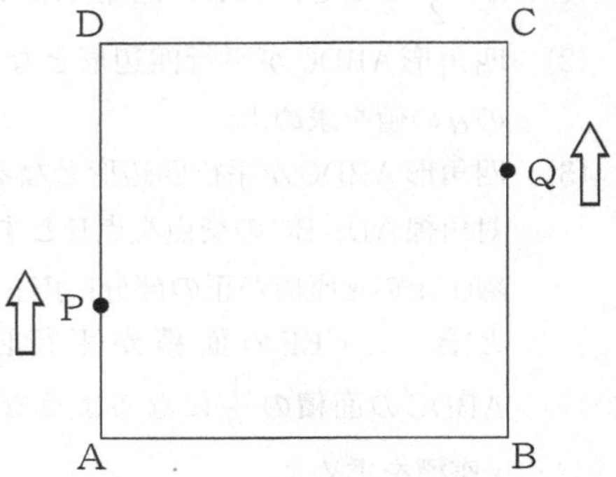

【英　語】（50分）〈満点：100点〉

1　1．以下の英単語の最も強く発音する部分を選び，番号で答えなさい。

(1) cal-en-dar　　(2) vol-un-teer　　(3) ex-pen-sive
　　1　2　3　　　　　1　2　3　　　　　1　2　3

2．CとDの関係がAとBの関係と同じになるように，(　　　)内に入る適当な語を解答欄に書きなさい。

	A	B	C	D
(1)	wet	dry	clean	(　　　)
(2)	right	wrong	full	(　　　)
(3)	angry	anger	true	(　　　)

3．次の英文の説明に相当する単語を，指定されたアルファベットで始め，解答欄に書きなさい。

(1) a written or printed message that you send to somebody [l]

(2) a large area of land, usually covered with sand, that is hot and has very little water and very few plants [d]

(3) a person who buys things for sale or services in a shop, restaurant, etc. [c]

(4) to show something such as a feeling or an opinion by words or actions [e]

2　1．次の各文の(　　　)に入るものとして最も適当なものを選び，番号で答えなさい。

(1) Tom is a friend of (　　　).
　1. she　2. her　3. hers　4. herself

(2) Not(　　　)house in this area is large.
　1. every　2. all　3. whole　4. some

(3) She is the tallest student(　　　)the three.
　1. for　2. on　3. of　4. in

(4) You haven't talked to Mary since yesterday,(　　　)you?
　1. will　2. do　3. did　4. have

(5) He was late(　　　).
　1. because of the heavy rain
　2. because of it was raining heavily
　3. because the heavy rain
　4. because raining heavily

(6) Look at that big star(　　　)in the sky.
　1. shine　2. shines　3. shining　4. shone

(7) He was(　　　)by the movie.
　1. move　2. moving　3. moved　4. movement

2．日本文の意味に合うように，次の英文の(　　　)内に入れるのに最も適当な1語を解答欄に書きなさい。

(1) 私の夢は，アジアの文化を研究するために中国に行くことです。

My dream is (　　　) go to China to study Asian culture.

(2)　私は彼ほど多く歴史に関する本を持っていません。

I don't have as many books about history (　　　) he does.

(3)　彼は最近ずっと，夜眠ることができない。

He hasn't (　　　) able to sleep at night recently.

3．次の各組の英文がほぼ同じ意味を表すように，(　　　)内に入れる適当な１語を解答欄に書きなさい。ただし，文頭に来る語は大文字にしなさい。

(1)　Can I see your watch?

Will you (　　　) me your watch?

(2)　The man said nothing to his son.

The man didn't say (　　　) to his son.

(3)　We can't answer the question.

It is (　　　) for us to answer the question.

(4)　Can you tell me the way to the stadium?

(　　　) can I get to the stadium?

(5)　When did you begin to study French?

How (　　　) have you studied French?

4．日本文の意味に合うように(　　　)内の語句を並べかえ，(　　　)内の３番目と５番目にくるものの番号を答えなさい。ただし，文頭にくるものも小文字になっています。

(1)　これは，彼があの時手に入れたかった本です。

(1. to　2. is　3. wanted　4. the book　5. he　6. this　7. get) at that time.

(2)　その場所は，一人で訪れるにはとても危険です。

(1. to　2. by　3. is　4. dangerous　5. that place　6. very　7. visit) yourself.

(3)　私たちは外国語を学ぶことで，他の国について知ることができます。

We can (1. about　2. countries　3. learning　4. other　5. by　6. learn　7. foreign) languages.

(4)　この計画が実現して欲しいものです。

(1. project　2. true　3. come　4. to　5. this　6. want　7. we).

(5)　試合が始まるとすぐに，雨が降り出した。

(1. the game　2. rain　3. to　4. it　5. as soon　6. as　7. began) started.

3

In North America and Europe, most women want to be *slim. There, a slim woman is a beautiful woman. There, a slim woman is healthy and careful about what to eat.

But in some parts of the world, women want to be fat. In many parts of Africa, a fat woman is a beautiful woman. How fat? There is no limit. If a woman is fat, she is healthy and rich. If a woman is slim, that means she is a worker with little money and not enough food to eat. Also, people believe that a slim woman will be sick or that she can't have children. A fat woman has enough food to eat, so she is healthy and will have many healthy babies.

To help girls and women to look healthy and beautiful, people in central Africa send them to a fattening room. The tradition of fattening rooms is an old one and an important part of a girl's life. After a girl goes to a fattening room, her family and her village say that she is a woman. The fattening room is usually in or near the family's house. In the fattening room, a girl sits on a special chair until it is time to eat. Then she sits on the floor on a mat made of leaves. She also sleeps on the floor. Her mother gives her *bowls of food, such as rice, *yams, and beans — the kinds of foods that help her to get fat. She also drinks a lot of water.

In the fattening room, the girl does not（ ア ）very much. She can only eat, sleep, and get fatter. Her only visitors are women who teach her how to sit, walk, and talk in front of her future husband. They also give her advice about cleaning, *sewing, and cooking. It is boring to be in the fattening room for a long time when there is nothing to do, but the girl doesn't（ イ ）. She knows that it is important for her.

In southeastern *Nigeria, brides go to a fattening room or a fattening farm before they get married.

（ ウ ）She may go several times because it is important for her to stay fat. A man wants his wife to be fat so that other people will think that he is a rich man.

If parents don't send their daughters to a fattening room, their friends and *relatives may laugh at them. They will say that the parents are not doing their job. In old days, girls sometimes stayed in a fattening room for two years. Today, some families cannot *afford more than a few months. Also, fattening rooms are not very popular in cities now. In cities, health education and Western culture have a big influence on people's ideas. But in villages, this traditional custom continues.

In *Niger, they have a festival to celebrate the heaviest woman. Here, women have a contest to see who is the fattest. On the morning of the contest, the women eat a lot of food and drink lots of water. The fattest woman is the winner. She gets a prize — more（ エ ）!

*slim　ほっそりとした　　*bowl　どんぶり　　*yam　やまいも
*sewing　裁縫をする　　*Nigeria　ナイジェリア（アフリカの国）
*relative　親戚　　*afford　余裕がある　　*Niger　ニジェール（アフリカの国）

問1．（ ア ）に入れる最も適当な語を選び，番号で答えなさい。

1. move　2. drink　3. care　4. eat

問2．（ イ ）に入れる最も適当な語を選び，番号で答えなさい。

1. think　2. come　3. know　4. mind

問3．（ ウ ）には下の(a)～(c)の文が入る。その正しい順番を表している選択肢を選び，番号で答えなさい。

(a)　They cannot leave the farm for many weeks.
(b)　After a woman is married, she can also go to a fattening room
(c)　At the end of this time, but before the wedding, the brides walk through the village to show their big bodies to everyone.

1.（b）－（c）－（a）　2.（a）－（b）－（c）
3.（a）－（c）－（b）　4.（c）－（b）－（a）

問4．（　エ　）に入れる最も適当な語1語を同じ段落の中から選び，解答欄に記入しなさい。

問5．本文に関する次の英文の下線部に入れる最も適当なものを下から選び，番号で答えなさい。

(1) In many parts of Africa, people think a slim girl ________________.
1. is healthy
2. is not healthy
3. will have many babies
4. is beautiful

(2) A girl goes to a fattening room ________________.
1. only to learn how to sew and cook
2. to be alone and think
3. for one week only
4. to become a woman

(3) Today, fattening rooms ________________.
1. are still popular in villages
2. are popular in villages and big cities
3. are no longer popular
4. are only popular with very rich families

問6．本文の内容と一致するものを2つ選び，番号で答えなさい。
1. In North America, people believe that a fat woman is a beautiful woman.
2. In the fattening room a girl's only visitors are her mother and her relatives.
3. A woman may go to a fattening room several times in her life.
4. In many parts of Africa, a fat body means that the person is very poor.
5. In central Africa, if a woman goes to a fattening room, it means that her parents are taking care of their daughter.

4

In the beginning, people used just their fingers to eat. Then they started to use the finger-and-knife together. Around 5,000 years ago, when the rest of the world was still using fingers and a knife, the Chinese began using *chopsticks. Today many people eat with knives, spoons, and forks, but chopsticks are still as important and popular as they were centuries ago.

No one knows exactly when the Chinese began to use chopsticks. One Chinese legend says that the use of chopsticks began when two poor farmers had to leave their village. The farmers went from village to village, but were not welcome anywhere. The two men grew tired and hungry, so they stole a piece of meat from a small village. Then they ran from the village and into a forest, and there they quickly made a fire to cook their meat. The smell of the meat was so good that the two men could not wait. They used some sticks from the forest, took the pieces of meat from the fire and put them into their mouths. And so the custom of chopsticks began. Other people did the same, and in a short time people all over China were eating with chopsticks.

There are other ideas about why Chinese started using chopsticks. Some people believe that *Confucius influenced how the Chinese thought about eating and many other things. Confucius said it was wrong to have knives at the table because knives were used for killing. Other people think that there was not enough *fuel in China. There was only a small amount of fuel to use for cooking food. But the Chinese found the answer! They cut the food into small pieces before cooking, so that they could finish cooking as quickly as possible and only use a very small amount of fuel. The small pieces of food were perfect for chopsticks. We do not know which came first — chopsticks or the unique style of Chinese cooking. But we know（　ア　）.

Chopsticks spread from China to *Vietnam and Korea and eventually reached Japan by the year 500. Around 3,000 years and between different cultures, several kinds of chopsticks developed. Chinese chopsticks are about 21 to 24 cm long and round or square at the top end. The *Vietnamese did not change the Chinese chopsticks, but the（　イ　）made their chopsticks a little thinner and then started to make them from metal. Korea is the only country today that uses metal chopsticks. The Japanese made their chopsticks rounded and *pointed. They are also shorter — about 16 cm long for females and 19 cm long for males.

Every kind of material is used to make chopsticks. Most chopsticks are made from *bamboo. Bamboo is cheap, *heat resistant, and has no taste or smell. Rich people's chopsticks were made from gold, *ivory, silver and so on. Some people had strong feelings about some of these materials. In fact, people once believed silver chopsticks would become black if they touched any *poison. People who served *emperor had to test each of the dishes with silver chopsticks before he ate, because an emperor was scared of eating poison. The emperor himself didn't want to use silver chopsticks to eat; he didn't like the feeling of the metal in his mouth.

The Japanese made chopsticks from every kind of tree. They even started to put *lacquer, a kind of shiny paint, on chopsticks about 400 years ago. The lacquered chopsticks of modern Japan have designs and are beautiful, but strong. The Wajima Nuri area in Japan is famous for making chopsticks with between 75 and 120 separate *layers of lacquer. The layers of lacquer keep the chopsticks nice forever. These chopsticks are harder than metal and can cost up to $125.

In 1878, the Japanese were also the first to make *disposable wooden chopsticks. The disposable chopsticks started when a Japanese schoolteacher, Tadao Shimamoto made his lunch and brought it to school with him but forgot his pair of chopsticks. *Fortunately, his school was in an area which was famous for its wood. He explained his problem to one of the local men. The man gave him a piece of wood and Tadao made it into a pair of chopsticks.

People liked his chopsticks so much that soon the local area started to produce large numbers of disposable chopsticks called wari-bashi. Maybe Tadao didn't make any money from wari-bashi, but certainly his name is remembered. Each year people from disposable chopstick companies go to Tadao's hometown and perform a ceremony to remember the father of wari-bashi.

About 50% of disposable chopsticks are produced in Japan; the other 50% come from China, *Indonesia, Korea, and *the Philippines. Japan uses about 24 billion pairs of disposable chopsticks each year. In fact, it is enough to build more than 10,000 homes. Japan now is trying to stop using disposable chopsticks to protect the environment. They carry their own personal chopsticks to restaurants （　ウ　） using the disposable ones. Even though everybody may use different kinds of chopsticks, they are here to stay.

*chopsticks　箸　　*Confucius　孔子（中国の哲学者）　*fuel　燃料
*Vietnam　ベトナム　　*Vietnamese　ベトナム人　　*pointed　とがった
*bamboo　竹　　*heat resistant　耐熱性の　　*ivory　象牙　　*poison　毒
*emperor　皇帝　　*lacquer　うるし　　*layer　層　　*disposable　使い捨ての
*fortunately　幸運にも　　*Indonesia　インドネシア
*the Philippines　フィリピン

問1．（　ア　）に入れる最も適当な文を選び，番号で答えなさい。

1. that chopsticks had a great influence on the development of Chinese cooking
2. that chopsticks didn't have a great influence on the development of Chinese cooking
3. that chopsticks had a great influence on two poor farmers so that they could cook as quickly as possible
4. that chopsticks were first used by two poor farmers and spread all over the world in a short time

問2．（　イ　）に入れる最も適当な語を選び，番号で答えなさい。

1. Japanese　　2. Chinese　　3. Koreans　　4. Vietnamese

問3．（　ウ　）に入れる最も適当な語を選び，番号で答えなさい。

1. for　　2. instead of　　3. as well as　　4. in order to

問4．本文に関する次の英文の下線部に入れる最も適当なものを下から選び，番号で答えなさい。

(1) Japanese chopsticks are ______________ .

1. the same as Chinese chopsticks.
2. about 21 to 24 cm long
3. thin and made of metal
4. rounded and pointed

(2) Disposable chopsticks were first made by ______________ .

1. Confucius
2. the Koreans
3. a Japanese schoolteacher
4. two poor Chinese farmers

(3) The Chinese began using chopsticks ______________ .

1. around 5,000 years ago
2. in 1878
3. in the year 500
4. around 3,000 years ago

(4) The emperor would not use silver chopsticks because he ______________ .

1. thought they would make him sick
2. thought they would make his tongue black
3. only wanted chopsticks made from gold
4. didn't like the taste of metal

問5. 次の英文の内容が本文の内容と合致する場合は○を，異なる場合は×を，それぞれの解答欄に記入しなさい。

1. Confucius said it was wrong to have knives at the table because knives were used for killing.
2. Tadao Shimamoto made his first pair of disposable chopsticks for selling.
3. Chopsticks are good for cutting or picking up large pieces of food.
4. In Japan, men and women use different sizes (length) of chopsticks.

れ」・E「見」の主語の組み合わせとして最も適するものを次の中から一つ選び、その記号を答えなさい。

ア、（A　B　C）と（D　E）
イ、（A　C　D）と（B　E）
ウ、（A　B　E）と（C　D）
エ、（B　C　D）と（A　E）
オ、（B　C　E）と（A　D）

問五、本文の内容に通じる表現として、最も適するものを次の中から一つ選び、その記号を答えなさい。

ア、虎の威を借《か》る狐
イ、生き馬の目を抜く
ウ、逃がした魚は大きい
エ、一寸の虫にも五分の魂
オ、かわいい子には旅をさせよ

問六、本文は、江戸時代の随筆であるが、同じジャンルの作品を次の中から一つ選び、その記号を答えなさい。

ア、『万葉集』
イ、『紫式部日記』
ウ、『枕草子』
エ、『今昔物語集』
オ、『おくのほそ道』

うじて、まづその毛のうちをくぐり出でてはひゆけば、すずめの子の居たりけり。われをおそれなむと見れば、すずめの子は知らぬさまなり。いかにして見つけざるやとかたはらへはひよれば、うれしげに見て、くちばしさしいだして、ついばまむとす。※3例なきことなれば、おそろしくて、逃げ隠れぬと、かの友だちに語りけり。

（松平定信『花月草紙』）

注　※1　雲居のよそ……天空のはて。
　　※2　大かたあらじ……まったくないだろう。
　　※3　例なきこと……経験したことのないこと。

問一、——1「鷹《たか》の羽にすむ虫」とあるが、この「虫」はどのようにして生きていたのか、それを説明した部分のはじめとして最も適するものを次の中から一つ選び、その記号を答えなさい。

ア、かの鷹の毛
イ、それより、
ウ、血もつき肉
エ、からうじて
オ、われをおそ

問二、——2「げにわれは事たれる身かな」・4「いかにして見つけざるや」の解釈として最も適するものを次の中から一つ選び、その記号を答えなさい。

2「げにわれは事たれる身かな」…
ア、きっと私は幸せになれるはずだ。
イ、本当に私は不自由のない身だな。
ウ、実は私は恵まれていないのかな。
エ、もしかして私は不自由なのかな。
オ、ひどく私は不自由な身の上だよ。

4「いかにして見つけざるや」…
ア、なんとか私を見つけてほしい。
イ、どうにも私を見つけられない。
ウ、よもや私を見つけないだろう。
エ、もしや私を見つけられるのか。
オ、どうして私を見つけないのか。

問三、——3「みづから出でて飛びかけらむ」とあるが、「虫」がこのようにした理由を説明したものとして最も適するものを次の中から一つ選び、その記号を答えなさい。

ア、他の虫たちが、ひとり占めしていた自分を出し抜いて、鷹《たか》のすみかを横取りしてしまったから。
イ、他の虫たちが、すずめより鷹の方が大きい体だと気づき、乗り換える虫が増えてしまったから。
ウ、他の虫たちが、体の衰えてしまった自分に気づき、自分を鷹から追い出そうとしはじめたから。
エ、他の虫たちが、同じ鷹にとりついてしまったことで、鷹がすっかり衰弱し倒れてしまったから。
オ、他の虫たちが、鷹の体がすっかりやせてしまったのに気づき、次から次へと離れていったから。

問四、〰〰A「くぐり出で」・B「おそれ」・C「見れ」・D「はひよ

オ、鳴海にとって団重彦にスリッパを投げつけられたことは、若い日の自分の未熟さを示すものであり、今でもそのような自分を恥じることがあるから。

問六、[X]に入る語を、文中の「団重彦」の発言から抜き出して答えなさい。

問七、[Y]・[Z]に入る語の組み合わせとして最も適するものを次の中から一つ選び、その記号を答えなさい。

ア、Y　謝罪　　Z　絶望
イ、Y　苦悩　　Z　希望
ウ、Y　感謝　　Z　批判
エ、Y　希望　　Z　失望
オ、Y　感謝　　Z　謝罪

問八、――5「とても大切なこと」とは、どのようなものだと考えられますか。文中から十字で抜き出して答えなさい。

問九、以下の会話文は、生徒たちがこの文章を読んだ感想を話し合ったものです。内容として**明らかな誤り**があるものを次の中から一つ選び、その記号を答えなさい。

ア、Aさん――『四月の魚』という小説がどんなものかは触れられていないけれど、「柏葉鳴海」と主人公の「リカコ」が重ねられることで、魅力的な人物が登場することが想像できるね。どんな小説なのか、読んでみたくなったな。

イ、Bさん――作者である「団重彦」の言葉からも、小説『四月の魚』にこめた思いが伝わってくるね。小説というものは、作者にとってラブレターに似ているものなのかもしれないと思ったよ。

ウ、Cさん――「一整」は控えめな存在だけれど、書店員という自分の仕事に誇りを持っていることがよくわかるな。『四月の魚』を自信を持って売っていることが、「柏葉鳴海」や「団重彦」に対する言葉からにじみ出ているな。

エ、Dさん――読み手として優れているから、「一整」は小説の世界にのめりこんでいってしまうのかもしれないね。最後の場面は、「一整」の中で現実と小説の区別がつかなくなっていることを象徴しているような気がする。

オ、Eさん――「団重彦」と同じように、「一整」の中にも伝えたい言葉があったんだよ。「団重彦」との会話をきっかけに、自分の中でその思いに整理をつけられたことが、最後の場面に表れているんじゃないのかな。

[四]　次の古文を読んで、後の問いに答えなさい。なお、特に指示がなければ、解答の際、句読点等は字数に含むものとします。

　1鷹《たか》の羽にすむ虫ありけり。空高く飛びかけるときは、はるかに人の住家などをも見下しつ。2「げにわれは事たれる身かな」。つばさもうごかさで、千里の遠きに行きかよひ、※1雲居のよそまでもあがるめり。ことにさまざまの鳥は、みなおそれて逃げ走る。げにもわれに勝つものは、※2大かたあらじ」など思ひつつ、かの鷹の毛のうちに居つつ、しきりに肉むらをさし、血を吸ひて居しが、そのやからいと多くなりもてゆきしにや、つひにその鷹もたおれにけり。それより、3みづから出でて飛びかけらむと思へども、飛び得ず、走らむと思へども、すみやかならず。血もつき肉むらもかれぬれば、いまは命つなぐやうもなし。から問一、——**1**「宝探しの月原」とあるが、これは「一整」のどのような考えから生まれた呼び名ですか。「〜という考え。」に続くように、二十五字以上三十五字以内で本文に即して説明しなさい。

問二、——**a**〜**e**の中で品詞が違うものを一つ選び、その記号を答えなさい。

問三、——**2**「言葉の終わりをかき消すような強さと勢いでいいはなった」とあるが、この時の「鳴海」の心情として最も適するものを次の中から一つ選び、その記号を答えなさい。

ア、かつて自分の演技を否定した団重彦が、柄にもなく謝罪しているのを見て、胸がすくような思いがし、もっと仕返しをしようと考えている。

イ、自分にスリッパを投げつけるほど自信満々だった団重彦が、すっかり弱気になっているのを見て、昔のように元気になってほしいと思い、叱咤《しった》激励している。

ウ、昔は有名な脚本家だった団重彦が、今では小説を書いて暮らしているのを知り、なんとかテレビの世界に戻ってほしいと願い、手助けしようと考えている。

エ、自分を立派な女優に育ててくれた団重彦が、見る影もなく落ちぶれているのを見て、世間の評価を歯がゆく思い、もっと彼の小説を売り出そうと願っている。

オ、思いやりのある言葉で自分の才能を引き出してくれた団重彦が、自分に対して頭を下げるのを見て、恩返しをしたいと願い、あえて強い言葉をぶつけている。

問四、——3「リカコはわたし」とは、どういうことですか。最も適するものを次の中から一つ選び、その記号を答えなさい。

ア、立派な女優になった鳴海にリカコを演じてほしいと夢見て、団重彦は『四月の魚』を書いたのだということ。

イ、今後鳴海はリカコのような人生を生きるのだと予想して、団重彦は『四月の魚』を書いたのだということ。

ウ、高校生の頃に鳴海が演じたリカコの成長した姿を想像して、団重彦は『四月の魚』を書いたのだということ。

エ、鳴海にはリカコのような意外な一面もあるということを伝えたくて、団重彦は『四月の魚』を書いたのだということ。

オ、多くの作品に出演している鳴海の姿をもとにして、団重彦は『四月の魚』のリカコ像を作り上げたのだということ。

問五、——4「何回でも言及させていただきますわ」とあるが、それはなぜですか。最も適するものを次の中から一つ選び、その記号を答えなさい。

ア、鳴海にとって団重彦にスリッパを投げつけられたことは、今でも残る心の傷であり、謝罪されても忘れることはできないから。

イ、鳴海にとって団重彦にスリッパを投げつけられたことは、大切な思い出であり、団重彦にもそれを認識してもらいたいから。

ウ、鳴海にとってスリッパを投げつけられたことは、団重彦の横暴さを象徴するエピソードであり、世間にも広く知らせたいことだから。

エ、鳴海にとってスリッパを投げつけられたことは、団重彦が自分の演技を認めたことの裏返しであり、ずっと誇りに思ってきたことだから。

鳴海はいいきった。

虫の音が響き、夜風が柔らかくその髪をなびかせた。蛍の光が飛び交う中、女神のような明るく強い笑顔で、著者を見やるその姿は、リカコそのものだと、一整は思った。

団重彦は、静かにうなずいた。

「約束しよう。もしわたしの人生に、それだけの余力があるのなら、なるるのために、リカコのために、新たに言葉を紡ぎ直すことを」

よろしい、というように、女優はうなずいた。そして、さっさと店の明かりの方へと歩み去ろうとした。

一整が後を追おうとすると、作家はいった。独り言のように。

「実は、新しい本のご依頼も受けているんです。今度の本でもう十分満ちたりていましたし、もうこれ以上、作品を書き上げる体力は残っていないと思っていました。決めつけていました。『四月の魚』が最初で最後のわたしの X への恋文だと。

でももしかしたら、まだわたしには、新たなる恋文を綴《つづ》ることができるのでしょうか」

一整は答えた。

「わたしは先生の言葉を、もっとたくさん読みたいと思います。その言葉を、遠くまで、そして未来まで、たくさんの読み手に手渡したいです。それがわたしの仕事ですので」

「ありがとう」と、団重彦は頭を下げた。

「もう一通、そしてさらに一通と、世界に残す言葉を、わたしはたくさん残すことができるのでしょうか。愛と感謝を告げる言葉を。

そしていつか――テレビドラマの世界へも、復活することが叶《かな》うのでしょうか。そんな夢をまだ見ていても、いいのでしょうか」

その夜、一整は夢を見た。

夜明けの空を、一整は空飛ぶ鯨の背に乗って、飛んでいた。世界は光に溢《あふ》れ、美しかった。

ひとの気配に傍らを振り返ると、そこには※1父親と姉がいて、風に髪をそよがせながら、夜明けの光に包まれた地上を、楽しげに見下ろしていた。姉はたまに声を弾ませて笑っていた。

一整はそんな父と姉に何かいわなければと思った。いいたいことがあったのだ。あったはずなのだ。そうだ。 Y の言葉と、そして Z の言葉だ。ふたりを守れなかったことを、父の名誉を守り抜くことができなかったことを、詫《わ》びなければいけない。

空の上で、小さな子どものように泣きながら、一整は言葉を探し、ふたりに詫びた。

ふたりは優しい笑みを浮かべて、ただ一整を見つめてくれていた。姉が手招きして呼ぶので、いまはそのひとよりも背が伸びた一整は身を屈《かが》めるようにして、そのそばに近づいた。

「あのね」

姉は耳元に何か一言二言、優しい言葉をささやいた。言葉は風の音のように、耳の中を吹きすぎてゆき、何を聞いたのか、記憶に残らなかった。ただ、5とても大切なことを聞いたのだと、それだけはわかった。

（村山早紀『桜風堂ものがたり』一部改変があります。）

注　※1　父親と姉……一整が幼い頃、二人は交通事故で亡くなっている。その時、父親が飲酒運転をしていたのだという誤報が広まってしまった。

の団重彦が、bそんなに弱気になったら駄目なんです」

目が涙で潤んでいた。

「先生、あのね。わたしはあの頃は、そりゃ先生を恨んだりもしました。腹も立てました。でもね、脚本の凄《すご》さと、そこに込められた想いは、胸のここにcしっかり伝わっていたんです。悔しいことに、伝わっていたんですよ。――だからわたし、誓ったんです。ええ十代の頃の話ね。

いつかきっと、スリッパを投げ返すほどの、大女優になってみせる、って。そう思って頑張って、いまの柏葉鳴海がいるんです。

だから先生、弱気になんかならないで」

「いやしかし」

「ええ、これからはd多少言葉に気をつけることも大事かとは思うんですけどね。まあそれはそれとして、ちょうどよかった。先生に訊きたいことがあったんです。

3リカコはわたしですよね？」

わ、た、し、となるるはうたうようにいい、マニキュアで彩られた指で自分を指した。

団重彦はふっと笑い、うつむいた。

なるるは、自信ありげに言葉を続けた。

「eあの表情、台詞《せりふ》の話し方。ひとに向ける眼差《まな》し。すべてが、あの頃わたしが演じたリカコの、そのおとなになった姿だと思いました」

団重彦は、微笑《ほほえ》んだ。

「そうだよ」うなずいて答えた。「嫌かい？」

「とんでもない」鳴海は首を横に振った。

「ほっとしました。ああよかった、って。

あの頃先生は、スリッパを投げつけるほど、わたしの演技に対して怒っていたけれど」

「だから、悪かったと」

「いいえ、スリッパを投げつけられたことは大事なエピソードですので、4何回でも言及させていただきますわ。

とにかく、先生は実際にはけっこう、あの頃の柏葉鳴海の演技を気に入ってくださっていたのね、と、あれから実に数十年を経て気づいたんです。すごく、嬉しかったんです」

「ああ、それは、とても気に入っていたよ。あの頃、そうはっきりいえなくて、その」

「今度は、褒めてくださいね」

鳴海はかわいらしく微笑んだ。年齢を超越した、妖精のように愛らしい笑顔で。

「約束してください。先生はまたきっと、シナリオを書くひとになるんです。現場に戻って、自分の手で、テレビドラマ版の『四月の魚』のシナリオを書くんです。ええ当然、その時の主役、リカコはわたしです。

いいですよね？」

団重彦は、こちらも目に薄く涙を浮かべて、微笑み、うなずいた。

「そんな幸せなことが、もし未来にあればね」

「あるに決まってます。わたしは成長後のリカコの人生を生きるんです。そしてね。今度こそ、スリッパではなく、わたしの演技を認める言葉を、先生からいただきたいんです」

優・柏葉鳴海（愛称なるる）の紹介もあって、全国で売れるようになった。ある夕方、『四月の魚』の著者で、かつては有名な脚本家だった団重彦が、桜風堂を訪れて、一整に礼を言う。

「あなたは、売るべき本を見出すことができる、[1]『宝探しの月原』と呼ばれる書店員なのだそうですね。

ありがとうございます。わたしにとってあなたは、奇跡を起こす魔法使いでしたよ」

そんなことは、と返そうと思ったとき、こちらに向けて近づいてくる、タクシーの光に気づいた。タクシーはスピードを落としつつ近づいてきて、店の前で止まり、扉が開いた。

あ、と声を上げたのは、団重彦だった。

柔らかそうな髪を夜風になびかせ、空を舞う蛍の光を振り返り、見とれるようにしながら、桜風堂に向かって歩いてきたのは、柏葉鳴海だった。

「あら、団先生」

女優は、こんなときもかけていた大きなサングラスをはずし、笑顔で挨拶《あいさつ》をした。

にこにこと笑いながら、足早に近づいてくる。一整のエプロンに目をとめて、

「こちらのお店の方でいらっしゃいますか？」

と訊《き》きかけて、また、「あら」と声を上げた。

「ねえあなた、銀河堂にいらした書店員さんじゃなかったでしたっけ？」

「はい」一整はうなずいた。笑顔で答えた。

「前の店舗ではお世話になりました。ありがとうございました」

「いえいえ。あなたがこちらにいらっしゃるのなら、これからは桜風堂さんも贔屓《ひいき》にしようかしら。――あ、早速だけど、『四月の魚』ありますか？　献本いただいたけど自分でもちゃんと買いたくて本屋さん回ったんですけど。いまどこを探しても、あの本無いんですもの。銀河堂もあんなにたくさん並べてあったのに、さっき行ったらもう一冊もなくて。一冊もよ？　信じられない」

「当店はまだまだ在庫がございます。[a]あいにくサイン本は無くなってしまったのですが……」

「いまこの場で、先生にサイン入れていただくからいいわ」

鳴海はいいきった。大きな目でウインクをして、団重彦に愛らしい声で訊《たず》ねた。

「ね、いいですよね、先生？」

団重彦は、黙ってうなずいた。

わあい、と鳴海は嬉しそうに声を上げた。

「ねえ、先生、わたしのこと、おぼえてらっしゃいます？」

「ああ」

「高校生の頃、先生にスリッパをぶつけられた、柏葉鳴海です」

「だからその、覚えているし、あのときはほんとうに、申し訳なかったと思って……」

「いいんですよ」鳴海は[2]言葉の終わりをかき消すような強さと勢いでいいはなった。

「いいんです、先生。わたしには頭なんて下げないでください。天下

エ、納得できないことである
オ、申し訳ないことである

問五、――4「国語教育において、文学作品の読解が不可欠な理由」とあるが、その理由として最も適するものを次の中から一つ選び、その記号を答えなさい。

ア、昔から文学作品を読解することは国語教育で行われていて、日本の文化に根付いているものだから。
イ、平易な文体で書かれた文学作品を読むことは、読書の習慣をつけるためには最も適しているから。
ウ、作品に書かれている事を自分自身の経験のように捉え、人生の経験値を上げることができるから。
エ、小説は同じ表現でも人それぞれの解釈があり、解釈する人が増えれば価値観の多様化につながるから。
オ、文学作品にある未知の部分を解釈しようとすることで、物事の本質をとらえる力が身につくから。

問六、X・Y に入る語として最も適するものを次の中からそれぞれ一つ選び、その記号を答えなさい。ただし、同じものを繰り返し用いてはいけません。

ア、情趣的　イ、衝動的　ウ、抽象的
エ、批判的　オ、理知的

問七、Z に入る適語を、文中から三字で抜き出して答えなさい。

問八、本文の内容に合致しているものを次の中から二つ選び、その記号を答えなさい。

ア、文学作品の読解は、未知を読む能力を向上させることが目的であるため、既知のことしか書かれていない作品は扱うべきではない。
イ、悟りを目指す禅僧の修行と漢文の素読は、声に出して読むことを重視して意味や内容については触れないという点でとても似ている。
ウ、読者が自分の能力をすべて使って解釈する思考的読書の機会は少なくなったが、知的活動をする上では基本となる重要なことである。
エ、未知を知る方法はすべての知的活動の前提となるため、今後は国語教育に力を入れ、優れた未知を読む読者を育成する必要がある。
オ、かつて幼いこどもが行っていた漢文の素読は、指導者が内容を理解させるというよりも自分の力で解釈することに重きを置いていた。
カ、ストーリーのあるものが面白い文章であるという安易な考え方は、現代の国語教育が間違った方向に進んでいることを象徴している。

三　次の文章を読んで、後の問いに答えなさい。なお、特に指示がなければ、解答の際、句読点等は字数に含むものとします。

月原一整はある事件をきっかけに銀河堂書店を退職し、現在は桜風堂書店の手伝いをしている。一整が売りたいと願っていた新刊小説『四月の魚』は、銀河堂の人々の尽力や、本好きの女てはいない。きわめて多くの読みの指導が、B読みを可能にしないまま、浅い意味での文学読者を育てるに終わってしまっているのである。

これはただ、言語教育の上で6遺憾であるばかりではない。ひろく、われわれの思考、知的活動に大きな影響を及ぼしているのである。おもしろい文章というのが、ほとんどストーリーのあるものという日本の傾向は、［X］理解力のひよわさと表裏をなしている。どうしてもゴシップ※3的興味がはんらんする。

文学作品が、Aの読みからBの読みへ移るのに欠かすことができないのは、前述のとおりであるけれども、読みは創作の理解が終点であっては困る。本当にBの読みができるようにするのが最終目標でなくてはならない。

それには、文学作品を［Y］にわかったとして満足しているのではなく、〝解釈〟によって、どこまで既知の延長線上の未知がわかるものか。そのさきに、［Z］と直観の飛翔によってのみとらえられる発見の意味があるのか。こういうことがしっかり考えられていなくてはならない。

それは国語教育、読書指導にのみ委ねておくべきことではない。未知を知る方法がすべての知的活動の前提であるとすれば、広く思考と知識に関心をいだく人たちにとって大きな問題でなくてはならない。

（外山滋比古『思考の整理学』一部改変があります。）

注　※1　公案《こうあん》……禅宗で修行者を悟りに導くために与える課題。
※2　独得………「独特」と同じ。
※3　ゴシップ…うわさ話。

問一、――1「下敷」とは何を指すか、文中から十字以上十五字以内で抜き出して答えなさい。

問二、［I］に入るものとして最も適するものを次の中から一つ選び、その記号を答えなさい。

ア、読み書き算用は世渡りの三芸
イ、読書百遍、意おのずから通ず
ウ、書を読むを好めども甚解を求めず
エ、書は精読を貴び、多く貪るを貴ばず
オ、読書は学問の術なり、学問は事をなすの術なり

問三、――2「音声化だけを教えて、意味には触れない」とあるが、その結果、どのようになると筆者は考えていますか。それを指し示す部分を文中から四十五字以上五十字以内で抜き出し、その最初と最後の三字を答えなさい。

問四、――3「骨である」・5「おぼろげに」・6「遺憾である」の文中での意味として最も適するものを次の中からそれぞれ一つ選び、その記号を答えなさい。

3「骨である」
ア、不可能である　イ、困難である
ウ、やりがいがある　エ、重要である
オ、簡単である

5「おぼろげに」
ア、ぼんやりと　イ、はっきりと
ウ、しっかりと　エ、ていねいに
オ、ばらばらに

6「遺憾である」
ア、残念である　イ、間違いである
ウ、不都合である

ずつだが、おぼろげにわかってくる。[I]、というのが、このCの読み方である。おそらくそれはその人の考えにつよく色どられていると思われる。

かつては、漢文の素読ということをした。ただ、2音声化だけを教えて、意味には触れない。幼いこどもにとって、完全な未知である。それをわかっていくのは、Bの理解というよりはCの理解に近い。禅僧が、※1公案《こうあん》を与えられて、長い間それをめぐって考えに考え抜き、ついには悟りに到達する。漢文の素読のねらいもいくらかそれに似たところがある。

いまは読者に親切な表現がつよく求められることもあって、Cの読みに耐えるような本はほとんどなくなってしまっている。読む人が自分の想像力、直観力、知識などをその限界まで総動員して、ついには、〝自分の解釈〟に至るというような思考的読書はきわめてすくなくなった。

読書の必要を訴える声はしばしば耳にするけれども、多くそれは量的読書である。質的に見れば、ただ知るだけのAの読み、既知の延長線上の未知を解釈するBの読み、さらにまったくの未知に挑むCの読みという三つは、はっきり別のものである。

これからさき、CをBの中へふくめて、未知を読むのと既知を読むのとの二つを区別して考えたい。

学校教育の読みはAから始まる。学習者のよく知っている内容のことばの読みを教える。既知についての読みである。この方法については現在だれも疑うものがないけれども、昔は、一足飛びに高度の未知を読ませる素読を課していたのを考えると、Aから始めるのが唯一の方法とは言えないことがわかる。

文字を読めるようにするのが、Aの読みである。これがなかなか3骨であるから、一応、既知が読めるようにするのにも長い訓練を要する。そのために、ついBの読みのあることを忘れてしまう。お互いの受けたことばの教育をふりかえってみても、どこまでがAであり、どこからがBであるのか、はっきりしていない。

いつのまにかBの読みをしようとしていたのであるが、いつ、いかにして、AからBへの移行が行なわれたのか、明確ではない。それもそのはずである。教授者自身もそれがあいまいになっていて、いっこうに平気でいる。

A読みをしていたのが、突如としてB読みのできるようになるわけがない。移行の橋わたしがなくてはならない。それに役立つのが文学作品である。4国語教育において、文学作品の読解が不可欠な理由がそこにある。

物語、小説などは、一見して、読者に親しみやすい姿をしている。いかにもA読みでわかるような気がする。あまり難解であるという感じも与えない。それでは創作がA読みだけですべてがわかるか、というとそうではない。作者の考えているのは、読者の知らないものであることがうすうす察知される。このとき、読者は既知に助けられ、想像力によって、既知の延長線上に新しい世界を5おぼろげにとらえる。こういうわけで、同じ表現が、Aで読まれるとともに、Bでも読まれることが可能になる。創作が※2独得のふくみを感じさせるのは、この二重読みと無関係ではあるまい。

実際には、しかし、このように簡単にAからBへの移行が行なわれ

【国語】（五〇分）〈満点：一〇〇点〉

一 **次の1から5の――のカタカナは漢字に直して書きなさい。また6から10の――の漢字の読みをひらがなで答えなさい。**

1、試合中、相手チームの激しい攻撃を何とかソシする。
2、祖父に代わって家庭菜園の野菜をサイバイしている。
3、彼は、辛い経験をショウカすることで成功を収めた。
4、彼は体調を崩してしまい、作業がトドコオっている。
5、地域にボランティア活動が徐々にシントウしていく。
6、久しぶりに会う友達との旅行のために支度を調える。
7、惜別の情を胸に、長年仕事をしてきた同僚と別れる。
8、我が家は、江戸時代から続く和菓子屋を営んでいる。
9、難しい問題を解決するために有識者たちに諮問する。
10、自分に都合の悪いことを忘却の彼方へと追いやった。

二 次の文章を読んで、後の問いに答えなさい。なお、特に指示がなければ、解答の際、句読点等は字数に含むものとします。

知的活動には三つの種類が考えられる。

①既知のことを再認する。これをAとする。②未知のことを理解する。これをBとする。③まったく新しい世界に挑戦する。これをCとする。

これを読むことに関係づけて考えると、すでに経験して知っていることが書かれている文章を読んでわかるときがAに当たる。よく知っている土地のことを書いた文章を読んだり、実際を見て知っているスポーツの試合についての記事を読んだりするとき、その理解はこの再認になる。

読む側に、知識あるいは経験が先にある。そのあとから、同じ、ないしはよく似た知識があらわれる。両者を関係づければ〝わかった〟という自覚になる。もっとも基本的な認識の形式であるけれども、これだけでは既知のことしかわからなくなってしまう。

どうしてもBの未知を読む能力が求められることになる。これは、前の再認と違って、下敷[1]になるものがない。新しい世界に直面する。多少とも了解不能の部分があるはずである。その溝を飛びこえるには、想像力によるほかはない。いくらAの読みに習熟していても、それだけではBの読み方ができるとはかぎらない。両者は質的に違う。

読書が人間にとって未知の世界への導入となりうるのは、Bの読みができるからである。その意味でたいへん重要なものであるのに、一般にAとBとの区別がはっきりしていない。したがって、AからBへの移行はどうしたらできるのか考えられることはまれである。しばしば、Aだけにとどまって、それを読書のすべてであるように錯覚してしまう。

Aの読みは、知る、という活動であるが、Bはただ、はじめから知るというわけにはいかない。まず〝解釈〟が必要である。ことばを手がかりに、未知の世界へわけ入って行く。それで何とかわかれば、未知を既知とすることができるのである。

さらに、そういう解釈を拒むような理解の難しい表現もある。これがCの読みになる。どうしてわかるのか。体当たりである。一度や二度ではわかるわけがない。何度でもぶつかって行く。やがて、すこし

Ⅱ期選抜

2020年度

解　答　と　解　説

《2020年度の配点は解答欄に掲載してあります。》

＜数学解答＞ 《学校からの正答の発表はありません。》

1 (1) $-\frac{9\sqrt{10}}{5}$ (2) $(x+2)(x+3)(x^2+5x-1)$ (3) $x=3$, $y=-\frac{1}{2}$
(4) -1, 0, 1, 2, 3 (5) $x=-4$, 3 (6) $a=2$, $b=6$ (7) イ，エ
(8) $\frac{1}{36}$ (9) $\frac{7}{3}$ (10) $\sqrt{46}$

2 (1) D(4, 8) (2) $\frac{1}{4}$ (3) $\frac{4}{7}$

3 (1) $\frac{1}{3}$ (2) $\frac{1}{6}$ (3) $\frac{1}{6}$

4 (1) 9 (2) 26 (3) $3+\sqrt{3}$ (途中経過) 解説参照

○推定配点○

1～3 各5点×16　4 (1)，(2) 各5点×2　(3) 10点(途中点あり)　計100点

＜数学解説＞

基本 1 (平方根の計算，因数分解，連立方程式，不等式，2次方程式，比例関数，統計，確率，図形の計量問題)

(1) $\frac{\sqrt{2}}{\sqrt{5}}\left(6-\frac{15}{\sqrt{10}}\right)-\sqrt{3}(\sqrt{30}-\sqrt{3})=\frac{\sqrt{10}}{5}\times6-\frac{\sqrt{10}}{5}\times\frac{15}{\sqrt{10}}-\sqrt{90}+3=\frac{6\sqrt{10}}{5}-3-3\sqrt{10}+3=\left(\frac{6}{5}-3\right)\sqrt{10}=-\frac{9\sqrt{10}}{5}$

(2) $x^2+5x=\mathrm{M}$とおくと，$(x^2+5x)^2+5(x^2+5x)-6=\mathrm{M}^2+5\mathrm{M}-6=(\mathrm{M}+6)(\mathrm{M}-1)=(x^2+5x+6)(x^2+5x-1)=(x+2)(x+3)(x^2+5x-1)$

(3) $\frac{1}{y}=\mathrm{Y}$とおくと，$3x+\frac{2}{y}=5$から，$3x+2\mathrm{Y}=5$…①　$2x+\frac{1}{y}=4$から，$2x+\mathrm{Y}=4$…②　②×2－①から，$x=3$　これを①に代入して，$3\times3+2\mathrm{Y}=5$　$2\mathrm{Y}=-4$　$\mathrm{Y}=-2$　$y=\frac{1}{\mathrm{Y}}=-\frac{1}{2}$

(4) $\sqrt{25}<\sqrt{30}<\sqrt{36}$から，$5<\sqrt{30}<6$　$-\frac{3}{2}<\frac{3-\sqrt{30}}{2}<-1$…①　$\sqrt{16}<\sqrt{17}<\sqrt{25}$から，$4<\sqrt{17}<5$　$3<\frac{5+\sqrt{17}}{3}<\frac{10}{3}$…②　①と②から，$-1\leqq x\leqq3$　よって，求める整数xは，-1, 0, 1, 2, 3

基本 (5) $(x+3)(x-2)=6$　$x^2+x-6-6=0$　$x^2+x-12=0$　$(x+4)(x-3)=0$　$x=-4$, 3

基本 (6) $y=\frac{12}{x}$…①　①は$x=a$のとき最大値6をとるから，$6=\frac{12}{a}$　$a=\frac{12}{6}=2$　①は$x=b$のとき最小値2をとるから，$2=\frac{12}{b}$　$b=\frac{12}{2}=6$

基本 (7) 正解数が低い順に並べると，2, 2, 2, 3, 4, 5, 7, 7, 9, 10

平均値は，$\frac{2+2+2+3+4+5+7+7+9+10}{10}=\frac{51}{10}=5.1$(問)　正解数の最頻値は，2問　正解数のメジアンは，$\frac{4+5}{2}=4.5$(問)　正解数の範囲は，$10-2=8$(問)　よって，正しいものは，イとエ

(8)　3つのさいころの目の出方は全部で，$6^3=216$(通り)　そのうち，出た目の積が15となるのは，$15=1\times3\times5$から，(1，3，5)，(1，5，3)，(3，1，5)，(3，5，1)，(5，1，3)，(5，3，1)の6通り　よって，求める確率は，$\frac{6}{216}=\frac{1}{36}$

重要　(9)　$BM=\frac{6}{2}=3$　△BCMは二等辺三角形になるので，∠BCM＝∠BMC　点MからBCに平行な直線を引きACとの交点をDとすると，中点連結の定理から，$MD=\frac{3}{2}$　$AD=\frac{7}{2}$　平行線の錯角から，∠DMC＝∠BCM　∠AMN＝90°－∠BMC…①　∠DMN＝90°－∠DMC＝90°－∠BMC…②　①と②から，∠AMN＝∠DMN　角の二等分線の定理から，AN：ND＝AM：MD　$AN:\left(\frac{7}{2}-AN\right)=3:\frac{3}{2}=2:1$　$AN=2\left(\frac{7}{2}-AN\right)$　$3AN=7$　$AN=\frac{7}{3}$

基本　(10)　BFとDHの交点をOとすると，$BO=\frac{6\sqrt{2}}{2}=3\sqrt{2}$　展開図を組み立ててできる正四角すいの高さは，AOになる。△ABOにおいて三平方の定理を用いると，$AO=\sqrt{AB^2-BO^2}=\sqrt{8^2-(3\sqrt{2})^2}=\sqrt{46}$

2　(図形と関数・グラフの融合問題)

基本　(1)　①に$x=-2$を代入して，$y=\frac{4}{-2}=-2$　A(−2，−2)　AP：PB＝1：2から，点Bのx座標は，$2\times2=4$から4　点Dのx座標は，点Bのx座標と等しいから，$y=\frac{1}{2}x^2$にx＝4を代入して，$y=\frac{1}{2}\times4^2=8$　よって，D(4，8)

(2)　①に$x=4$を代入して，$y=\frac{4}{4}=1$　B(4，1)　②に$x=-2$，4を代入して，$y=a\times(-2)^2=4a$，$y=a\times4^2=16a$　C(−2，$4a$)，D(4，$16a$)　CA＝DBのとき，四角形ABDCは平行四辺形になるから，$4a-(-2)=16a-1$　$12a=3$　$a=\frac{1}{4}$

重要　(3)　$4a=4\times\frac{1}{4}=1$，$16a=16\times\frac{1}{4}=4$　C(−2，1)，D(4，4)　点EはBCの中点になるから，$\frac{4+(-2)}{2}=1$，$\frac{1+1}{2}=1$より，E(1，1)　$\triangle CED=\frac{1}{4}\times$(平行四辺形ABDC)　△CEF＝2△CEDになるとき，△CEFの面積は平行四辺形ABDCの面積の$\frac{1}{2}$になる。よって，点Fのy座標は，$1+2(4-1)=7$　①に$y=7$を代入して，$7=\frac{4}{x}$　$x=\frac{4}{7}$

3　(確率)

基本　(1)　AさんとBさんの玉の出し方は全部で，$3\times3=9$(通り)　そのうち，Aさんが勝つ場合は，(A，B)＝(グー，チョキ)，(チョキ，パー)，(パー，グー)の3通り　よって，求める確率は，$\frac{3}{9}=\frac{1}{3}$

(2)　AさんとBさんの玉の出し方はそれぞれ，$3\times2=6$(通り)　よって，2人の玉の出し方は全部

で，6×6＝36(通り)　1回目に引き分けになる場合は，(A，B)＝(グー，グー)，(チョキ，チョキ)，(パー，パー)の3通り　1回目が(A，B)＝(グー，グー)で引き分けになるとき，2回目も引き分けになるのは，(A，B)＝(チョキ，チョキ)，(パー，パー)の2通り　よって，2回とも引き分けになるのは，3×2＝6(通り)　したがって，求める確率は，$\frac{6}{36}=\frac{1}{6}$

(3)　1回目にAさんが勝つのは，(1)より3通り　1回目にAさんがグーで勝ったとき，2回目に勝つのは，(A，B)＝(チョキ，パー)，(パー，グー)の2通り　よって，Aさんが2連勝するのは，3×2＝6(通り)　よって，求める確率は，$\frac{6}{36}=\frac{1}{6}$

4　**(平面図形の動点の問題)**

基本　(1)　$x=1$のとき，$AP=1\times1=1$，$BQ=2\times1=2$　$y=\frac{1}{2}\times(1+2)\times6=9$

(2)　$x=4$のとき，$AP=1\times4=4$　$DP=6-4=2$　点QはCD上にあり，$QC=2\times4-6=2$　$DQ=6-2=4$　四角形ABQPの面積は，正方形の面積から，△DPQと△CBQの面積をひいたものになるから，$y=6\times6-\frac{1}{2}\times4\times2-\frac{1}{2}\times2\times6=36-4-6=26$

重要　(3)　$3\leqq x<6$のとき，点Qは辺CD上にある。$DP=6-x$，$QC=2x-6$，$DQ=6-(2x-6)=12-2x$　$y=6\times6-\frac{1}{2}\times(12-2x)(6-x)-\frac{1}{2}\times(2x-6)\times6=36-(36-12x+x^2)-(6x-18)=36-36+12x-x^2-6x+18=-x^2+6x+18$　$y=24$より，$24=-x^2+6x+18$　$x^2-6x+6=0$　2次方程式の解の公式から，$x=\frac{6\pm\sqrt{(-6)^2-4\times1\times6}}{2\times1}=\frac{6\pm\sqrt{12}}{2}=\frac{6\pm2\sqrt{3}}{2}=3\pm\sqrt{3}$　$x\geqq3$から，$x=3+\sqrt{3}$

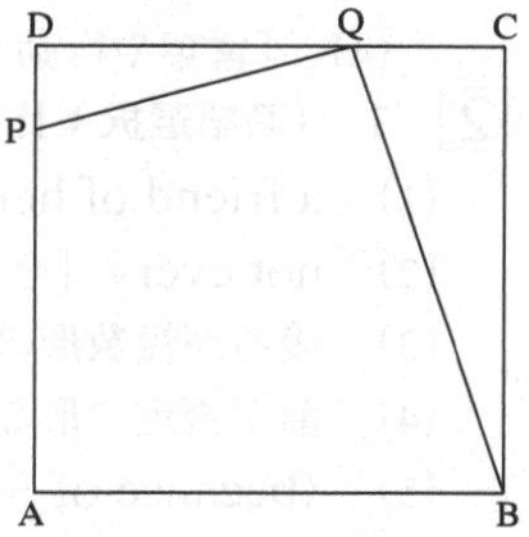

★ワンポイントアドバイス★

2 (3)は，BCがx軸に平行であることに気づくことがポイントである。問題を読みながら，なるべく正確な図を描くように心がけよう。

＜英語解答＞ 《学校からの正答の発表はありません。》

1　1 (1) 1　(2) 3　(3) 2　2 (1) dirty　(2) empty　(3) truth
3 (1) letter　(2) desert　(3) customer　(4) emotion

2　1 (1) 3　(2) 1　(3) 3　(4) 4　(5) 1　(6) 3　(7) 3
2 (1) to　(2) as　(3) been
3 (1) show　(2) anything　(3) impossible　(4) How　(5) long
4 (1) (3番目，5番目の順) 4，3　(2) (3番目，5番目の順) 6，1
(3) (3番目，5番目の順) 4，5　(4) (3番目，5番目の順) 5，4
(5) (3番目，5番目の順) 3，5

3　問1 1　問2 4　問3 4　問4 food　問5 (1) 2　(2) 4　(3) 1
問6 3，5

4　問1　1　　問2　3　　問3　2　　問4　(1)　4　　(2)　3　　(3)　1　　(4)　4
問5　①　○　　②　×　　③　×　　④　○

○推定配点○

各2点×50(2(4)各完答)　　計100点

<英語解説>

基本　1　(発音・単語)

1　(1)　cál-en-dar　第1音節を強く発音する。　(2)　vol-un-téer　第3音節を強く発音する。
(3)　ex-pén-sive　第2音節を強く発音する。

2　(1)　clean の反意語は dirty となる。　(2)　full の反意語は empty となる。　(3)　true の名詞は truth となる。

3　(1)　「誰かに送るための，書かれたり印刷されたりしたメッセージ」＝手紙
(2)　「砂で覆われた暑くてほとんど水や植物がない広範囲の土地」＝砂漠
(3)　「店やレストランで物やサービスを購入する人」＝顧客
(4)　「言葉や行動で気持ちや意見などを示すこと」＝感情

重要　2　1　(適語選択：比較，付加疑問文，前置詞，分詞，受動態)

(1)　a friend of hers「彼女の友だちの一人」
(2)　not every「全ての～が…というわけではない」という部分否定となる。
(3)　後ろが複数形の場合は，of を用いる。
(4)　前が否定の形なので，付加疑問は否定疑問になる。
(5)　〈because of ＋名詞〉「～のせいで」
(6)　shining は前の名詞を修飾する，分詞の形容詞的用法である。
(7)　be moved「感動する」

2　(適語補充：不定詞，比較，助動詞)

(1)　「行くこと」とあるので，不定詞の名詞的用法を用いる。
(2)　not as ～ as …「…ほど～ではない」
(3)　可能は be able to で表現できる。

3　(書き換え：助動詞，不定詞，現在完了)

(1)　Will you show me ～?「私に～を見せてくれませんか」
(2)　nothing ＝ not ～ anything
(3)　impossible「不可能な」
(4)　How can I get to ～?「～へどのように行きますか」と道を尋ねる文である。
(5)　How long で期間を尋ねる疑問文になる。

4　(語句整序：関係代名詞，不定詞，動名詞，接続詞)

(1)　This is the book he wanted to get (at that time.)　he wanted to get at that time は前の名詞を修飾する接触節である。
(2)　That place is very dangerous to visit by (yourself.)　to visit は dangerous を修飾する不定詞の副詞的用法である。
(3)　(We can) learn about other countries by learning foreign (languages.)　〈by ＋動名詞〉で「～することで」となる。
(4)　We want this project to come true(.)　〈want ＋A＋ to ～〉「Aに～してほしい」

(5)　It began to rain as soon as the game (started.)　as soon as ～「～するとすぐに」

3　（長文読解問題・説明文：内容吟味・語句補充・文整序・要旨把握）

（大意）北米とヨーロッパでは，女性はスリムになりたいと考えている。そこでは，スリムな女性は美しい女性だ。そこでは，スリムな女性は健康で，何を食べるかについて慎重である。

しかし，世界の一部の地域では，女性は太りたいと思っている。アフリカでは，太った女性は美しい女性だ。女性が太っている場合，彼女は健康で豊かである。女性がスリムである場合，それは彼女がお金がなく，十分な食物がない労働者であることを意味する。また，人々は，スリムな女性は病気になるか，子供を持つことができないと信じている。太った女性は十分な食物があるので，彼女は健康で，多くの健康な赤ちゃんが生まれる。

少女と女性が健康で美しく見えるようにするために，中央アフリカの人々は彼らを肥育室に送る。肥育室の伝統は古く，少女の人生の重要な部分だ。女の子が肥育室に行った後，家族と村は彼女は女性だと言う。肥育室は，家の中または近くにある。肥育室では，食べる時間になるまで女の子が特別な椅子に座っている。それから彼女は葉でできたマットの上の床に座っている。彼女はまた床で寝る。彼女の母親は，彼女が太るのを助ける種類の食べ物である米，やまいも，豆などの食べ物のどんぶりを与える。彼女はまた多くの水を飲む。

肥育室では，少女はあまりア動かない。彼女は食べて，眠って，太ってしまうだけだ。彼女の唯一の訪問者は，彼女の将来の夫の前で座ったり，歩いたり，話したりする方法を教える女性だ。また，清掃，裁縫，調理についてのアドバイスもする。何もすることがないのに太っている部屋に長くいるのは退屈だが，女の子はイ気にしない。彼女はそれが彼女にとって重要であることを知っている。

ナイジェリア南東部では，花嫁は結婚する前に肥育室または肥育農場に行く。ウこの時の終わりに，結婚式の前に，花嫁は皆に大きな体を見せるために村を歩く。女性は結婚した後，肥育室に行くこともできる。何週間も農場を離れることができない。彼女は太り続けることが重要であるため，何度か行くことがある。男は，他の人が自分が金持ちだと思うように，妻が太っていることを望む。

両親が肥育室に娘を送らないと，彼らの友人や親戚は彼らを笑うかもしれない。彼らは両親が仕事をしていないと言うだろう。昔は，少女たちは2年間肥育室に滞在していた。今日，一部の家族は数ヶ月以上の余裕がない。また，肥育室は現在都市ではあまり人気がない。都市では，健康教育と西洋文化が人々の考えに大きな影響を与えている。しかし，村ではこの伝統的な習慣が続いている。

ニジェールでは，最も重い女性を祝う祭りがある。ここでは，女性は誰が一番太っているかを競う。コンテストの朝，女性はたくさんの食べ物を食べ，水を飲む。太った女性が勝者だ。彼女は賞品を獲得する―より多くのエ食べ物だ！

問1　肥育室では太るために動かなかったのである。

問2　太ることが重要だったので，することがなくても少女は気にしなかったのである。

問3　最初に結婚するまでの話があり，その後に結婚後の話が続いていることからわかる。

問4　太った女性が勝者であるので，商品は食べ物なのである。

問5　(1)　アフリカでは，スリムな女性は健康的ではないと思われる。　(2)　肥育室に行くと，家族は少女を女性とみなすのである。　(3)　今日は，肥育室は村でのみ行われている。

問6　1「北米では，太った女性は美しい女性だと人々は信じている」 第1段落第2文参照。北米ではスリムな女性を美しいとされるので不適切。　2「肥育室で女の子の唯一の訪問者は彼女の母親と彼女の親戚だ」 第4段落第3文参照。唯一の訪問者は，女の子に座ったり歩いたりする方法を教える女性であるので不適切。　3「女性は自分の人生の中で何度か肥育室に行くことがある」

第6段落第4文参照。太り続けることが大切なので，何度か肥育室に行くとあるため適切。

4 「アフリカの大部分で，太った体は非常に貧しいことを意味する」 第2段落第5文参照。太った女性は健康的で金持ちとされるので不適切。 5 「中央アフリカでは，女性が肥育室に行く場合，両親が娘の世話をしていることを意味する」 第7段落第1文，第2文参照。両親は娘を肥育室に送らないと笑われるので適切。

やや難 **4** **(長文読解問題・説明文：内容吟味・要旨把握・語句補充)**

(大意) 初めは，食べるために指だけを使っていた。彼らは指とナイフを一緒に使い始めた。5000年ほど前，世界の他の国々がまだ指とナイフを使っていた頃，中国人は箸を使い始めた。今日，多くの人がナイフ，スプーン，フォークを使って食事をするが，箸は何世紀も前と同じくらい重要で人気がある。

中国人がいつ箸を使い始めたか正確に誰も知らない。中国の伝説では，貧しい農民が村を出なければならなくなったときに箸の使用が始まったと言われている。農民は村から村へ行ったが，歓迎されなかった。男性は疲れて空腹になったので，村から肉を盗んだ。それから彼らは村から森へ走り，そこですぐに肉を調理するために火をつけた。においがとても良かったので二人は待ちきれなかった。棒を使い，火から肉片を取り出して口に入れた。そして，箸の習慣が始まった。他の人々も同じことをし，やがて中国中の人々が箸で食べていた。

中国人が箸を使い始めた理由については他にも考えられる。一部の人々は，孔子が中国人が食べることや他の多くのものについてどう考えたかに影響を与えたと信じている。孔子は，ナイフが殺害に使用されたので，テーブルにナイフを置くことは間違っていると述べた。他の人々は中国に十分な燃料がなかったと考えている。食品の調理に使用する燃料は少ししかなかった。しかし，中国人は答えを見つけた！調理する前に料理を細かく切ったので，できるだけ早く料理を終え，ごく少量の燃料しか使用しなかった。小さな食べ物は箸にぴったりだった。私たちは箸または中国料理の独特なスタイルのどちらが最初に来たのかわからない。しかし，箸が中国料理の発展に影響を与えたことはわかっている。

箸は中国からベトナム，韓国に広がり，最終的には500年までに日本に到達した。約3000年，異なる文化の間に，数種類の箸が開発された。中国の箸の長さは約21～24cmで，上端は丸形または四角形だ。ベトナム人は中国の箸を変更しなかったが，韓国人は彼らの箸を少し薄くして，金属からそれらを作り始めた。韓国は，金属製の箸を使用する唯一の国だ。日本人は箸を丸く，先のとがったものにした。それらは女性の場合は約16cm，男性の場合は19cmと短くなっている。

箸作りにはあらゆる素材が使われる。ほとんどの箸は竹から作られている。竹は安価で耐熱性があり，味や匂いがない。金持ちの箸は金，象牙，銀などでできていた。一部の人々はこれらの材料のいくつかについて強い感情を持っていた。実際，人々はかつて銀の箸が毒に触れると黒くなると信じていた。皇帝は毒を食べるのが怖かったので，皇帝に仕えた人々は，食べる前に銀の箸で各料理をテストする必要があった。皇帝自身は銀製の箸を使いたくなかった。彼は口の中の金属の感触が気に入らなかった。

日本人はあらゆる種類の木から箸を作った。約400年前，箸に漆を塗り始めた。現代日本の漆塗りの箸はデザインがあり，美しいが丈夫だ。日本の輪島塗は，75～120層の漆を使って箸を作ることで有名だ。漆の層が箸を永遠に素敵に保つ。これらの箸は金属よりも硬く，125ドルする。

1878年，日本人は使い捨ての木箸を作った最初の人だ。使い捨ての箸は，日本人の教師，島本忠雄が昼食を作って一緒に学校に持ってきたときに始まったが，箸を忘れていた。幸い，彼の学校はその木材で有名な地域にあった。彼は問題を地元の男性の一人に説明した。男性は彼に木片を渡し，忠雄はそれを箸にした。人々は彼の箸がとても好きだったので，すぐに割箸と呼ばれる使い捨て箸を大量に生産し始めた。忠夫は割箸からお金を稼いでいなかったのかもしれないが，確かに彼の名前は覚えている。割箸会社の人たちは毎年忠雄の故郷に行き，割箸の父を思い起こさせる式典を行う。

割箸の約50%は日本で生産されている。残りの50%は中国，インドネシア，韓国，フィリピンから来ている。日本では毎年約240億本の使い捨て箸を使用している。実際，1万戸以上の家を建てるのに十分だ。日本は現在，環境保護のために割り箸の使用をやめようとしている。彼らは使い捨てのものを使用する代わりに自分の個人的な箸をレストランに持っていく。

問1　箸は中華料理に大きな影響を与えていることがわかる。

問2　この後，韓国の話題になっていることから判断する。

問3　instead of ～「～のかわりに」

問4　(1)　日本の箸は，16cmから19cmで，丸く先がとがっている。　(2)　使い捨ての箸は，日本の学校教師が初めて作った。　(3)　5000年前に，指とナイフを使っているときに，中国人は箸を使い始めた。　(4)　皇帝は，口の中での銀の感覚が嫌だったので，銀の箸を使わなかった。

問5　1「孔子は，ナイフが殺害に使用されたので，テーブルにナイフを置くことは間違っていると述べた」 第3段落第3文参照。ナイフは殺すために使うのでテーブルに置くのは間違っていると述べているので適切。　2「島本忠雄が最初の割り箸を販売用に作った」 第7段落第6文参照。割箸からお金を稼がなかったとあるので不適切。　3「箸は，大きな食べ物を切ったり拾ったりするのに適している」 第3段落第8文参照。小さな食べ物は箸に適しているとあるので不適切。

4「日本では，男性と女性は箸のサイズ(長さ)が異なる」 第4段落最終文参照。女性は16cm，男性は19cmであるので適切。

★ワンポイントアドバイス★

長文の分量が非常に多くなっている。過去問や問題集を用いて，短時間で英文を読み進められるように練習をしたい。

＜国語解答＞ 《学校からの正答の発表はありません。》

一　1　阻止　2　栽培　3　昇華　4　滞(って)　5　浸透　6　したく　7　せきべつ　8　いとな(んで)　9　しもん　10　ぼうきゃく

二　問一　すでに経験して知っていること(14字)　問二　イ　問三　読む人 ～ に至る　問四　3　イ　5　ア　6　ア　問五　オ　問六　X　ウ　Y　ア　問七　想像力　問八　ウ・オ

三　問一　(例)　小説の言葉を，遠くまで，そして未来まで，たくさんの読み手に手渡したい(34字)(という考え。)　問二　e　問三　イ　問四　ウ　問五　エ　問六　世界　問七　オ　問八　愛と感謝を告げる言葉　問九　エ

四　問一　ア　問二　2　イ　4　オ　問三　エ　問四　イ　問五　ア　問六　ウ

○推定配点○

一　各1点×10　二　問一・問二　各4点×2　他　各3点×10

三　問一　5点　問六・問八　各4点×2　他　各3点×6　四　各3点×7　計100点

＜国語解説＞

一 （漢字の読み書き）

1の「阻」の訓読みは「はば(む)」。2の「栽」を「裁」などと間違えないこと。3は，より高度な状態に高められること。同音異義語の，体内で食物を吸収しやすい形に変化させることという意味の「消化」，火事などを消すという意味の「消火」と区別する。4の音読みは「タイ」。熟語は「滞留(たいりゅう)」など。5は広く行きわたること。6は準備すること。「仕度」とも書く。7は別れを惜しむこと。8の音読みは「エイ」。熟語は「陣営(じんえい)」など。9は，意見を求めること。10は，すっかり忘れてしまうこと。

二 （論説文一大意・要旨，内容吟味，文脈把握，指示語，脱文・脱語補充，語句の意味）

問一　傍線部1は，基礎となるものという意味で用いられており，「これを読む……」で始まる段落の「すでに経験して知っていること(14字)」を指している。

問二　空欄1は直前で述べているように，解釈を拒むような難しい表現に何度でもぶつかって，すこしずつわかってくる，という読み方のことなので，何度も繰り返し熟読すれば，どんな書物でも意味が自然とわかってくる，という意味のイが適当。アは，読むこと，書くこと，計算することの三つは，世の中で生活していくうえで欠かせないものである，という意味。ウは，読書を好むが，すみずみまで解釈しようとしないでわからないままにしておく，という意味。エは，書物は精読することが大事で，たくさんの本を読むことが重要なのではない，という意味。オは，読書はあくまでも学問の方法の一つであり，その学問は実際に何かを実行するための手段である，という意味。

重要　問三　傍線部2はCの読み方のことで，「いまは読者に…」で始まる段落で，Cの読み方ができなくなっていることとして，Cの読みに耐えるような本はほとんどなくなってしまっており，「読む人が自分の想像力，直観力，知識などをその限界まで総動員して，ついには，〝自分の解釈〟に至る(47字)」というような思考的読書はきわめてすくなくなった，と述べている。

基本　問四　傍線部3は「骨が折れる」ともいう。傍線部5の「おぼろ」は，不確かではっきりしないさま。傍線部6の「遺憾」は，期待したようにならず，残念に思うこと。

重要　問五　傍線部4直後の段落で，4の説明として，物語や小説といった文学作品は，一見親しみやすくA読みでわかるような気がするが，作者の考えていることは読者の知らないものであり，読者は既知や想像力によって新しい世界をおぼろげにとらえ，AでもBでも読まれることが可能になる，ということを述べているので，オが適当。「読者の知らないもの」＝未知の部分，をとらえるということを説明していない他の選択肢は不適当。

問六　空欄Xのある文は，おもしろい文章というのが，ゴシップ的興味でストーリーのあるものという日本の傾向は，「 X 理解力」＝想像力で新しい世界をとらえるB読みができる力，のひよわさと表裏をなしている，という文脈なので，共通なものを抜き出して一般化して考えることという意味のウが適当。空欄Yは，しみじみと感じるさまという意味のアが適当。イは心をつき動かされて行動するさま，エは批判する態度や立場をとるさま，オは物事を冷静に判断して行動するさま，という意味。

問七　空欄Zのある文はBの読みのことで，「どうしても……」で始まる段落で，Bの読み方は「想像力」によるほかないと述べており，「いまは……」で始まる段落などでも，「想像力」によるBの読みについて述べている。

やや難　問八　文学作品について「おもしろい文章というのが，ほとんどストーリーのあるもの」で「ゴシップ的興味がはんらんする」日本の傾向を述べているが，アの「扱うべきではない」，カの「間違った方向に進んでいる」とまでは述べていない。公案を与えられた禅僧が長い間考えて悟りに到達することと，未知を読ませる素読に似たところがあると述べており，イの「声に出して読むことを重視して」とは述べてない。ウは「いまは……」で始まる段落と最後の段落で述べている。「浅い意味での文学者を育てるに終わってしまっている」と述べているが，エの「優れた未知を読む読者を育成する必要がある」とは述べていない。オは「かつては……」から続く2段落で述べている。

三 (小説―情景・心情，内容吟味，文脈把握，脱語補充，品詞・用法)

重要 問一 「わたしは先生の言葉で…」で始まる言葉で，自分の仕事に対して「小説の言葉を，遠くまで，そして未来まで，たくさんの読み手に手渡したいです。それがわたしの仕事ですので」ということを一整が話しているので，この部分に即して説明していく。

基本 問二 eのみ連体詞，他は副詞。

問三 傍線部2は，高校生の頃の鳴海にスリッパをぶつけたことを謝る団重彦に対するもので，2後で，目を涙で潤ませながら「頭なんて下げないでください。天下の団重彦がそんなに弱気になったら駄目なんです」と話していることから，団重彦を励ます心情が読み取れるので，イが適当。アの「仕返しをしよう」，ウの「なんとかテレビの世界に戻ってほしい」，エの「見る影もなく落ちぶれている」「彼の小説を売り出そう」，オの「思いやりのある言葉で才能を引き出してくれた」，はいずれも不適当。

問四 傍線部3後で，『四月の魚』に登場するリカコは，高校生の頃自分が演じたリカコがおとなになった姿だと思った，と鳴海が話していることから，ウが適当。『四月の魚』のリカコ＝高校生の鳴海が演じたリカコが大人になった姿，ということを説明していない他の選択肢は不適当。

問五 傍線部4の理由として，実際には先生(＝団重彦)は高校生の頃の鳴海の演技を気に入ってくださっていたことに気づいて，すごく嬉しかったことを話しているので，エが適当。スリッパを投げつけられたこと＝演技を認めてくれたこと，を説明していない他の選択肢は不適当。

やや難 問六 団重彦は，『四月の魚』が最初で最後の空欄Xの恋文だと思っていたが，X後で，さらに「世界」に残す言葉をたくさん残すことができるのでしょうか，そしていつか，テレビドラマの「世界」へ復活する夢を見ていてもいいのでしょうか，ということを話していることから，Xは自分を取り巻き，自分が生きているという意味で，「世界」が入る。

問七 空欄Yは「父と姉」に「いいたいこと」なので「感謝」，空欄Zは「詫びなければならない」言葉なので「謝罪」が適当。

重要 問八 「優しい言葉」である傍線部5は，直前の「……わたしはたくさん残すことができるのでしょうか。愛と感謝を告げる言葉を。そして……(テレビドラマの世界へ復活する)夢をまだ見ていても，いいのでしょうか」という団重彦の言葉を踏まえたものでもあるので，「愛と感謝を告げる言葉」だと考えられる。

重要 問九 最後の一整の夢の場面は，Eさんが話しているように，団重彦との会話をきっかけに一整自身も夢の中で父と姉に思いを伝え，気持ちの整理をつけられたことが描かれているので，「現実と小説の区別がつかなくなっていることを象徴している」とあるエは誤り。

四 (古文―大意・要旨，内容吟味，文脈把握，ことわざ，口語訳，文学史)

〈口語訳〉 鷹の羽にすむ虫がいた。空高く飛んだときは，はるか遠くに人の家なども下に見えた。「本当に私は不自由のない身だな。つばさも動かさないで，千里も遠い所に行き通い，天空のはてまでも眺めることができる。特に他のさまざまな鳥は，みんな(私に)恐れて逃げていく。本当に私に勝つ者は，まったくないだろう」などと思いながら，この鷹の毛の中にいながら，しきりに鷹の肉を口でさし，血を吸っていたが，その(虫の)仲間がとても多くなっていったからなのだろうか，ついにその鷹も倒れてしまった。それから，(虫は)自分で(鷹の羽から)出て飛ぼうと思ったが，飛ぶことはできず，走ろうと思っても，速く走れない。(鷹の)血も尽きて肉体も弱っているので，今は(虫は)自分の命をつなぐこともできない。かろうじて，まず鷹の羽の毛の中をくぐって出ていくと，すずめの子がいた。(虫は雀の子が)自分を恐れるだろうと見ると，すずめの子は知らん顔をしていた。(虫は)どうして私を見つけないのかと(すずめの)そばへ寄ると，(すずめの子は)うれしそうに(虫を)見て，くちばしをさし出して，ついばもうとする。(虫は)経験したことのないことなので，おそろしくなって，逃げ隠れたと，この友だちに語ったということだ。

問一　傍線部1は，「かの鷹の毛のうちに居つつ，しきりに肉むらをさし，血を吸ひて居し」のようにして生きていたことが描かれている。

問二　傍線部2の「事たれる」は「十分だ，不自由しない」という意味。傍線部4の「いかにして」は疑問を表す「どうして」という意味，「や」も疑問の係助詞。

やや難　問三　傍線部3の理由として「そのやからいと多くなりもてゆきしにや，つひにその鷹もたおれにけり」と述べている。「やから」＝仲間の他の虫たちが同じ鷹にとりついてしまったため，鷹が衰弱して倒れたことを説明していない他の選択肢は不適当。

問四　波線Aは「虫」が(鷹の羽の毛の中を)くぐって出ていく，ということ。B・Cは，B＝「すずめ」が自分(＝虫)を恐れるだろうと，C＝「虫」が(すずめを)見ると，ということ。D・Eは，D＝「虫」はどうして私を見つけないのかと(すずめの)そばへ寄ると，E＝「すずめ」がうれしそうに(虫を)見て，ということ。

重要　問五　虫は鷹の羽に住んでおり，鷹が飛ぶことによって遠くまで行けることを，他の鳥は自分を恐れて逃げていき，自分に勝つ者はいないだろう，と勘違いをしていることから，権力者の威勢を借りて威張るという意味のアが適当。イは，素早く事をするさま，他人を出し抜いて利益を得るさま。ウは，手に入れそこなったものは，実際より価値があるように思われること。エは，小さく弱い者にも，それ相当の意地や根性があるのだから，どんな相手でも侮ってはならないということ。オは，子供がかわいいなら，甘やかさずに世の中のつらさを経験させたほうがよいということ。

基本　問六　ウは平安時代の随筆。他の作品は，アは奈良時代の歌集，イは平安時代の日記，エは平安時代の説話集，オは江戸時代の俳諧紀行文。

★ワンポイントアドバイス★

論説文では，複数の事柄を比較しながら述べることが多いので，それぞれの事柄を的確に読み取っていくことが重要だ。

解答用紙集

○月×日　△曜日　天気（合格日和）

◆ご利用のみなさまへ

＊解答用紙の公表を行っていない学校につきましては、弊社の責任において、解答用紙を制作いたしました。

＊編集上の理由により一部縮小掲載した解答用紙がございます。

＊編集上の理由により一部実物と異なる形式の解答用紙がございます。

人間の最も偉大な力とは、その一番の弱点を克服したところから生まれてくるものである。——カール・ヒルティ——

東京学参株式会社

横須賀学院高等学校(2月10日)　2024年度

◇数学◇

※ 152%に拡大していただくと，解答欄は実物大になります。

1

(1)		(2)		(3)	
(4)	$x=$ 　　　, $y=$	(5)		(6)	$a=$
(7)	,	(8)		(9)	
(10)					

2

(1)	$a=$	(2)		(3)	

3

(1)		(2)		(3)	

4

(1)		(2)	

(3) （途中経過）

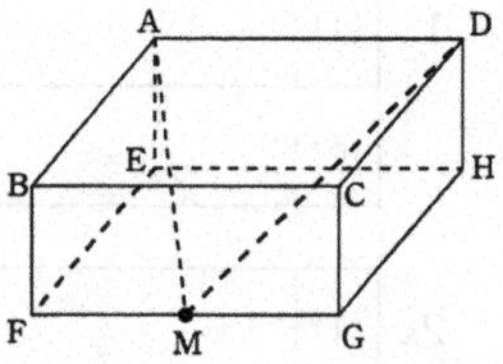

答

横須賀学院高等学校（2月10日）　2024年度　◇英語◇

※ 147％に拡大していただくと，解答欄は実物大になります。

1

1．(1)　(2)　(3)　(4)　(5)

2．(1)　(2)　(3)

3．(1)　(2)

2

1．(1)　(2)　(3)　(4)　(5)

2．(1)　(2)　(3)　(4)　(5)

3．(1)　(2)　(3)　(4)　(5)

4．

	(3番目)	(5番目)
(1)	(　　)	(　　)
(2)	(　　)	(　　)
(3)	(　　)	(　　)
(4)	(　　)	(　　)
(5)	(　　)	(　　)

3

問1　問2　問3　問4

問5 (1)　(2)　(3)　問6 A　B

問7

4

問1　問2　問3　問4

問5 A　B　C　問6

◇国語◇

横須賀学院高等学校（2月10日）　2024年度

※143%に拡大していただくと，解答欄は実物大になります。

一

1	2	3	4	5 る
6	7 され	8	9	10

二

問一　問二　問三　問四 Ⅰ Ⅱ

問五　問六 最初 〜 最後　問七　問八

問九 明治維新は（30）（40）事業である。

三

問一　問二　問三　問四　問五 A B

問六　問七 最初 〜 最後 こと。

問八　問九　問十

四

問一 A B　問二 1 3　問三　問四

問五　問六

<u>横須賀学院高等学校（Ⅱ期S選抜）　2023年度</u>

◇数学◇

※ 152％に拡大していただくと，解答欄は実物大になります。

1

(1)		(2)		(3)	$x=$
(4)	$x=$　　　，$y=$	(5)		(6)	$n=$
(7)	＜　　＜	(8)	$a=$　　　，$b=$	(9)	
(10)					

2

(1)	ア	イ	(2)	P(　　　，　　　)

3

(1)		(2)		(3)	

4

(1)		(2)	

(3) （途中経過）

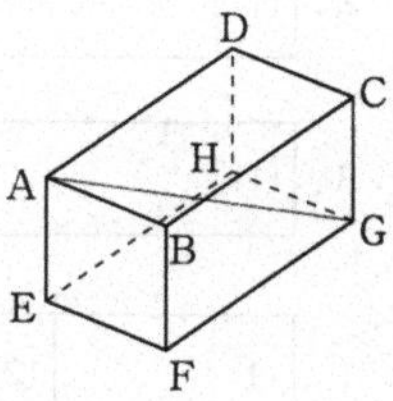

答

横須賀学院高等学校（Ⅱ期S選抜）　2023年度

◇英語◇

※ 152%に拡大していただくと，解答欄は実物大になります。

1

1．

(1)		(2)		(3)		(4)	

2．

(1)		(2)		(3)	

3．

(1)		(2)		(3)	

2

1．

(1)		(2)		(3)		(4)	

2．

(1)			(2)	

(3)		(4)		

3．

(1)		(2)			

(3)			(4)		

4．

	（2番目）	（5番目）		（2番目）	（5番目）		（2番目）	（5番目）		（2番目）	（5番目）		（2番目）	（5番目）
(1)			(2)			(3)			(4)			(5)		

5．

3

問1				

問2		

問3	

問4			

問5		

4

問1	

問2	(1)		(2)		(3)	

問3	

問4	

問5	

問6		

問7	

◇国語◇

横須賀学院高等学校(Ⅱ期S選抜)　2023年度

※145%に拡大していただくと、解答欄は実物大になります。

一

1　2　3　4　5 って

6　7　8　9　10 う

二

問一　問二 2　4　7　問三

問四 Ⅰ　Ⅱ　Ⅲ　問五 最初 〜 最後

問六　問七　問八 最初 〜 最後

問九

三

問一 1　2　9　問二　問三

問四　問五

問六

50

60

問七　問八　問九

四

問一　問二 最初 〜 最後　問三

問四 最初 〜 最後　問五　問六

横須賀学院高等学校（Ⅱ期選抜）　2022年度

◇数学◇

※ 152%に拡大していただくと，解答欄は実物大になります。

1

(1)		(2)		(3)	$x=$
(4)		(5)	組	(6)	$a=$ ，$b=$
(7)		(8)		(9)	
(10)	$a=$				

2

(1)	$a=$ ，$b=$	(2)		(3)	$x=$

3

(1)	通り	(2)	通り	(3)	通り

4

(1)		(2)	

(3) （途中経過）

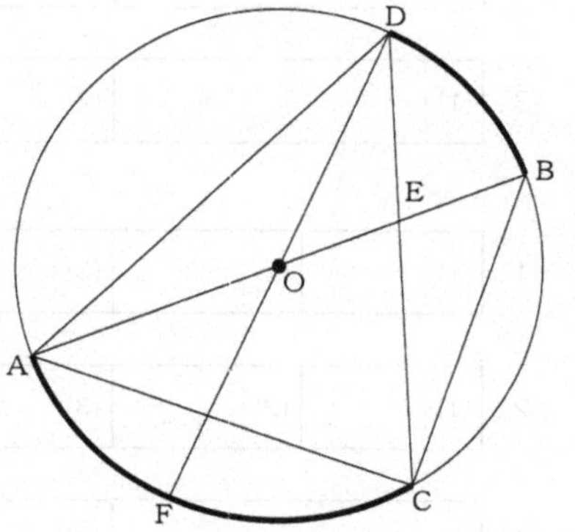

答　　　　：

横須賀学院高等学校（Ⅱ期選抜）　2022年度

◇英語◇

※ 152%に拡大していただくと，解答欄は実物大になります。

1

1.

(1)		(2)		(3)		(4)	

2.

(1)		(2)		(3)	

3.

(1)		(2)		(3)	

2

1.

(1)		(2)		(3)		(4)		(5)		(6)	

2.

(1)		(2)		(3)		(4)	

3.

(1)		(2)		(3)		(4)	

4.

	（3番目）	（5番目）		（3番目）	（5番目）		（3番目）	（5番目）		（3番目）	（5番目）
(1)			(2)			(3)			(4)		

5.

(1)		(2)	

3

問1		問2		問3	(ア)		(イ)		(ウ)	

問4	最初	最後	問5		問6	

問7	1		2		3		4		問8	

4

問1		問2		問3		問4	

問5	(1)		(2)		(3)		問6		問7		

◇国語◇

横須賀学院高等学校(Ⅱ期選抜)　2022年度

※145%に拡大していただくと、解答欄は実物大になります。

一

1	2 めた	3	4	5
6	7	8 る	9	10

二

問一　A　B　C

問二　問三　問四　問五　問六

問七　最初 〜 最後

問八　(1)　(2)

三

問一　A　B　C

問二

問三（30・40）

問四　問五　問六

問七（15・20）

問八　(1)　(2)

四

問一

問二　2　4

問三

問四　問五

横須賀学院高等学校（Ⅱ期選抜）　2021年度

◇数学◇

※ 154％に拡大していただくと，解答欄は実物大になります。

1

(1)		(2)		(3)	
(4)		(5)	$x=$　　，$y=$	(6)	$a=$　　，$b=$
(7)	kg	(8)	$n=$	(9)	
(10)					

2

(1)		(2)		(3)	

3

(1)		(2)		(3)	

4

(1)	(　　　,　　　)	(2)	$a=$

(3) （途中経過）

答

横須賀学院高等学校（Ⅱ期選抜）　2021年度

◇英語◇

※ 156%に拡大していただくと，解答欄は実物大になります。

1

1. (1) (2) (3)

2. (1) (2) (3)

3. (1) (2) (3) (4)

2

1. (1) (2) (3) (4) (5)

2. (1) (2) (3) (4) (5)

3. (1) (2) (3) (4) (5)

4. (1)（2番目）（5番目） (2)（2番目）（5番目） (3)（2番目）（5番目） (4)（2番目）（5番目） (5)（2番目）（5番目）

3

問1 問2 問3 問4 問5

問6 問7 問8 1 2 3

4

問1 問2 問3 問4

問5 1 2 3 4 5　問6

◇国語◇

横須賀学院高等学校(Ⅱ期選抜)　２０２１年度

※ １５４％に拡大していただくと，解答欄は実物大になります。

一

1	2	3	4	5
6 らいだ	7 して	8 な	9 する	10

二

問一 1　2

問二

問三

問四

問五

問六

問七(1) 最初 ～ 最後

問七(2) ①

②

③

問八

問九

三

問一

問二（20字・25字）

問三

問四 3　4

問五 吾一　黒田

問六

問七

問八

問九

問十 (1)（10字・15字） ことはやめようという決意。

(2)

四

問一

問二 2　5

問三

問四

問五

問六

問七

横須賀学院高等学校（Ⅱ期選抜）　2020年度　◇数学◇

※150％に拡大していただくと，解答欄は実物大になります。

1

(1)		(2)		(3)	$x=$ 　　, $y=$
(4)		(5)		(6)	$a=$ 　　, $b=$
(7)		(8)		(9)	
(10)					

2

(1)	D（　　，　　）	(2)		(3)	

3

(1)		(2)		(3)	

4

(1)		(2)	

(3) （途中経過）

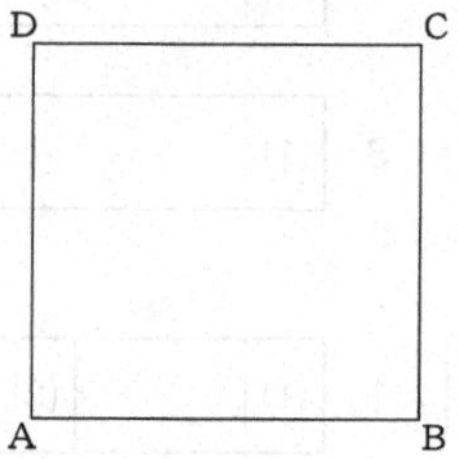

答

横須賀学院高等学校（Ⅱ期選抜）　2020年度

◇英語◇

※151％に拡大していただくと，解答欄は実物大になります。

1

1.

(1)		(2)		(3)	

2.

(1)		(2)		(3)	

3.

(1)		(2)		(3)		(4)	

2

1.

(1)		(2)		(3)		(4)		(5)		(6)		(7)	

2.

(1)		(2)		(3)	

3.

(1)		(2)		(3)	

(4)		(5)	

4.

	（3番目）	（5番目）		（3番目）	（5番目）		（3番目）	（5番目）		（3番目）	（5番目）		（3番目）	（5番目）
(1)			(2)			(3)			(4)			(5)		

3

問1		問2		問3		問4	

問5	(1)		(2)		(3)	

問6		

（順不同）

4

問1		問2		問3	

問4	(1)		(2)		(3)		(4)	

問5	①		②		③		④	

2020年度
横須賀学院高等学校（Ⅱ期選抜）

※145％に拡大していただくと、解答欄は実物大になります。

◇国語◇

一

1　2　3　4　って　5

6　7　8　んで　9　10

二

問一　10　15

問二

問三　最初　〜　最後

問四　3　5　6

問五

問六　X　Y

問七

問八

三

問一　25　35　という考え。

問二

問三

問四

問五

問六

問七

問八

問九

四

問一

問二　2　4

問三

問四

問五

問六

東京学参の

中学校別入試過去問題シリーズ

＊出版校は一部変更することがあります。一覧にない学校はお問い合わせください。

東京ラインナップ

あ　青山学院中等部(L04)
　　麻布中学(K01)
　　桜蔭中学(K02)
　　お茶の水女子大附属中学(K07)
か　海城中学(K09)
　　開成中学(M01)
　　学習院中等科(M03)
　　慶應義塾中等部(K04)
　　啓明学園中学(N29)
　　晃華学園中学(N13)
　　攻玉社中学(L11)
　　国学院大久我山中学
　　　(一般・CC)(N22)
　　　(ＳＴ)(N23)
　　駒場東邦中学(L01)
さ　芝中学(K16)
　　芝浦工業大附属中学(M06)
　　城北中学(M05)
　　女子学院中学(K03)
　　巣鴨中学(M02)
　　成蹊中学(N06)
　　成城中学(K28)
　　成城学園中学(L05)
　　青稜中学(K23)
　　創価中学(N14)★
た　玉川学園中学部(N17)
　　中央大附属中学(N08)
　　筑波大附属中学(K06)
　　筑波大附属駒場中学(L02)
　　帝京大中学(N16)
　　東海大菅生高中等部(N27)
　　東京学芸大附属竹早中学(K08)
　　東京都市大付属中学(L13)
　　桐朋中学(N03)
　　東洋英和女学院中学部(K15)
　　豊島岡女子学園中学(M12)
な　日本大第一中学(M14)
　　日本大第三中学(N19)
　　日本大第二中学(N10)
は　雙葉中学(K05)
　　法政大学中学(N11)
　　本郷中学(M08)
ま　武蔵中学(N01)
　　明治大付属中野中学(N05)
　　明治大付属八王子中学(N07)
　　明治大付属明治中学(K13)
ら　立教池袋中学(M04)
わ　和光中学(N21)
　　早稲田中学(K10)
　　早稲田実業学校中等部(K11)
　　早稲田大高等学院中学部(N12)

神奈川ラインナップ

あ　浅野中学(O04)
　　栄光学園中学(O06)
か　神奈川大附属中学(O08)
　　鎌倉女学院中学(O27)
　　関東学院六浦中学(O31)
　　慶應義塾湘南藤沢中等部(O07)
　　慶應義塾普通部(O01)
さ　相模女子大中学部(O32)
　　サレジオ学院中学(O17)
　　逗子開成中学(O22)
　　聖光学院中学(O11)
　　清泉女学院中学(O20)
　　洗足学園中学(O18)
　　捜真女学校中学部(O29)
た　桐蔭学園中等教育学校(O02)
　　東海大付属相模高中等部(O24)
　　桐光学園中学(O16)
な　日本大中学(O09)
は　フェリス女学院中学(O03)
　　法政大第二中学(O19)
や　山手学院中学(O15)
　　横浜隼人中学(O26)

千・埼・茨・他ラインナップ

あ　市川中学(P01)
　　浦和明の星女子中学(Q06)
か　海陽中等教育学校
　　　(入試Ⅰ・Ⅱ)(T01)
　　　(特別給費生選抜)(T02)
　　久留米大附設中学(Y04)
さ　栄東中学(東大・難関大)(Q09)
　　栄東中学(東大特待)(Q10)
　　狭山ヶ丘高校付属中学(Q01)
　　芝浦工業大柏中学(P14)
　　渋谷教育学園幕張中学(P09)
　　城北埼玉中学(Q07)
　　昭和学院秀英中学(P05)
　　清真学園中学(S01)
　　西南学院中学(Y02)
　　西武学園文理中学(Q03)
　　西武台新座中学(Q02)
　　専修大松戸中学(P13)
た　筑紫女学園中学(Y03)
　　千葉日本大第一中学(P07)
　　千葉明徳中学(P12)
　　東海大付属浦安高中等部(P06)
　　東邦大付属東邦中学(P08)
　　東洋大附属牛久中学(S02)
　　獨協埼玉中学(Q08)
な　長崎日本大中学(Y01)
　　成田高校付属中学(P15)
は　函館ラ・サール中学(X01)
　　日出学園中学(P03)
　　福岡大附属大濠中学(Y05)
　　北嶺中学(X03)
　　細田学園中学(Q04)
や　八千代松陰中学(P10)
ら　ラ・サール中学(Y07)
　　立命館慶祥中学(X02)
　　立教新座中学(Q05)
わ　早稲田佐賀中学(Y06)

公立中高一貫校ラインナップ

北海道　市立札幌開成中等教育学校(J22)
宮　城　宮城県仙台二華・古川黎明中学校(J17)
　　　　市立仙台青陵中等教育学校(J33)
山　形　県立東桜学館・致道館中学校(J27)
茨　城　茨城県立中学・中等教育学校(J09)
栃　木　県立宇都宮東・佐野・矢板東高校附属中学校(J11)
群　馬　県立中央・市立四ツ葉学園中等教育学校・
　　　　市立太田中学校(J10)
埼　玉　市立浦和中学校(J06)
　　　　県立伊奈学園中学校(J31)
　　　　さいたま市立大宮国際中等教育学校(J32)
　　　　川口市立高等学校附属中学校(J35)
千　葉　県立千葉・東葛飾中学校(J07)
　　　　市立稲毛国際中等教育学校(J25)
東　京　区立九段中等教育学校(J21)
　　　　都立大泉高等学校附属中学校(J28)
　　　　都立両国高等学校附属中学校(J01)
　　　　都立白鷗高等学校附属中学校(J02)
　　　　都立富士高等学校附属中学校(J03)
　　　　都立三鷹中等教育学校(J29)
　　　　都立南多摩中等教育学校(J30)
　　　　都立武蔵高等学校附属中学校(J04)
　　　　都立立川国際中等教育学校(J05)
　　　　都立小石川中等教育学校(J23)
　　　　都立桜修館中等教育学校(J24)
神奈川　川崎市立川崎高等学校附属中学校(J26)
　　　　県立平塚・相模原中等教育学校(J08)
　　　　横浜市立南高等学校附属中学校(J20)
　　　　横浜サイエンスフロンティア高校附属中学校(J34)
広　島　県立広島中学校(J16)
　　　　県立三次中学校(J37)
徳　島　県立城ノ内中等教育学校・富岡東・川島中学校(J18)
愛　媛　県立今治東・松山西中等教育学校(J19)
福　岡　福岡県立中学校・中等教育学校(J12)
佐　賀　県立香楠・致遠館・唐津東・武雄青陵中学校(J13)
宮　崎　県立五ヶ瀬中等教育学校・宮崎西・都城泉ヶ丘高校附属中
　　　　学校(J15)
長　崎　県立長崎東・佐世保北・諫早高校附属中学校(J14)

公立中高一貫校「適性検査対策」問題集シリーズ

総合編　作文問題編　資料問題編　数と図形編　生活と科学編　実力確認テスト編

私立中・高スクールガイド
THE《ザ》 私立
私立中学＆高校の学校生活がわかる！

東京学参の
高校別入試過去問題シリーズ

＊出版校は一部変更することがあります。一覧にない学校はお問い合わせください。

東京ラインナップ

あ　愛国高校(A59)
青山学院高等部(A16)★
桜美林高校(A37)
お茶の水女子大附属高校(A04)
か　開成高校(A05)★
共立女子第二高校(A40)★
慶應義塾女子高校(A13)
啓明学園高校(A68)★
国学院高校(A30)
国学院大久我山高校(A31)
国際基督教大高校(A06)
小平錦城高校(A61)★
駒澤大高校(A32)
さ　芝浦工業大附属高校(A35)
修徳高校(A52)
城北高校(A21)
専修大附属高校(A28)
創価高校(A66)★
た　拓殖大第一高校(A53)
立川女子高校(A41)
玉川学園高等部(A56)
中央大高校(A19)
中央大杉並高校(A18)★
中央大附属高校(A17)
筑波大附属高校(A01)
筑波大附属駒場高校(A02)
帝京大高校(A60)
東海大菅生高校(A42)
東京学芸大附属高校(A03)
東京農業大第一高校(A39)
桐朋高校(A15)
都立青山高校(A73)★
都立国立高校(A76)★
都立国際高校(A80)★
都立国分寺高校(A78)★
都立新宿高校(A77)★
都立墨田川高校(A81)★
都立立川高校(A75)★
都立戸山高校(A72)★
都立西高校(A71)★
都立八王子東高校(A74)★
都立日比谷高校(A70)★
な　日本大櫻丘高校(A25)
日本大第一高校(A50)
日本大第三高校(A48)
日本大第二高校(A27)
日本大鶴ヶ丘高校(A26)
日本大豊山高校(A23)
は　八王子学園八王子高校(A64)
法政大高校(A29)
ま　明治学院高校(A38)
明治学院東村山高校(A49)
明治大付属中野高校(A33)
明治大付属八王子高校(A67)
明治大付属明治高校(A34)★
明法高校(A63)
わ　早稲田実業学校高等部(A09)
早稲田大高等学院(A07)

神奈川ラインナップ

あ　麻布大附属高校(B04)
アレセイア湘南高校(B24)
か　慶應義塾高校(A11)
神奈川県公立高校特色検査(B00)
さ　相洋高校(B18)
た　立花学園高校(B23)
桐蔭学園高校(B01)
東海大付属相模高校(B03)★
桐光学園高校(B11)
な　日本大高校(B06)
日本大藤沢高校(B07)
は　平塚学園高校(B22)
藤沢翔陵高校(B08)
法政大国際高校(B17)
法政大第二高校(B02)★
や　山手学院高校(B09)
横須賀学院高校(B20)
横浜商科大高校(B05)
横浜市立横浜サイエンスフロンティア高校(B70)
横浜翠陵高校(B14)
横浜清風高校(B10)
横浜創英高校(B21)
横浜隼人高校(B16)
横浜富士見丘学園高校(B25)

千葉ラインナップ

あ　愛国学園大附属四街道高校(C26)
我孫子二階堂高校(C17)
市川高校(C01)★
か　敬愛学園高校(C15)
さ　芝浦工業大柏高校(C09)
渋谷教育学園幕張高校(C16)★
翔凜高校(C34)
昭和学院秀英高校(C23)
専修大松戸高校(C02)
た　千葉英和高校(C18)
千葉敬愛高校(C05)
千葉経済大附属高校(C27)
千葉日本大第一高校(C06)★
千葉明徳高校(C20)
千葉黎明高校(C24)
東海大付属浦安高校(C03)
東京学館高校(C14)
東京学館浦安高校(C31)
な　日本体育大柏高校(C30)
日本大習志野高校(C07)
は　日出学園高校(C08)
や　八千代松陰高校(C12)
ら　流通経済大付属柏高校(C19)★

埼玉ラインナップ

あ　浦和学院高校(D21)
大妻嵐山高校(D04)★
か　開智高校(D08)
開智未来高校(D13)★
春日部共栄高校(D07)
川越東高校(D12)
慶應義塾志木高校(A12)
さ　埼玉栄高校(D09)
栄東高校(D14)
狭山ヶ丘高校(D24)
昌平高校(D23)
西武学園文理高校(D10)
西武台高校(D06)
た　東京農業大第三高校(D18)
は　武南高校(D05)
本庄東高校(D20)
や　山村国際高校(D19)
ら　立教新座高校(A14)
わ　早稲田大本庄高等学院(A10)

北関東・甲信越ラインナップ

あ　愛国学園大附属龍ヶ崎高校(E07)
宇都宮短大附属高校(E24)
か　鹿島学園高校(E08)
霞ヶ浦高校(E03)
共愛学園高校(E31)
甲陵高校(E43)
国立高等専門学校(A00)
さ　作新学院高校
（トップ英進・英進部）(E21)
（情報科学・総合進学部）(E22)
常総学院高校(E04)
た　中越高校(R03)＊
土浦日本大高校(E01)
東洋大附属牛久高校(E02)
な　新潟青陵高校(R02)
新潟明訓高校(R04)
日本文理高校(R01)
は　白鷗大足利高校(E25)
ま　前橋育英高校(E32)
や　山梨学院高校(E41)

中京圏ラインナップ

あ　愛知高校(F02)
愛知啓成高校(F09)
愛知工業大名電高校(F06)
愛知みずほ大瑞穂高校(F25)
暁高校（３年制）(F50)
鶯谷高校(F60)
栄徳高校(F29)
桜花学園高校(F14)
岡崎城西高校(F34)
か　岐阜聖徳学園高校(F62)
岐阜東高校(F61)
享栄高校(F18)
さ　桜丘高校(F36)
至学館高校(F19)
椙山女学園高校(F10)
鈴鹿高校(F53)
星城高校(F27)★
誠信高校(F33)
清林館高校(F16)★
た　大成高校(F28)
大同大大同高校(F30)
高田高校(F51)
滝高校(F03)★
中京高校(F63)
中京大附属中京高校(F11)★
中部大春日丘高校(F26)★
中部大第一高校(F32)
津田学園高校(F54)
東海高校(F04)★
東海学園高校(F20)
東邦高校(F12)
同朋高校(F22)
豊田大谷高校(F35)
な　名古屋高校(F13)
名古屋大谷高校(F23)
名古屋経済大市邨高校(F08)
名古屋経済大高蔵高校(F05)
名古屋女子大高校(F24)
名古屋たちばな高校(F21)
日本福祉大付属高校(F17)
人間環境大附属岡崎高校(F37)
は　光ヶ丘女子高校(F38)
誉高校(F31)
ま　三重高校(F52)
名城大附属高校(F15)

宮城ラインナップ

さ　尚絅学院高校(G02)
聖ウルスラ学院英智高校(G01)★
聖和学園高校(G05)
仙台育英学園高校(G04)
仙台城南高校(G06)
仙台白百合学園高校(G12)
た　東北学院高校(G03)★
東北学院榴ヶ岡高校(G08)
東北高校(G11)
東北生活文化大高校(G10)
常盤木学園高校(G07)
は　古川学園高校(G13)
ま　宮城学院高校(G09)★

北海道ラインナップ

さ　札幌光星高校(H06)
札幌静修高校(H09)
札幌第一高校(H01)
札幌北斗高校(H04)
札幌龍谷学園高校(H08)
は　北海高校(H03)
北海学園札幌高校(H07)
北海道科学大高校(H05)
ら　立命館慶祥高校(H02)

★はリスニング音声データのダウンロード付き。

都道府県別 公立高校入試過去問 シリーズ

- 全国47都道府県別に出版
- 最近数年間の検査問題収録
- リスニングテスト音声対応

公立高校入試対策問題集シリーズ

- 目標得点別・公立入試の数学（基礎編）
- 実戦問題演習・公立入試の数学（実力錬成編）
- 実戦問題演習・公立入試の英語（基礎編・実力錬成編）
- 形式別演習・公立入試の国語
- 実戦問題演習・公立入試の理科
- 実戦問題演習・公立入試の社会

高校入試特訓問題集シリーズ

- 英語長文難関攻略33選（改訂版）
- 英語長文テーマ別難関攻略30選
- 英文法難関攻略20選
- 英語難関徹底攻略33選
- 古文完全攻略63選（改訂版）
- 国語融合問題完全攻略30選
- 国語長文難関徹底攻略30選
- 国語知識問題完全攻略13選
- 数学の図形と関数・グラフの融合問題完全攻略272選
- 数学難関徹底攻略700選
- 数学の難問80選
- 数学　思考力―規則性とデータの分析と活用―

〈ダウンロードコンテンツについて〉

本問題集のダウンロードコンテンツ、弊社ホームページで配信しております。現在ご利用いただけるのは「2025年度受験用」に対応したもので、**2025年3月末日**までダウンロード可能です。弊社ホームページにアクセスの上、ご利用ください。
※配信期間が終了いたしますと、ご利用いただけませんのでご了承ください。

高校別入試過去問題シリーズ

横須賀学院高等学校　2025年度

ISBN978-4-8141-2976-8

[発行所] 東京学参株式会社
〒153-0043　東京都目黒区東山2-6-4

書籍の内容についてのお問い合わせは右のQRコードから　⇒

※書籍の内容についてのお電話でのお問い合わせ、本書の内容を超えたご質問には対応できませんのでご了承ください。

※本書のコピー、スキャン、デジタル化等の無断複製は著作権法上での例外を除き禁じています。本書を代行業者等の第三者に依頼してスキャンやデジタル化することは、　たとえ個人や家庭内での利用であっても著作権法上認められておりません。

2024年6月20日　初版